KB108449

신판 신간회의 민족운동

신용하

신용하(愼鏞廈)

- 서울대학교 문리과대학 사회학과 졸업
- 서울대학교 대학원 경제학석사·사회학박사
- 미국 하버드 대학교 객원교수
- 서울대학교 사회과학대학 사회학과 교수
- 서울대학교 사회과학대학 학장
- 한국사회학회 회장
- 한국사회사학회 회장
- 독도연구보전협회 회장
- 한국영토학회 회장
- 한양대학교 석좌교수
- 이화여자대학교 이화학술원 석좌교수 역임
- 현재 서울대학교 명예교수
  울산대학교 석좌교수
  대한민국학술원 회원
  독도학회 회장

신판 신간회의 민족운동

초판 1쇄 인쇄   2017. 9. 5.
초판 1쇄 발행   2017. 9. 12.

지은이 신 용 하
펴낸이 김 경 희
펴낸곳 ㈜지식산업사
　　　본사 ◇ (10881) 경기도 파주시 광인사길 53
　　　　전화 (031) 955-4226~7 팩스 (031) 955-4228
　　　서울사무소 ◇ (03044) 서울특별시 종로구 자하문로6길 18-7
　　　　전화 (02) 734-1978   팩스 (02) 720-7900
　　　영문문패   www.jisik.co.kr
　　　전자우편   jsp@jisik.co.kr
　　　등록번호   1-363
　　　등록날짜   1969. 5. 8.

책값은 뒤표지에 있습니다.

ISBN 978-89-423-9027-4(93910)

* 이 책을 읽고 지은이에게 문의하고자 하는 이는
지식산업사 전자우편으로 연락 바랍니다.

신판 신간회의 민족운동

신용하

지식산업사

4

목 차

제8장 신간회 지방지회의 민족운동(I)·····235

10

머리말

한국근대사는 외세의 침략에 대한 한국민족의 투쟁의 삶의 역사가 골간을 이루고 있다. 외세 침략 가운데서도 일본제국주의·군국주의자들의 침략이 가장 간교하고 잔혹하였다. 1910년 한국민족은 일본제국주의에게 강점당해서 나라를 잃는 고통과 비운을 겪었다.

한국민족은 그러나 불굴의 투지로 항일민족운동을 전개하여 마침내 1945년 연합군과 함께 일제를 타도하고 몰아내어 민족의 자유 해방과 광복 독립을 쟁취하게 되었다. 이 간고한 항일 민족투쟁 과정에서 이 책의 주제인 '신간회'는 반드시 깊이 연구하고 온 민족이 알아야 할 특수한 위치를 차지하고 있다.

한국민족은 1919년 3·1운동 봉기로 일제 식민지정책을 근저에서 파탄시키고 일제에게 심대한 타격을 주었다. 그러나 3·1운동 후 한국민족 독립운동에는 종래의 민족주의 독립운동 노선 외에 새로이 사회주의·공산주의 독립운동 노선과 무정부주의 독립운동 노선이 강력하게 대두하여 노선분화가 일어나게 되었다. 이러한 노선분화는 비단 한국민족 독립운동에서만 일어난 일이 아니라 전세계에서 일어난 현상이었다. 1917년 러시아에서 공산당이 집권하여 '소비에트 사회주의 공화국연방'을 세우고 제3차 코민테른을 설립하여 활동함을 계기로, 전세계 모든 약소민족 독립운동에서는 민족주의 독립운동 노선과 사회주의 독립운동 노선의 분화와 갈등이 일어나게 된 것이었다.

한국민족은 당시 강대했던 일본제국주의에 대항하여 온 민족이 하나로 굳게 단결하여 투쟁해야 했기 때문에, 실사구시적으로 당시 강력했던 민족주의 독립운동 세력과 신흥하는 사회주의 독립운동세력의 대동단결과 민족협동전선을 절실한 필요에서 추구하게 되었다.

제1차 세계대전 종전 후 세계 약소민족 독립운동이 '완전독립운동'과 '자치운동'으로 분화되는 조짐이 보이자, 상해 대한민국 임시정부와 해외 모든 한국민족 독립운동은 '완전독립' '절대독립'을 민족운동의 목표로 천명하였다. 이에 맞서 일제 조선총독부는 한국민족 독립운동을 분열·약화시킬 목적으로 국내 일부 지도급 인사들에게 '대일본제국' 내의 조선지역 '자치' '내정자치' '자치론'을 권유하였다. 물론 일제는 '자치'를 줄 의사는 전혀 없었고, 순전히 한국민족 독립운동을 분열·약화시키고, 한국민족의 해외 독립운동과 국내 민족운동을 노선과 목표에서 완전히 분리·분열시키려는 공작에 불과하였다.

일제의 식민지정책이 원체 잔혹하고 탄압적이어서 극심한 고통을 받던 조건에서, 일제 당국의 은밀한 마수와 유혹이 뻗쳐오자 '완전독립'을 단념하고 일제와 타협하여 일본제국 내의 '내정자치'에라도 안주하려는 유혹과 세력이 대두해서 국내 민족운동이 흔들릴 조짐이 나타나게 되었다.

신간회(新幹會)는 조국과 민족의 완전독립을 추구하는 국내의 비타협적 민족주의 세력과 사회주의 세력이 일제에 타협한 소위 '자치론'과 '자치운동'을 초기에 박멸시키고, 민족의 완전독립을 쟁취하기 위해 1927년 2월 15일 합법 공개단체로 창립한 한국민족의 민족협동전선단체였다.

신간회는 창립 후 전국에 약 150개에 가까운 지회와 4만여 명의 정예 회원을 가진 일제강점기 최대 사회정치단체로 성장하면서, 소위 '자치론' '자치운동'을 완전히 박멸하고 한국민족의 민족운동 노선과 목표를 '완전독립' '절대독립'으로 확고부동하게 정립하여 발전시키는 데 성공하였다.

신간회는 뿐만 아니라 비록 일제강점하에서일지라도 1931년 5월 16

일 해체될 때까지 4년 3개월 동안 완강하게 민족의 권익을 지키고, 일제의 민족말살정책에 대항하여 민족보전과 발전을 위하여 여러 분야에서 완강히 투쟁하여 상당히 큰 성과를 내었다.

종래 신간회에 대한 연구는 주로 창립과 해소 과정에 집중되어 있었다. 이 책은 창립과 해소 과정도 저자의 시각에서 새로 다루었지만, 무엇보다도 신간회의 '활동' '민족운동'을 중앙 본부와 지방 지회로 나누어 비교적 상세하게 실증적으로 밝혀서 설명하였다.

신간회는 공개합법단체로 활동했고, 자료도 신간회의 존속기간에 기관지처럼 활동한 공개 일간지를 다수 사용했으므로, 신간회의 활동·민족운동의 내용은 모두 사실의 일부이고 조금도 과장된 점은 없다고 생각한다.

또한 이 책은 연구방법에서도 '사건사'보다는 사회사학에서 애용하는 '구조사'를 중시하여, 신간회의 창립과 존속 자체가 한국 근대민족운동을 구조적으로 보호하고 지원·격려한 사실을 중시하였다.

저자는 이 책에서 또한 신간회의 해체 과정에 대해서도 당시 제3차 국제공산당의 극좌노선과 지령 및 이에 맹목적으로 순종한 한국 공산주의자 청년들의 경거망동을 일제 고등경찰의 간교한 탄압 및 분열책동과 함께 새로이 실증적으로 정면 비판하였다.

이 책의 초판은 원래 독립기념관 한국독립운동사연구소에서 국고경비를 사용하여 비매품으로 2007년에 발행했었다. 그러나 초판이 '비매품'이었던 관계로 거의 보급이 되지 않아서 전문가 이외에는 10년 전에 책이 나온 사실조차 모르는 경우가 많았다.

신간회 창립 90주년을 맞이하여 이에 초판을 가필 보완해서 신판을 내게 되었다. 신판 간행을 동의해준 독립기념관 관장님과 독립운동사연구소에 깊이 감사드린다.

신판의 전체 원고를 읽기 쉽게 교정하고 입력해준 서울대학교 대학원 사회학과 박영대 박사후보에게 깊이 감사드린다.

  또한 출판 환경이 어려운 조건에서도 한국민족 연구를 지원하는
뜻으로 이 책의 신판을 맡아 주신 지식산업사 김경희 사장님과 교정·
교열에 정성을 기울여주신 편집부 직원 여러분에게도 깊이 감사드리
는 바이다.

                              신간회 창립 90주년의 광복절을 맞으며
                                          2017년 7월
                                        저자 삼가 씀

제1장
신간회 창립의 배경

1. 신간회 창립의 국제적 환경

한국민족의 1919년 3.1독립운동과 그 결과 비약적으로 강화된 항일 민족독립운동으로 일본 제국주의·군국주의의 식민지통치는 파탄상태에 이르도록 심대한 타격을 입었다. 일본 제국주의자들은 일본군과 일제 경찰의 탄압무력을 대폭 한반도에 증강 투입하는 한편, 허구의 소위 '문화정치'를 표방하면서 한국민족독립운동을 분열, 약화, 소멸시키려고 획책하였다.

일제는 일부 '타협적 민족주의자'들에게 접촉해서 한국의 '절대독립' '완전독립'을 포기하고 '대일본제국' 내의 '내정자치' '자치운동'으로 방향을 바꾸도록 공작하여 민족주의 독립노선을 '분열'시키려는 공작활동을 개시 강화하였다.[1] 또한 일제는 3.1운동 후 새로이 대두한 사회주의 운동에 대해서는 한편으로 온갖 가혹한 탄압을 가하면서 다른 한편으로 민족주의 계통과 반목 갈등하도록 간교한 이간공작을 획책 강화하였다.

신간회(新幹會)는 사회학적으로 정의하면 한국민족의 '완전독립' '절대독립'의 궁극적 목적을 성취하기 위하여 일본제국주의에 대항한 '비타협적 민족주의'세력과 '사회주의'세력이 협동 연대하여 일제가 배후 조종하는 '자치운동'의 "기회주의를 일체 부인"[2]해서 붕괴시키고, 일제의 이간공작을 극복하면서, 민족독립운동을 고양시키기 위해 1927년

---

[1] 安在鴻, 〈朝鮮 今後의 政治的 추세〉, 《朝鮮日報》, 1926년 12월 16~19일자 社說; 《民世安在鴻選集》 제1권, 知識産業社, 1981, pp.187~196 참조.

[2] 安在鴻, 〈新幹會의 創立準備〉, 《朝鮮日報》, 1927년 1월 10일자 사설; 《民世安在鴻選集》 제1권, 지식산업사, p.205.

2월 15일 결성한 한국민족의 전민족적 '민족협동전선'의 자발적 결사체였다.

신간회는 일제강점 아래서 합법적 단체로 결성되었기 때문에 실로 많은 제약을 받았다. 그럼에도 불구하고 전국에 자발적으로 약 140여 개 지회를 설치하면서 1931년 5월 16일 '해소'할 때까지 4년 3개월 동안의 존속기간에 합법·비합법 민족운동·사회운동을 비약적으로 발전시키고 한국민족의 발전에 참으로 지대한 공헌을 하였다.

신간회 창립의 배경을 국제적 환경과 국내 사회적 배경으로 나누어 좀 더 상세하게 고찰하기로 한다.

1) 일본 제국주의의 대륙침략정책과 한국 독립운동 탄압

신간회 창립의 국제적 환경으로서 가장 먼저 주목해야 할 것은 일본 제국주의·군국주의가 1920년대 후반에 만주침략 점령을 본격적으로 준비하면서 만주에서의 한국민족 독립운동에 대한 탄압과 공격을 가일층 강화한 사실이다.[3]

제1차 세계대전 종결에 따른 1919년 베르사이유 강화조약에서 일본이 이전의 독일 조차지인 중국 산동(山東)반도를 일본의 요구와는 달리 중국에 귀속시키기로 합의되었다. 이어서 1922년 워싱턴회의에서 중국의 영토보전, 문호개방, 기회균등을 약정한 9개국 조약이 체결되어 주력함의 보유비율을 미국, 영국, 프랑스, 이탈리아, 일본순으로 결정되었다. 일본은 70퍼센트를 주장했는데 60퍼센트로 제한되었으므로 일본 제국주의·군국주의가 국제적으로 제동이 걸리는 것처럼 보였다. 이 틈을 비집고 일본 학자들이 말하는 '다이쇼(大正) 데모크라시'라는

---

[3] 安在鴻, 〈1927년의 세계대세 (1)~(7)〉, 《朝鮮日報》, 1928년 1월 1일~8일자 논문; 《민세안재홍선집》 제6권, 지식산업사, 2005, pp.74~94 참조.

것이 한때 반짝 비추기도 하였다. 그러나 '다이쇼 데모크라시'도 일시적 정당정치의 실시와 남자의 보통선거권 의회통과 정도의 뒤떨어진 것이었다. 그뿐 아니라 1925년 3월 이 남자 보통선거법안 통과도 사회주의 탄압을 목적으로 한 치안유지법 통과를 동반해서야 겨우 통과될 수 있었던 취약한 것이었다.

반면에 일본 제국주의·군국주의자들은 그들의 오랜 목표인 만주침략 점령과 중국에서의 이권 침탈을 위해 본격적 침략활동을 강화하였다. 일제는 우선 일제의 만주침략과 한국 식민지통치에 완강하게 저항하는 만주에서의 한국민족 독립운동을 탄압하기 위해 만주 군벌 당국과 1925년 6월 11일 '삼시협정'(三矢協定)을 체결하였다.

'한인 취체에 관한 쌍방협정'(雙方商定取締韓人辦法)이란 공식 명칭을 가진 이 협정은 만주 봉천성 경무국장 우진(于珍)과 일제 조선총독부 경무국장 삼시(三矢宮松, 미쓰야 미야마츠)사이에 체결된 것이지만, 봉천성에만 적용된 것이 아니라 길림성·흑룡강성을 포함한 전체 동3성(전 만주)의 100여 만 한국인에게 적용된 것이었다.

'삼시협정'의 내용은 재만 한국인은 무기를 휴대할 수 없고 한반도에 침입하는 것을 금하며, 위반자는 중국관헌이 이를 체포하여 일본 관헌에게 인도하고, 또한 일본 관헌이 지명하는 한국독립운동단체 수령을 중국 관헌이 체포하여 일본 관헌에게 인도한다는 것이었다.[4]

일제는 '삼시협정'을 효과적으로 집행하기 위하여 한국 독립운동에 관한 정보제공자 또는 한국 독립운동가를 체포하는 중국 관헌들에게 보상금 또는 현상금제도를 실시하였다.[5]

1925년 '삼시협정' 후 중국인들의 한국인들에 대한 박해와 밀고가 성행하였다. 일본인들도 재만 한국인들에 대한 이 모든 박해와 탄압은

---

[4] 독립운동사편찬위원회편, 《한국독립운동사》, 1983, 제5권, pp.529~532 참조.
[5] '삼시협정'은 일제가 만주를 완전히 침략 점령하여 소위 괴뢰 '만주국'을 수립한 뒤인 1932년 12월 12일에야 폐지되었다.

'삼시협정'이 주원인이라고 공언하였다.6)

만주 군벌과 하급 만주 관헌들이 '삼시협정'에 의한 일본의 보상금·현상금을 탐내어, 실제로 한국 독립운동에 대한 정보를 제공하고 한국 독립운동가들을 밀고·수색·체포하는 일이 빈발했기 때문에 한국 독립운동은 1920년대 후반부터 심대한 타격을 입었다. 예컨대 독립군의 국내진입작전 횟수는 1924년에 560건이었던 것이, 1925년에 270건, 1926년에 69건, 1927년에 16건, 1930년에는 3건으로 급격히 감소하였다.7)

일제는 1927년 5월 28일 '일본 거류민 보호'라는 구실을 내세워 국민혁명군의 북벌을 견제하기 위해 제1차 '산동출병'을 자행했다가 철수하였다. 1928년 4월에는 같은 구실을 내세워 제2차 산동출병을 자행하였다. 모두 국민혁명군의 북상을 저지하고 일제의 산동성과 관내의 이권 침탈을 노린 것이었다.8)

일본 제국주의자들은 일본 자본주의 체제가 1929~30년 세계대공황의 영향으로 침체되자 일본 관동군(關東軍)이 앞장서서 일본 군부의 오랜 꿈인 '만주침략·점령'을 추진하였다.

관동군 사령부는 1927년 《대만몽(對滿蒙)정책에 관한 의견》이란 군사정책을 작성해서 '만몽영유계획(滿蒙領有計劃)'을 준비하였다.

관동군참모부는 만주무력점령 준비로 만주(중국 동북)의 실질적 통치자인 만주군벌 '동북3성보안총사령' 장작림(張作霖)을 1928년 6월 4일 폭살하였다. 그러나 결과는 일제의 뜻대로 되지 않았다. 뒤이어 동

---

6) 《조선일보》 1928년 1월 20일자, 〈조선인 압박의 화근은 '三矢協約', 奉天 日居留民會長 守田씨 談〉 참조.

7) 《한국독립운동사》 제5권, p.537 참조.

8) 安在鴻, 〈濟南事變의 壁上觀 － 田中內閣의 대모험〉, 《조선일보》 1928년 5월 9일자 〈사설〉, 압수당해 미발행. 이 〈사설〉로 안재홍이 일제에 체포되어 8개월 금고형에 처해지고, 《조선일보》는 제4차 정간당했다가 4개월 뒤에 해제; 《민세안재홍선집》 제1권, pp.280~282 참조.

북3성보안총사령이 된 장작림의 아들 장학량(張學良)이 강력한 배일
(排日)정책을 실행했기 때문이었다.

장학량은 일제가 만주를 전체 중국으로부터 분리시켜 일본의 식민
지·반식민지화를 획책한다고 보고, 1929년 12월 29일자로 국민당의
남경정부와 합작하여 그 산하에 들어가 버렸다. 이에 만주에도 중화민
국의 '청천백일기'가 게양되었고, 국민당 지부들이 조직되었다. 이제
일제 관동군은 '만주점령'을 위해 중국 중앙정부인 남경정부와도 직접
상대해야 하는 어려운 상황에 처하게 된 것이다.

장학량은 또한 일제가 이권으로 침탈 운영하는 '남만(南滿)철도주식
회사'(약칭 '만철')의 철도운영을 견제하고 대항하려고 만철 병행선이
되는 길림—해룡 사이의 길해선(吉海線), 타호산—동룡 사이의 타동선
을 부설했으며, 타동선을 조앙선 및 사조선과 연결시켜서 '만철' 독점
을 해체시켰다. 뿐만 아니라 일본상품의 유입을 제한하기 위해 만철
연선에 세관도 설치하였다. 장학량은 또한 일제가 점령 장악하고 있는
요동반도의 대련(大連)항과 경쟁상대가 되도록 화란자본을 도입하여
1930년 대련 부근에 호로도(葫蘆島)항을 건설하였다.

장학량의 이러한 정책에 고취되어 요녕국민외교협회(遼寧國民外交協
會)는 ① 여순·대련의 일본 조차지 및 남만철도의 회수 ② 영사재판
권의 철회 등을 요구하였다.

그러나 일제 관동군사령부는 그들대로 만주와 동몽골(東蒙古)을 강
점하기 위한 침략계획을 구체화시켜 나갔다. 관동군 참모부가 1929년
에 작성한 '국운회전의 근본국책인 만몽문제해결안(滿蒙問題解決案)'에
서는 만주와 동몽골을 일본이 군사점령하여 '만주 및 열하(熱河)특별
지구'에 일제의 '만몽총독'(滿蒙總督)을 두고 일본군대로써 통치하는
정책안을 수립 제출하였다. 이어서 관동군참모부에서는 '관동군 만몽
영유계획', '만몽점령지통치 연구' 등이 진행되었다.

뿐만 아니라 동경의 일본 중앙정부 안에서도 육군상 남차랑(南次郞,

미나미 지로. 후에 조선총독이 됨)은 1931년 6월 31일 '국책연구회의'
를 조직했는데, 이 회의에서 1931년 6월 19일 '만몽문제해결방책대강
(滿蒙問題解決方策大綱)'을 작성하여 만주문제는 '군사행동'으로 해결할
수밖에 없으며, 1년 이내 이의 실행을 기하도록 촉구하였다.

　일본 제국주의의 막강한 일본군에 의한 만주침략·대륙침략정책은 만
주·중국에서 한국민족 독립운동에 큰 위협이 되었으며, 이에 대한 한
국민족 독립운동의 대단결과 분발이 절실하게 요청되었다.

2) 국제공산주의 운동의 극동 진출과 파시즘의 대두

　다음으로 주목해야 할 국제환경의 변화는 국제공산주의 운동의 극
동 진출과 한국민족 독립운동에 끼친 영향이다.[9] 그리고 국제공산주
의 운동 대두의 정반대 방향에서 파시즘이 대두하여 일본 군국주의와
결합할 추세를 보이기 시작한 것이다.

　한국의 3.1운동이 일어난 이튿날인 1919년 3월 2일 모스크바에서
제3차 국제공산당(통칭 제3차 코민테른)이 창설되었다. 코민테른은 이
에 가입한 각국 공산당을 코민테른 지부로 지휘하는 막강한 조직이
되었다. 1918년 4월 28일 하바로프스크에서 동양 최초의 사회당 겸
공산당으로 창립된 한인사회당(韓人社會黨, 당수 李東輝)은 이에 가입
하여 아시아의 공산주의 운동에 앞장서게 되었다.

　1919년 9월 통합 대한민국 임시정부의 국무총리가 된 이동휘는 한
인사회당 본부를 상해로 옮겼다. 코민테른은 1920년 4월 보이틴스키
(Gregori N. Voitinsky)를 상해에 파견하여 상해 소련영사관 안에 코민
테른 극동사무국을 차려놓고 이동휘와 협력하여 각국의 공산당 창당

---

9) 安在鴻, 〈勞農露國의 동진정책〉, 《조선일보》 1926년 2월 12일~15일자 사설;
　《민세안재홍선집》 제6권, pp.32~42 참조.

을 성원하였다.

보이틴스키와 이동휘가 북경대학 교수 진독수(陳獨秀)와 교섭한 결과 1921년 7월 1일 중국공산당이 창당되었다. 그들은 1921년 같은 시기에 근등영장(近藤榮藏, 곤도 에이조)과 교섭한 결과 동경공산당(일명 曉民共産黨)이 창당되었으나 크게 발전하지 못하고, 1922년 7월 15일 새로 일본공산당이 창당되었다.

이동휘는 한국 국내에도 교섭한 결과 1920년 가을 '사회혁명당'(社會革命黨)이 창당되었다. 이동휘는 이 무렵에 국내에서 창립된 '조선노동공제회,' '조선청년연합회' 등도 후원하였다. 이동휘 등은 상해에서 한국 청년 독립운동가들을 모아 1920년 5월경부터 공산주의 사상학습을 시행하고, 만주 간도의 대한국민회에 연계된 독립군 단체들을 위해 '무관학교'를 설립하도록 자금을 지원하였다.

그러나 1921년 1월 코민테른 본부가 상해 극동사무국을 폐지하고 동양비서부를 이르크츠크에 설치하자 사정이 크게 달라졌다. 이르크츠크의 코민테른 동양비서부 부장 슈미야츠키(Boris Shumiatsky)는 과거 이르크츠크 공산당 안의 한인부를 분리시켜 '고려공산당'으로 승인을 추진하였다. 이에 자극을 받은 이동휘의 한인사회당은 1921년 1월 10일 당명을 '고려공산당'으로 바꾸어 활동하였다. 그 결과 '고려공산당'은 이전의 '한인사회당'인 '상해파 고려공산당'과 코민테른 동양비서부의 지원을 받은 '이르크츠크파 고려공산당'이 헤게모니 경쟁을 하면서 활동하게 되었다. 통합대회에서 '상해파 고려공산당'이 우세하게 되자, 코민테른 동양비서부 부장은 상해파를 대한민국 임시정부에 참가한 민족주의자들이라고 규정하고 이르크츠크파 주도의 고려공산당을 만들려고 하였다. 당시 코민테른과 소비에트 공산당은 레닌이 병석에 눕게 되어 1922년 4월 1일 스탈린이 서기장에 취임했고, 코민테른 본부도 스탈린이 지휘하게 되었다. 레닌은 1924년 1월 21일 사망하였다. '자유시 참변'을 조사하게 된 코민테른 본부는 1922년 10월 이르크츠

크의 코민테른 동양비서부를 폐지하고, 1922년 11월 통합대회를 개최
하여 한때 실세인 이동휘의 상해파 주도의 '고려공산당'을 승인하였다.
그러나 이것은 잠깐의 일이었다.

1922년 12월 시베리아 출병 일본군 3개 사단을 본국에 철수시킴에
성공하자, 소련공산당은 연해주까지 포함한 '소비에트 사회주의 공화
국 연방'(The United Soviet Socialist Republic)을 선포하였다. 이와 동
시에 코민테른 본부는 '고려공산당'을 부정해 승인을 취소하고, 그 대
신 코민테른 집행위원회 동방부(부장 보이틴스키) 산하에 코르뷰로
(고려국)를 블라디보스토크에 설치하여 한국 국내에 새로 공산당을
설립케 하였다.

이러한 국제 환경의 변화 속에서 1925년 4월 17일 서울에서 새로
'조선공산당'이 창립되었다. 이것이 일제의 탄압으로 1925년 11월 해
체되자, 1925년 12월 제2차 공산당이 서울에서 다시 승계 성립되었다.
이것이 일제의 탄압으로 또 해체당하자, 1926년 9월 2일 서울에서 제
3차 조선공산당(ML당)이 승계 성립되었다. 이것도 일제의 탄압으로
해체 당하고 1928년 2월 27일 제4차 조선공산당이 승계 성립되었다.
이러한 일제 탄압과 조선공산주의자들의 저항투쟁 기간에 국내에서
조선의 공산주의·사회주의 세력은 상당히 성장하여 민족주의 세력 다
음가는 국내 민족운동의 큰 세력으로 성장하게 되었다.

그러나 1928년 7·8월간 모스코바에서 개최된 코민테른은 제4차 조
선공산당을 승인해주지 않았을 뿐 아니라, 제 1·2·3차 조선공산당 승
인도 취소하고 조선공산당의 재건을 지시 권고하였다.

코민테른의 활동은 비단 동북아시아에서만 미친 것은 아니었다. 유
럽의 여러 나라들 또는 제국주의 국가들 안에서도 노동자·농민층에
기반을 두고 공산당이 없던 나라들에서 새로 각종 명칭의 공산당들이
창당되었다. 헝가리에서는 1919년 3월 21일 소비에트공화국을 수립했
다가 7월 27일 루마니아군이 진입하여 소비에트정권을 붕괴시켰다.

1920년 12월 25일 프랑스 공산당이 창립되고, 1921년 1월 21일에는 이탈리아 공산당이 창립되어 노동운동을 지원하였다.

또한 식민지·반식민지 나라들 안에서도 새로 연이어 공산당들이 창당되어 활동하게 되었다. 1920년 5월 자바에서 인도네시아 공산당이 창립되었다. 소련과 코민테른의 활동으로 1924년 11월 26일에는 아시아 최초의 공산국가인 몽고인민공화국이 성립하였다. 1925년 12월에는 인도 공산당이 창립되었다. 1930년에는 베트남 공산당이 창립되었다. 그리하여 모든 식민지·반식민지의 민족해방운동에는 민족주의 독립운동 이외에 새로 사회주의·공산주의 민족해방운동이라는 새로운 운동이 대두되어 활동하게 되었다.

제3차 코민테른의 극좌운동 대두에 병행해서 새로운 극우파 운동이 대두하였다. 이태리에서는 1919년 3월 24일 무솔리니가 전투적 파시스트 단체를 결성하였다. 1921년 11월 로마에서 파시스트들은 전국대회를 개최하여 '국가 파시스트당'으로 개편하였다. 1922년 8월 1일부터 이탈리아 노동자들의 파업이 시작되었고, 파시스트들이 이에 대응하여 폭력 공격을 행하였다. 1922년 10월 파시스트들이 노동자 파업에 대항하여 나폴리에서 로마로 진군하자, 이태리 국왕은 무솔리니에게 개각을 명령했고, 무솔리니는 1922년 10월 31일 파시스트 정권을 수립했으며, 11월 25일에는 국왕에게 압력을 가해 질서회복을 위한 독재권을 부여받았다. 1924년 4월 6일 이탈리아 총선거에서는 무솔리니의 파시스트당이 대중의 지지 65퍼센트를 획득해 크게 승리하였다. 이어서 무솔리니는 1926년 이태리에서 파시스트당 이외의 정당에 해산령을 내려 파시스트당 독재체제를 확립하였다. 그리고 1927년 4월 21일에는 '이태리 노동헌장'을 발표하여 파시스트의 노동 조직체를 확립하였다.

독일에서도 1919년 1월 5일 '독일노동자당'이 결성되었는데 1920년에는 '국가사회주의 독일노동자당'(나치당)이라고 당명을 바꾸었다. 나치당은 1920년 2월 24일 국가주의적인 25개조 강령을 채택하고 나치 운동을 본격적으로 시작하였다. 히틀러는 1923년 11월 8일~11일 뮌헨에서 나치스의 소폭동을 일으켰다가 체포되었으나 이듬해 석방되었다. 이탈리아처럼 급속한 팽창은 이루지 못했으나 독일에서도 나치당은 전쟁 배상금 지불 정지운동에 성공하면서 대중의 지지를 얻어 급속히 대중파시즘으로서 세력을 증대시켜 나갔다.

파시즘은 극동에도 전파되어 일본에서 군 장교들과 상층 극우파 사이에서 급속히 퍼져나가게 되었다.

일부 일본군 고급장교들과 상층 극우파 관료들은 코민테른 운동의 극동 진출, 한국민족 독립운동을 비롯한 아시아 식민지·반식민지 민족해방운동의 고양, 중국 국민혁명의 성공 등의 국제정세 변동이 그들이 추구하는 만주와 몽골 침략 점령, 중국 관내 침략, 남방 필리핀 점령에 의한 대일본제국 건설 확대에 근본적으로 불리한 것이라고 판단하였다.

이에 일부 일본군 청년 고급장교들과 극우파 관료들 사이에서 파시즘이 주창되고 보급되었다. 그들은 코민테른을 극도로 증오하고 철저한 반공·반소정책을 주창하였다. 그들은 베르사이유 조약과 워싱턴 조약의 군축체제를 공격 비판하면서 대외팽창을 통한 대일본제국 건설에는 공산주의·사회주의·의회주의·자유주의·민주주의·개인주의는 모두 적합하지 않으며, 천황제를 국체로 명징(明徵)하여 일본이 아시아의 맹주가 되도록 국가를 개조해야 한다고 주장하였다.

일본의 파시즘 운동은 1925년 치안유지법 통과와 비밀경찰·정보부 체제인 특고경찰(特高警察) 체제 수립에 성공하자, 식민지에 즉각 이를 적용하여 민족해방운동을 가혹하게 탄압하는 정책으로 결합되었다. 또한 일본 파시즘운동은 일본 국내에서는 군인장교들에 의한 쿠데타 시도, 정치인 암살들을 자행하고, 대외적으로 침략전쟁을 선동하면서 파시스트 운동의 전국화에 의한 군부 독재체제 수립과 대외전쟁 개시를

주창하였다.[10]

파시즘은 극동 일본에 들어와서 일본 제국주의·군국주의·파시즘이 결합하여 일본이 아시아 맹주가 되어 패권을 장악하기 위한 대외침략 정책과 군부 중심 독재체제 수립운동으로 급속히 발전하게 되었다.

그리하여 1920년대 후반부터 1930년까지 극좌 국제공산주의 운동과 극우 파시즘 운동의 충돌은 극동에서도 암운을 드리우게 되었다.

3) 중국 국민혁명과 제1차 국·공합작 및 분열

다음으로 주목해야 할 것은 중국에서의 국민혁명에 의한 중화민국 수립과 제1차 국민당과 공산당의 합작 및 분열이 중국에서의 한국독립운동에 미친 영향이다.

중국혁명동맹회(中國革命同盟會, 뒤에 중국 國民黨으로 개칭) 세력은 1911년 '신해(辛亥)혁명'을 일으켜 봉건적 청조(淸朝)를 부정하고, 1912년 1월 남경에서 한족 중심의 공화국인 '중화민국'을 수립하여 손문(孫文)이 임시대총통(대통령)에 취임하였다.

그러나 재정자금 부족으로 내분이 일자 손문은 청조의 완전 타도와 공화체제 유지를 조건으로 자금과 군대를 가진 원세개(袁世凱)에게 대통령 지위를 양여하기로 약속하고, 그 대신 원세개는 청조 박멸을 약속하였다. 원세개가 온갖 방법의 압력을 가한 끝에 청조의 어린 황제 선통제(宣統帝)는 1912년 2월 12일 퇴위하여 청조는 멸망하였다. 손문은 약속대로 이튿날 임시 대총통을 사임하고 원세개가 제2대 임시대총통에 선임되었다.

그러나 원세개는 약속대로 중화민국이 수도로 삼은 남경으로 내려오

10) 安在鴻, 〈武士國의 흥포성〉,《조선일보》1925년 2월 1일자, 〈시평〉압수기사;
《민세안재홍선집》제6권, 지식산업사, 2005, pp.20~21 참조.

지 않고 자기의 정치세력이 있는 북경으로 수도를 옮겨서 독재정부를
수립해 나갔다. 1914년 7월 제1차 세계대전이 일어나자 일본은 재빨리
협상국(연합국)에 가담하여 독일 조차지인 산동반도를 점령한 후 산동
반도의 독일 조차권을 일본이 승계하고 각종 이권을 획득하는 '21개조
요구'를 원세개에게 수락하도록 강요하였다. 원세개는 결국 일본의 이
21개조 요구를 모두 수락하여 매국적 굴욕외교를 감수하였다.

뿐만 아니라 원세개는 1916년 1월 1일을 기해 공화제를 폐지하고
군주제를 채택하여 황제의 지위에 올랐다. 이에 반대하여 남방 혁명파
와 각종 군벌세력까지 무장 봉기하자, 원세개는 3월 22일 군주제와
황제 지위를 취소하였다. 그러나 혁명군은 이에 멈추지 않고 원세개의
대총통 하야를 요구한 바, 원세개는 고민 끝에 6월 9일 급사하였다.
이에 북방의 군벌들과 남방 혁명파가 타협하여 여원홍(黎元洪)이 임시
대총통이 되고 단기서(段祺瑞)가 국무총리로 임명되었다.

그러나 북방 군벌들은 오래지 않아 남방 혁명파를 정부에서 추방하
였다. 혁명파들은 광동(廣東)에 집결하여 남방 군벌들의 도움을 받으
면서 1917년 광동정부(廣東政府)를 수립하고 대원수에 손문(孫文)을 추
대하였다. 이에 중국에는 중화민국의 이름 아래 군벌들의 북경정부(北
京政府)와 혁명파 중심의 광동정부(廣東政府)의 두 개 정부가 수립되어
대립하게 되었다. 북경정부는 중화민국의 대외관계를 가진 정부였으나
북방군벌들의 권력쟁탈장이 되어 끊임없는 군벌끼리의 전쟁을 일으켰
다. 한편 광동정부는 손문의 북벌계획을 반대하는 남방 군벌들에 의해
손문이 추방되었다가 재영입 되는 등 분란이 그치지 않아서 분열 상
태에 들어가게 되었다.

제1차 세계대전이 끝나고 파리강화회의에 임하여 1919년 한국에서
3.1운동이 일어나고, 이어서 그 외적 영향을 받으면서 중국에서는 5.4
운동이 일어났다. 북경학생연합회가 선두에 서서 일본 제국주의의 산
동반도 조차요구와 21개조 요구를 규탄하면서 반(反) 제국주의 신중

국 건설의 깃발을 높이 들자, 5.4운동은 전국 주요 도시에 파급되어
대규모 애국운동으로 발전하였다. 일본은 베르사이유 강화조약에 따라
1919년 8월 산동을 중국에 반환했으나 21개조 이권은 그대로 유지하
였다.

미국은 1920년 국제연맹 창설을 주도했고, 1922년에는 '워싱턴회의'
를 개최하여 열강의 군축을 추진하였다. 중국은 이 회의에 대표를 보
내 열강의 이권문제 등의 해결을 호소한 결과 중국의 영토보전을 합
의한 9개국 조약이 체결되었다. 그 결과 일본은 21개조의 일부를 포
기하지 않을 수 없게 되었으나, 형식뿐이었다. 실제로는 열강이 경쟁
적으로 중국에서 이권을 획득하고 유지하려고 시도하였다.

이러한 시기에 1921년 7월 1일 상해에서 코민테른 극동부의 자문을
받으면서 진독수(陳獨秀)를 당수로 한 중국공산당(中國共産黨)이 창당
되었다. 중국공산당은 당시 중국 각 도시의 노동자층과 5.4운동 이후
학생 등 신지식인층의 급속한 성장을 배경으로 빠른 속도로 발전해
갔다.

소련은 제정러시아가 중국에서 획득한 모든 이권(利權)의 무상반환
을 1917년 7월 선언하여 중국의 호감과 신뢰를 얻은 다음 연이어 보
르딘(G. Bordin) 등 국제공산당 중국통을 보내어 손문에게 호의를 표
시하였다.

손문은 처음에는 소련을 경계했으나, 중국의 정당한 요구를 자본주
의 열강이 무시하고 도리어 새로운 이권을 추구함에 분개하고 있었으
므로, 소련의 호의에 움직이게 되었다. 손문은 1923년 11월 보르딘의
자문을 받아 '국민당 개조'를 선언하고, 1924년 1월 국민당 제1회 전
국대회를 개최하여 국민당 개조를 실행하였다. 이 대회에서 손문 등은
3대 정책으로 연아(聯俄: 소련과의 우호연대) 정책, 용공(容共: 공산당
원이 삼민주의 신봉의 선서를 하고 개인자격으로 국민당에 입당함을
용납하는) 정책, 부조농공(扶助農工: 농민·노동자를 적극 돕는) 정책

등을 채택하였다. 또한 중국 국민당은 소련공산당의 조직 원리를 원용하여 조직을 강화함과 동시에 '이당치국'(以黨治國: 당이 국가를 다스리는 것)의 원칙을 정하고, 국민혁명군 양성을 위해 황포군관학교(黃捕軍官學校)를 설립하기로 의결하였다.

국민당은 그 결과 종래 소자산 계급과 지식인 중심의 상층 정당으로부터 농민·노동자가 광범위하게 참가한 국민정당으로 발전하였다. 뿐만 아니라 제1차 국·공합작이 국민당 중심으로 이루어져서 중국 국민당은 더욱 강력하게 되었다. 1924년 5월에는 손문의 부관인 장개석(蔣介石)을 교장으로 하여 황포군관학교가 설립되고 소련군 장교들도 교관으로 초빙되어 국민혁명군 간부양성에 종사하였다.

손문은 국민당 개조체제 정비가 이루어지자 1924년 9월 북벌을 시작하였다. 북방의 군벌들은 정권을 교체하면서 협상을 제의해 왔다. 손문은 이에 응해 건강을 잃은 몸으로 북상하다가 1925년 3월 12일 병사하였다.

손문 별세 후의 국민당은 3파로 나뉘어 대립하였다. 대천구(戴天仇) 등의 우파, 장개석 등의 중간파, 요중개(廖仲愷) 등의 좌파가 그것이다. 국민당과 합작해 들어온 공산당은 국민당 좌파와 가장 가까웠다. 일본인 방적공장에서 중국인 여공을 일본인 감독이 구타한 사건으로 폭발한 반(反)일제 노동자·지식인 시위운동인 1925년 '5.30사건'의 영향으로 좌파와 공산파의 세력이 강성해지자, 우파가 좌파의 요중개를 암살한 사건이 일어났다. 중간파인 장개석은 좌파와 연합하여 정변을 일으켜서 우파 간부를 감금했으므로, 우파는 떨어져나가 북상하였다. 1926년 좌파의 황포군관학교 점령 음모가 발각되자, 장개석은 정변을 일으켜 좌파를 제압하고 군사지휘권과 정권을 모두 장악하였다.

장개석은 1926년 6월 국민당군 총사령관이 되어 북벌을 다시 시작하였다. 황포군관학교에서 철저히 훈련받은 우수한 청년장교들이 이끄는 국민당 북벌군은 도처에서 군벌들의 군대를 쳐부수고, 1927년 3월에는 상해와 남경을 점령하여 8개월 만에 양자강 이남은 거의 모두 평정하였다. 이에 장개석은 광동정부를 남창(南昌)으로 옮기고자 했으나, 좌파와 공산파는 무한(武漢)을 수도로 하자고 주장하였다. 결국 좌파·공산파는 먼저 '무한정부'를 수립하고, 장개석은 '남창정부'를 수립하게 되었다. 국민당 정부가 2개로 분열되자 장개석은 남창정부를 끌고 무한에 합하여 다시 통일정부가 되었다. 그러나 무한정부에서 득세하게 된 좌파·공산파는 장개석만 군사위원 가운데 하나로 남겨두고 나머지는 모두 좌파가 독점하였다.

장개석의 국민혁명군은 1927년 3월 22일 남경을 점령한 후 4월 12일 정변을 일으켜 공산당원들을 모두 추방 강금해 버리고, 남경에 국민정부를 수립하였다. 이에 국민당 정부는 장개석의 '남경정부'와 좌파·공산파 연합의 '무한정부'의 2개가 수립되어 대립하게 되었다.

'무한정부' 안의 공산파는 농민층의 지지를 얻기 위해 무한 일대에서 지주의 토지 몰수를 통한 토지개혁을 실시했는데, 좌파 안의 호남지방 출신 군인들이 혁명군 가족의 토지까지 몰수되는 것을 보고 무창(武昌)에서 공산주의 반대의 군인 봉기를 일으켰다. 이에 왕조명(汪兆銘) 등의 국민당 좌파는 공산계와의 분리를 결심하여 보르딘 등 소련 고문들을 해고하고 농민단체·노동자단체들을 해산시켰다. 코민테른은 중국공산당의 국민당 탈퇴를 지령하였다. 국민당 좌파도 공산당 간부 체포령을 내려, 4년간 지속되었던 제1차 국공합작은 1927년 7월 종막을 고하게 되었다.

이에 결국 1927년 9월 남경정부와 무한정부가 통합하여 남경통일정부를 수립하였다. 1928년 1월에는 장개석이 다시 국민혁명군 총사령관에 취임하여 북벌을 재개하였다.[11] 북방의 장작림 군대는 50만명의 병력으로 이에 대항하고, 일본군도 산동(山東) 이권의 보호를 위해 장

---

11) 安在鴻, 〈一週一瞥(일주일별) (1)~(5)〉, 《조선일보》 1928년 4월 9일~5월 7일자; 《민세안재홍선집》 제6권, 지식산업사, 2006, pp.101~116 참조.

작림 군대를 원조하였다. 그러나 대세는 이미 국민혁명군의 승리로 기울어져 있었다. 장작림은 1928년 6월 1일 북경 철수를 성명하고 6월 3일 만주를 향해 출발했다가 일본 관동군이 매설한 폭탄으로 열차가 폭발하여 사망하였다.

장개석의 국민혁명군은 1928년 6월 8일 북경에 입성하여 북벌을 완성하고, 1928년 10월 8일에는 장개석이 중화민국 국민정부 주석에 취임하였다.

그러나 장개석의 국민정부 통일은 표면상의 것이었고, 내부는 분열과 갈등으로 가득 차 있었다. 우선 각 지방은 형식상으로만 국민당에 가입한 군벌들의 지배하에 있었다. 예컨대 화북지방의 염석산(閻錫山), 서북지방의 풍옥상(馮玉祥), 광서지방의 이숭인(李崇仁), 광주지방의 이제침(李濟琛), 동북지방의 장학량(張學良) 등이 대표적 군벌들이었다. 그들은 외양으로는 국민정부 산하에 있었으나, 실제로는 자기지역을 실질적으로 통치하면서 국민정부를 형식상 봉대할 뿐이었으므로 중앙정부의 통치력은 그들을 관통하지 못하였다.

더욱 심각한 것은 공산당의 폭동과 저항이었다. 1927년 무한정부에서 탈퇴한 일단의 공산당은 남창(南昌)에 집합하여 1927년 7월 31일 '남창폭동'을 일으켰다가 실패하였다. 공산당은 남하하여 광동을 공격했다가 실패하자 해륙풍(海陸豊) 지방에 들어가서 1927년 11월 '해륙풍 소비에트 정권'을 수립하여 1928년 3월까지 이 지역을 통치하였다.

공산당의 다른 한 부대인 주덕(朱德)의 공산군은 호남지방으로 들어가 '호남폭동'을 일으키면서 병력을 증강하고 모택동(毛澤東)의 농민유격대와 합류하여 홍군 제4군을 편성한 다음 강서성과 호남성의 접경에 있는 정강산(井崗山)에 들어가 소비에트구를 형성하였다. 한편 주은래(周恩來) 등이 배후에서 지휘한 일단의 공산당은 광주(廣州)에서 폭동을 일으켜 이른바 '광주콤뮨'이라고 부르는 소비에트 정부를 수립했다가 3일 만에 정부군에 의해 붕괴되었다. 당시 장개석의 중국 국민당은 한국독립운동에 냉담했는데,[12] 코민테른이 약소민족 해방을 약속했으므로 중국에 있던 한국의 청년 독립운동가들은 중국 공산당에 다수 가입하여 활동했었다. 그리하여 광주폭동에서는 무려 160여 명의 한국 청년 공산주의 독립운동가들이 희생당하였다.

중국 공산당은 뒤늦게 폭동방법의 잘못을 깨닫고 1928년부터는 강서성을 중심으로 각 성 각처 오지에 소비에트구를 설치하는 작전을 채택하여 1929년에 100여 현, 1930년에는 180여 현에 소비에트구가 설치되어 공산당의 통치가 실시되었다.

손문의 시대에는 국공합작이 잘 준수되고 강력한 반군벌, 반제국주의 역량이 급성장했다. 이에 비해 장개석의 시대에는 군벌들이 할거하여 제국주의 열강과 결탁하고, 국공합작이 붕괴되어 공산당의 소비에트구가 증설되어 갔다. 각 항구 도시들에는 제국주의 열강의 조차지와 이권들이 회수되지 않고 심화되어, 중국은 분열과 반식민지 상태에서 제국주의 열강의 침탈 강화에 대비한 새로운 단결이 필요하게 되었다. 이것은 한국민족 독립운동에도 큰 영향과 교훈이 되었다.

2. 신간회 창립의 국내 사회적 배경

1) 민족주의 독립운동과 사회주의 독립운동의 분화

1927~1931년 동안에 국내민족운동을 담당하고 지도했던 민족주의 독립운동세력과 사회주의 독립운동세력의 민족협동전선(民族協同戰線)

---

12) 장개석의 국민당과 국민정부는 처음에는 한국독립운동에 냉담하였다. 장개석의 국민당과 국민정부가 한국민족 독립운동에 협조하기 시작한 것은 1932년 4월 백범 김구가 지휘하는 한인애국단의 윤봉길 의사 상해 홍구공원 의거 대성공 이후부터이다.

이었던 신간회 창립의 국내 배경으로서는 다음과 같은 세 가지 사실
이 특히 주목된다.

첫째, 한국민족의 독립운동에는 1919년 3.1운동 직후부터 사회주의
사상과 노선이 국내에 도입되기 시작하여 1920년대에는 사회주의 독립
운동세력이 형성됨으로써 국내에서도 민족주의 독립운동 세력과 사회
주의 독립운동 세력의 분화가 일어나게 되었다는 사실이다.

국외에서 민족주의 독립운동세력은 1919년 4월 상해 대한민국 임시
정부를 중심으로 모였고, 만주와 러시아령과 미주의 독립운동 단체와
독립군들도 대부분이 민족주의 독립운동단체들이었다. 1920년대 전반
기에도 국외 독립운동과 국내 민족독립운동의 주류는 민족주의 독립
운동이었다. 민족주의 독립운동의 가장 강력한 선행단체는 구 신민회
(新民會) 계통의 민족주의 세력이었다.

예컨대 상해 임시정부의 부장급 간부들은 거의 모두가 구 신민회
간부들이었고, 차장급 간부들은 다수가 신한청년당(新韓靑年黨) 당원들
이었다.

국내에서도 신민회의 국내세력과 천도교 세력, 기독교 민족운동 세
력들이 강력한 민족주의 독립운동세력을 형성하고 있었다.

이러한 상태에 구 신민회 간부인 이동휘(李東輝), 유동열(柳東說) 등
이 김알렉산드라 등 러시아에 있던 한국인들의 요청과 협조를 받고
1918년 4월 28일 러시아령 하바로프스크에서 한인사회당(韓人社會黨)
을 창당하였다. 이것은 아시아 최초의 사회주의·공산주의 정당이기도
하였다. 그리하여 한국독립운동에 민족주의 노선에서 분화된 사회주의
독립운동노선이 처음으로 대두하게 되었다.

한인사회당은 1919년 4월 블라디보스토크에서 기독교계 독립운동단
체인 대한신민단(大韓新民團, 단장 金圭冕)과 통합하여 큰 세력이 되었
다. 한인사회당은 1919년 레닌이 주도하는 '제3차 코민테른'(The Third

Communist International)에 가입하여 한국대표 공산당으로 인정받았다.

상해 임시정부와 러시아령 국민의회와 한성정부가 안창호(安昌浩)의 헌신적 지도력에 의하여 하나로 통합되어 1919년 9월 통합 임시정부를 수립할 때, 한인사회당 당수 이동휘는 국무총리로 지명되어 상해로 가게 되었다. 그 결과 1919년 9월의 통합 임시정부는 다수파 민족주의 독립운동과 소수파 사회주의 독립운동의 제1차 '연합정부'의 성격도 갖게 되었다.

즉 1919년 9월의 통합 대한민국 임시정부는 최초의 '민족협동전선체'의 성격을 가진 '연합정부'의 한 형태로 수립된 것이었다. 또한 대한민국 임시정부의 독립운동 노선은 확고한 '완전독립' '절대독립' 노선이었다.

이동휘는 임시정부 국무총리직을 수행함과 동시에 코민테른에서 파견된 보이틴스키(Gregori N. Voitinsky)와 함께 레닌이 보낸 자금으로 중국 공산당과 일본 공산당의 창당에도 노력하였다. 또한 국내와도 연락하여 조선청년연합회와 조선노동공제회에 활동자금을 보내 지원하였다. 또한 대한국민회와 독립군에도 자금을 보내 '무관학교'를 세우도록 하였다.

특히 주목할 것은 이동휘 등 한인사회당의 활동으로, 국내에서 '일본제국주의를 한국에서 몰아내고 그 다음에 사회주의 국가를 세우자'는 목적으로 1920년 가을 서울에서 '사회혁명당'(社會革命黨)이 창당되었다는 사실이다.[13] 이것이 한국 국내 최초의 사회주의·공산주의 정당이었다.

코민테른이 동양비서부를 이르크츠크에 설치했을 때 책임자인 교조적 공산주의자 슈미야츠키(Boris Shumiatsky)는 이동휘를 민족주의자로 보았으며, 따라서 상해의 한인사회당도 민족주의적 성향의 사회민주당

---

13) 〈김철수 친필유고〉,《역사비평》 제5호, 1989년 여름호 참조.

大韓民國三年一月一日
臨時政府及臨時議政院新年祝賀式紀念撮影

<사진 1> 제1차 연합정부 시기(성립기)의 대한민국 임시정부 각료들(1921.3.1.)

이라고 보았다. 슈미야츠키는 러시아말도 잘하고 소비에트 명령에 절
대복종하는 이르크츠크 공산당 한인부의 청년 공산주의자들로 '고려공
산당'을 새로 조직하려고 하였다.

이에 놀란 이동휘의 한인사회당은 1921년 1월 당명을 '고려공산당'
으로 바꾸었다. 이 고려공산당의 개편 창당에는 국내 사회혁명당 대표
들이 합류하였다. 그러나 이르크츠크에서도 코민테른 동양비서부장의
적극적 지원을 받는 '이르크츠크파 고려공산당'이 창당되어 이동휘의
'상해파 고려공산당'과 경쟁 대립하게 되었다.

대한민국 임시정부는, 레닌이 보낸 후원금 사용문제로 민족주의계
각료들과 국무총리 사회주의계 이동휘 사이에 갈등이 일어나서, 1921
년 이동휘가 임시정부에서 탈퇴하여 연해주로 가버림으로써, '연합정
부'의 성격은 소멸되고 민족주의 계통의 임시정부로 되었다.

한편 일본 유학생들도 3.1운동 후에 사회주의 공산주의 써클과 단체들을 다수 조직하였다. 흑도회(黑濤會), 흑우회(黑友會), 조선고학생동우회, 무산자동지회, 신인동맹회, 무산자동맹회, 북성회(北星會), 북풍회(北風會), 신사상연구회, 화요회, 서울청년회, 토요회, 신흥청년동맹, 조선노동당, 혁청단(革靑團), 사회주의자동맹 등이 대표적인 단체들이었다.

이러한 사회주의 단체와 써클들은 서로 자기의 헤게모니 아래 통합 또는 연합을 추진하고자 경쟁하는 과정에서, 결국 '북풍회' 계통과 '서울청년회' 계통의 양대 세력으로 나누어져 치열한 경쟁과 때로는 갈등도 일으키게 되었다.

국내에서 사회주의 단체들이 다수 창립되고 1924년 4월 조선노동총동맹의 창립에도 성공하자, 사회주의 단체들 가운데서 '화요회'를 중심으로 이와 연락된 공산주의자들은 1925년 4월 17일 서울에서 '조선공산당'을 창립하였다. 이어 이튿날인 4월 18일에는 역시 서울에서 '고려공산청년회'가 창립되었다.

청년들과 빈곤한 지식인들 사이에서는 새로 도입된 사회주의·공산주의 사상과 운동이 참신하고 매력적인 것으로 수용되어 급속히 확산되기 시작하였다.

그리하여 1925년 이후 한국사회에서는 민족주의 독립운동세력 다음으로 신흥하는 사회주의 독립운동세력이 급속히 성장하면서 병존하게 되었다. 당시 한국사회에서는 무정부주의 독립운동은 사회주의 독립운동의 한 분파 정도로 인식되었다.

이제 한국민족운동에서는 민족주의 독립운동 세력과 사회주의 독립운동 세력이 상호 협동할 것인가, 대립·갈등한 것인가의 여부가 일제에 항쟁하여 독립을 쟁취하는 민족 독립운동 역량의 정도와 활동에 매우 큰 영향을 끼치게 되었다.

　많은 한국인들은 민족주의 세력과 신흥 사회주의 세력이 서로 협동
하고 단결할 것을 간절히 희구하였다.

2) '자치론' '자치운동론'의 대두

　다음으로 국내의 민족주의 독립운동은 종래 '완전독립론(完全獨立論)
' '절대독립론(絶對獨立論)'의 단일노선에 따라 민족독립운동을 전개해
왔는데, 1920년대부터는 민족주의 세력 내부에서 '자치론(自治論)'이
대두하여 중대한 도전에 직면하게 되었다는 사실이 주목된다.

　소위 '자치론'은 한국민족의 3.1운동에 의하여 일제의 식민지통치가
근본적으로 흔들리자 본래 일제와 긴밀한 관계를 가졌던 친일적 관료
들 사이에서 대두되었었다. 3.1운동 직후인 1919년 8월 친일관료 출신
심천풍(沈天風)·이기찬(李基燦) 등은 한국민족의 완전독립에 대한 대응
책의 하나로 일본 수상 원경(原敬, 하라게이)에게 '자치제(自治制)'와
'조선의회(朝鮮議會)'의 설립을 제의했다가 거부당하였다. 1919년 12월
에는 선우순(鮮于筍)이 일본 수상에게 동화정책을 주장하면서 '자치'를
요구했고, 또 같은 시기에 민원식(閔元植)은 한국인을 일본제국의회(日
本帝國議會)에 보내는 '참정권(參政權)' 부여를 주장하기 시작했다.
1922년에는 정훈모(鄭薰謨) 등 43명이 일본제국의회에 〈내정독립청원
(內政獨立請願)〉이란 것을 내어 '대일본제국 내의 조선자치'를 요구하
였다. 일제는 내심으로 내정자치(內政自治)를 허여할 생각이 전혀 없었
으나 이 자치운동들이 '완전독립' '절대독립'을 목표로 하는 한국민족
독립운동을 분열시키고 완화시킬 수 있다고 보아, 마치 그 가능성이
있는 것처럼 방관하고 배후에서 조종하면서 이를 식민지 통치에 이용
하려고 획책하였다. 이러한 제1단계의 자치론은 본질적으로 친일분자
들의 책동이었다. 이러한 제1단계 자치론은 의열단선언(義烈團宣言)

과14) 의열단에 의한 친일파 국민협회(國民協會) 수령 민원식 처단 등
으로 저지되었다.

그러나 1924년에 들어서자 민족주의자들 일부에서 '연정회'라는 민
족주의 단체를 결성하면서 '자치론'이 다시 대두되었다. 김성수(金性
洙) 및 천도교 간부 최린(崔麟) 등은 1923년 가을부터 유력한 민족단
체의 조직을 협의하였다.15) 이광수는 이에 보조를 같이하여 1924년 1
월 2일~6일자의 동아일보에 〈민족적 경륜〉이라는 논문을 발표하여
'민족의 단결'을 위한 정치적 결사, 산업적 결사, 교육적 결사의 3대결
사를 주창하고, 이러한 결사들은 현실의 여건상 '조선 내에서 허락되
는 범위 안에서의' 결사로 조직해야 한다고 설파하였다.16)

1924년 1월 중순에는 김성수·송진우·최원순(崔元淳 ; 동아일보), 최
린·이종린(李鍾麟 ; 천도교), 신석우(申錫雨)·안재홍(安在鴻 ; 조선일
보), 이승훈(李昇薰 ; 기독교), 박승빈(朴勝彬 ; 변호사), 조만식(曺晩植
; 평양), 서상일(徐相日 ; 대구) 등 16~17명이 모여 '연정회'의 결사
체 조직을 협의하였다.17) 물론 이때 회합한 민족주의자들 중에는 일
제에 대한 비타협적 민족주의자들도 다수 있어서 모두 이광수의 '민족
적 경륜'의 주장에 찬성해서 모인 것은 아니었다. 그러나 이 모임을
추진한 일부 인사들과 이광수의 논문과는 밀접한 관련이 있었다. 또한
그의 논문은 아직 '자치론'을 명료하게 주장한 것은 아니었지만, '조선
내에서 허락되는 범위 안에서의' 결사를 주장하여 일제의 식민지정책
에 '타협적'인 민족운동을 제의함으로써 자치론의 의미를 함축한 것으

---

14) 申采浩, 〈朝鮮革命宣言〉, 《改訂版 丹齋申采浩全集》 하권, pp. 35~45 참조.
   이 선언은 별칭 〈의열단선언문〉으로서, 각종의 자치론과 자치운동에 대한 가
   장 준엄한 비판을 포함하고 있는 대표적 문헌이다.
15) 慶尙北道警察部, 《高等警察要史》, 1934, p.45 참조.
16) 《동아일보》 1924년 1월 2일자~6일자, 〈민족적 경륜〉 참조.
17) 慶尙北道警察部, 앞 책, p.46 참조.

로 전달되었다.

이에 민족주의 청년들과 사회주의자들이 이광수를 맹렬히 공격하고 일부에서는 동아일보 불매운동까지 일으켰으므로 이광수는 퇴사하고, '연정회' 결성은 더 이상 추진되지 않았다.[18]

그러나 1926년 가을부터는 타협적 민족주의자들이 다시 연정회 결성을 기도하면서 상당히 큰 세력을 갖고 자치운동을 또 다시 전개하기 시작하였다. 이 시기의 자치운동의 기본골자는 한국민족의 '완전독립' '절대독립'은 실현이 난망하니 이를 단념하고 실현가능한 '대일본제국 내의 조선자치(朝鮮自治)'의 실현을 민족운동의 당면목표로 설정하자는 것이었다.

당시 상해의 대한민국 임시정부를 비롯해서 만주의 통의부·참의부·신민부·정의부 등 모든 민족주의 독립군단체들과 국내의 비타협적 민족주의자들이 모두 한국민족의 '완전독립' '절대독립'을 목표로 하여 온갖 악조건 속에서도 독립운동의 혈투를 전개하고 있는 중인데, 국내의 타협적 민족주의자들에 의한 자치운동의 대두는 독립운동노선에 심각한 혼란과 분열을 가져오는 것이었다.

이에 국내의 비타협적 민족주의 세력은 타협적 민족주의자들의 자치운동을 저지하고 완전독립을 목표로 한 민족독립운동의 고양을 위해서, 역시 완전독립론을 주장하는 국내 사회주의세력과의 민족협동전선의 형성이 절실히 필요하게 되었다.[19]

---

18) 趙芝薫, 〈한국민족운동사〉, 《韓國文化史大系》 I, 고려대학교 민족문화연구소, 1964, p.772 참조.
19) 安在鴻, 〈朝鮮人의 政治的 分野- 旗幟를 鮮明히 하라〉, 1925년 1월 21일자 《朝鮮日報》 사설; 《民世安在鴻選集》 제1권, pp.93~96 참조.

3) 일제의 사회주의 운동 탄압과 민족협동전선

또한 국내 사회주의 운동에 대한 일본제국주의의 가혹한 탄압과 특히 조선공산당(朝鮮共産黨)과 고려공산청년회(高麗共産靑年會)에 대한 몇 차례의 대대적 검거와 탄압을 주목할 필요가 있다. 일제의 가혹한 탄압으로 말미암아 대중운동이 불가능하게 된 사회주의·공산주의 세력은 이제 대중운동을 전개하기 위해서는 비타협적 민족주의 세력과의 민족협동전선의 형성이 절실히 필요하게 되었다.

국내 사회주의운동은 3.1운동 후 상해, 노령, 일본의 3개의 통로를 거쳐 국내에 유입되어 1920년부터 본격적으로 형성되기 시작하였다. 국내 최초의 소수 사회주의자들은 민족주의자들과 합작하여 1920년 조선노동공제회(朝鮮勞動共濟會)를 창립하더니, 2년 후에는 이 노동단체의 주도권을 장악하여 사회주의적 노동단체인 조선노동연맹회(朝鮮勞動聯盟會)를 창립하고, 1924년에는 전국의 노동단체들과 농민단체들을 거의 모두 참가시킨 조선노농총동맹(朝鮮勞農總同盟)(1927년 3월에 조선노동총동맹과 조선농민총동맹으로 분화)을 창립하였다.[20]

또한 사회주의자들은 신사상연구회(新思想硏究會), 서울청년회, 화요회(火曜會), 북성회(北星會), 무산자동맹회(無産者同盟會), 북풍회(北風會), 조선노동당(朝鮮勞動黨) 등 서클 성격의 단체들을 만들어가면서 대중과 청년들 사이에 사회주의 사상을 널리 보급시켰다. 사회주의자들은 청년운동 부문에서도 종래 민족주의자들이 주도하던 조선청년연

---

[20] 愼鏞廈, 〈朝鮮勞動共濟會의 창립과 노동운동〉, 《韓國社會史學會論文集》 제3집, 《한국의 사회신분과 사회계층》, 문학과지성사, 1986; 신용하, 〈1922년 朝鮮勞動聯盟會의 창립과 노동운동〉, 《한국사회사학회논문집》 제5집, 《한국 근현대의 민족문제와 노동운동》, 문학과 지성사, 1989 참조.

합회(朝鮮青年聯合會)를 사회주의자들이 주도하던 전조선청년당대회(全朝鮮青年黨大會) 및 신흥청년동맹(新興青年同盟)과 통합하여 1924년 4월에 조선청년총동맹(朝鮮青年總同盟)을 창립하는데 성공하였다.

당시 사회주의와 공산주의가 명확히 분리되지 않은 조건 속에서 일부 공산주의자들은 위의 성과들에 기초하여 1925년 4월 17일 김재봉(金在鳳)을 책임비서로 하는 조선공산당을 창립했으며, 4월 18일에는 고려공산청년회를 결성하였다.

그러나 사회주의·공산주의운동의 급속한 성장에 놀란 일제가 이에 가혹한 탄압을 가하여 조선노동총동맹·조선농민총동맹·조선청년총동맹(이른바 3總)의 합법적 운동은 '집회금지' 등으로 사실상 불가능하게 되었다. 또한 조선공산당은 1925년 11월 '제1차 공산당사건'이라고 통칭하던 일제의 대대적 검거와 탄압으로 조직이 거의 붕괴되었다.

일부 공산주의자들은 1926년 2월에 강달영(姜達永)을 책임비서로 한 공산당을 재건했으나, 천도교 구파와 합작하여 6.10만세운동을 준비하다가 발각되어 1926년 6월에 이른바 '제2차 공산당사건'으로 일제의 대탄압을 받고 대부분이 일제에 검거되어 활동이 불가능하게 되었다.

이에 사회주의·공산주의 세력은 민족운동·계급운동의 어느 부문에서나 대중운동 실행을 위해서는 민족주의자들과의 합작이 필요함을 깨닫고 비타협적 민족주의 세력과 민족협동전선의 형성을 절실히 필요로 하게 되었다.

신간회는 1920년대 후반의 위에 든 사회적 조건을 배경으로 하여 당시의 민족적 사회적 요청에 부응해서 창립된 민족주의 독립운동 세력과 사회주의 독립운동 세력의 민족협동전선이었다.

4) 신간회에 선행한 민족협동전선 추진운동

(1) 조선청년연합회의 민족협동적 조선물산장려운동 제의

<사진 2> 조선물산장려운동(1923)

국내에서 신간회 창립에 앞서 몇 갈래 민족협동전선 추진운동이 있었다.

1923년에 국내에서는 민족주의자들이 조선물산장려운동을 전개함에 당하여 조선청년연합회를 중심으로 신흥하는 사회주의세력과 민족협동전선을 형성하여 이 운동을 대대적으로 전개할 것을 확대 제의하였다.[21] 그러나 서울청년회 계통의 사회주의 청년단체인 전조선청년당이 부르주아 민족주의운동과의 협동을 강경하게 거부함으로써 이 시

---

21) 趙璣濬,〈朝鮮物産奬勵運動의 전개과정과 그 역사적 성격〉,《歷史學報》 제41집, 1969.

도는 실패하였다.[22]

당시 민족주의자들은 우세한 입장에서 전민족적 대동단결을 주장하여 민족협동전선의 필요를 강조하고 사회주의단체들에게 이를 권고하여 문호를 개방해 놓고 있었다.

사회주의단체들은 급속히 성장하면서도 내부의 헤게모니 쟁탈을 위한 종파투쟁에 휩쓸려 있었다. 그 중에는 민족협동전선 형성의 필요에 동감하면서도 헤게모니 장악과 관련하여 의도적으로 민족주의자들을 공격하고 교조적 입장을 강조하는 단체와 집단도 있었다.

당시 사회주의단체들 간부의 일부가 1921년 1월 모스크바에서 열린 '극동인민대표자대회(極東人民代表者大會; 별칭 동방피압박민족대회)'에 참석하여 레닌과 코민테른 간부들로부터 식민지 사회주의자들은 계급해방운동 이전에 민족주의자들과 협동·연합하여 민족해방운동을 선행시킬 것을 권고 받고 돌아왔다. 이것이 널리 알려졌으므로 대부분의 사회주의 단체들은 원칙적으로는 민족주의자들과 사회주의자들의 민족협동전선에 의한 민족해방운동 추진을 찬성하고 있었다. 그러나 구체적 실천에서는 사회주의단체들의 내부 헤게모니 쟁탈전과 민족주의자들에 대한 견해 차이 때문에 여러 가지 다른 반응을 보였다.

(2) 조선청년총동맹의 비타협적 민족주의 운동과의 협동 결의

1924년에 들어서자 사회주의 운동세력에서도 비타협적 민족주의 운동과의 민족협동을 결의하는 추세가 대두되었다.

사회주의자들은 주도권을 갖고 민족주의자들과 협동해서 1924년 4월 20일 조선노농총동맹(朝鮮勞農總同盟)을 결성하고, 4월 21일 조선청

---

22) 陳德圭, 〈1920년대 민족운동에 관한 고찰〉, 《韓國民族主義論》I, 창작과비평사, 1982 참조.

년총동맹(朝鮮靑年總同盟)을 결성하는데 성공하였다. 조선노농총동맹에
는 민족주의적 노동단체와 농민단체들도 거의 모두 참가했었다. 조선
청년총동맹은 민족주의 청년단체인 조선청년연합회(朝鮮靑年聯合會)가
사회주의 청년단체인 전조선청년당대회(全朝鮮靑年黨大會 ; 서울청년회
계통) 및 신흥청년동맹(新興靑年同盟; 土曜會·無産者靑年會 계통)과 연합
한 것이었다.23) 그러므로 그 자체 순연한 사회주의단체는 아니었지만,
헤게모니는 사회주의자들이 장악하게 되었다. 이들은 이제 자체의 동
맹체를 결성하는데 성공했으므로 민족주의자들과의 민족협동전선을
추구할 수도 있는 위치에 서게 되었다.

특히 주목할 것은 창립 이튿날인 1924년 4월 24일 열린 조선청년총
동맹(조선청년당대회계가 주도권 장악) 임시대회가 채택한 결의의 '민
족운동' 항목에서 "타협적 민족운동에 대해서는 절대 배척하고 혁명적
민족운동에 대해서는 찬성한다"24)고 천명한 사실이다. 이것은 종래 민
족주의자들과의 협동전선에 가장 강렬하게 반대해 오던 조선청년당대
회가 방향을 전환하여 '비타협적' 민족주의자들과는 민족협동전선 형
성에 찬성할 뜻을 밝힌 것이었다. 이것은 민족협동전선 형성에서 사회
주의진영에서의 가장 완강한 장애 하나가 해소되었음을 의미하였다.

(3) 조선사정연구회의 비타협적 민족주의 조직체 정비

1925년에 들어오면 민족협동전선형성을 요구하는 여론도 급속히 고
양되고, 민족주의 세력과 사회주의 세력의 자체 전열 정비모임의 성격
을 가진 조직도 구체적으로 나타나게 되었다. 일제가 독립운동 및 사

---

23) 安在鴻, 〈戰鼓를 울리면서〉, 《朝鮮日報》 1924년 6월 8일자 사설; 《민세안재홍
   선집》 제5권, 지식산업사, 1999, pp.30~32 참조.
24) 《동아일보》1924년 4월 26일자, 〈청년임시대회의 해산까지의 토의사항〉 참조.

회주의운동 탄압을 겨냥하여 1925년 5월 '치안유지법(治安維持法)'을 제정 실시한 것은 이를 더욱 촉진하는데 자극을 주었다.

비타협적 민족주의자들은 안재홍이 중심이 되어 1925년 9월 안재홍·홍명희(洪命憙)·백남훈(白南薰)·백남운(白南雲)·조병옥(趙炳玉)·박찬희(朴瓚熙)·백관수(白寬洙)·홍성하(洪性夏)·김기전(金起纏)·박승철(朴勝喆)·김준연(金俊淵)·최원순(崔元淳)·선우전(鮮于全)·한위건(韓偉健)·조정환(曺正煥)·전승학(全勝學)·최두선(崔斗善)·이긍종(李肯鍾)·유억겸(俞億兼)·이재간(李在侃) 등이 모여 '조선사정연구회(朝鮮事情研究會)'를 창립하였다.[25]

이들은 일제의 민족말살 식민지정책에 단호히 대항하여 조선민족과 그 독자적 역사, 독특한 민족적 성격, 민족적 장점과 민족정신을 지키고 연구할 것을 천명하면서, 동시에 일부 극단적 공산주의자들이 외국학설에 현혹되어 민족을 먼저 지키려 하지 않고 계급을 앞세우는 것을 신랄히 비판하였다.

'조선사정연구회'의 회원은 그 후 신간회 본부와 경성(서울)지회의 주류 회원들이 되었다. 이것은 이때 민족주의자들이 '비타협적 민족주의'와 '타협적 민족주의'를 확연히 구분하여 '비타협적' 민족주의자들만의 단체를 결성해서 사회주의자들과의 민족협동전선 형성을 전제한 진용 정비를 한 때문이었다고 볼 수 있다.

(4) 제2차 조선공산당과 천도교의 민족협동전선 추진

한편 사회주의 진영에서는 1925년 4월에 합법적 표면단체들인 화요회, 북풍회, 조선노동당, 무산자동맹의 통합을 위한 4단체합동위원회를 결성하는 한편, 지하에서는 화요회와 북풍회가 중심이 되어 서울청년

---

25) 慶尙北道警察部, 《高等警察要史》, pp.46~47 참조.

회파를 제외하고 조선공산당과 고려공산청년회를 조직하였다.[26] 이 제1차 조선공산당은 창립 작업과 코민테른의 승인을 얻는 일에 집중하여 민족협동전선 문제는 다루지 못한 채 1925년 11월 '제1차 공산당사건'으로 일제의 탄압을 받고 와해되었다.

그러나 1925년 12월에 재건된 제2차 조선공산당(책임비서 강달영)은 방향을 바꾸어 비타협적 민족주의자들과의 민족협동전선 형성을 본격적으로 추구하기 시작하였다. 그리하여 1926년에는 민족협동전선 형성이 다음과 같이 본격적으로 추진되었다.

1926년에 제일 먼저 나타난 시도는 강달영의 제2차 조선공산당과 천도교 및 조선일보의 비타협적 민족주의자들과의 연합에 의한 민족협동전선 형성의 추구였다. 제2차 조선공산당은 1926년 2월 26일 제13차 중앙집행위원회에서 민족주의자들과 사회주의자들의 통일·연락 기관으로 '국민당(國民黨)'을 창립하되 본부는 안전한 만주에 두고 지부를 한국 안에 두어 민족해방운동을 고양하기로 결의하였다. 그들은 1926년 3월 10일 천도교 간부 권동진(權東鎭)의 집에서 안재홍·이종린·신석우·권동진·박동원(朴東元)·오상준(吳尙俊)·유억겸(兪億兼)   등과 회합하여 비타협적 민족주의 운동과 사회주의 운동의 민족협동전선 형성을 논의하고, 그 본부를 천도교 안에 두는 것에 찬성을 얻었다.

그러나 천도교 신파 간부 최린은 타협적 민족주의를 주창하고 있었으므로 천도교와의 '국민당' 결성은 중지되었다.[27]

---

26) 金俊燁·金昌順,《韓國共産主義運動史》제2권, 청계연구소 신판, 1986, pp.291~337 참조.
27)《現代史資料》(姜德相·梶村秀樹編) 29, 東京 : みすず書房, 1972, pp.42~43〈非妥協的 民族運動〉참조.

(5) 6.10만세운동의 민족협동전선적 성격

1926년 4월 제2차 조선공산당은 비타협적 민족주의세력인 천도교구 파와 민족협동전선을 수립해서 '6.10만세운동'을 기획하고 준비하였다. 그러나 거사 3일 전에 일제에게 발각되어 권오설(權五卨) 등 공산당 측과 박인호(朴寅浩) 등 천도교 측 기획자들이 일제에게 체포되었다.[28]

6.10만세운동은 이 때문에 기획했던 바와 같은 대규모 전국적 독립 운동으로는 되지 못하였다. 그러나 바로 이 '6.10만세운동'은 천도교구 파와 제2차 조선공산당의 사회주의자들이 '민족협동전선'을 펴서 일으 킨 독립운동이었다.[29]

6.10만세운동으로 제2차 조선공산당은 일제의 대대적 검거와 탄압 을 받고 붕괴되었다.

그러나 6.10만세운동은 국내 민족주의자들과 사회주의자들에게 큰 반성과 충격을 주었고, 뒤이어 다음의 민족협동전선 형성에 큰 계기를 만들어 주었다.[30]

(6) 조선민흥회의 민족협동전선체 수립

6.10만세운동 직후인 1926년 7월 8일 명제세(明濟世)·조만식 등 조선 물산장려회의 비타협적 민족주의자들은 조선공산당에서 배제된 사회주 의단체인 서울청년회 계통의 권태석(權泰錫)·송내호(宋乃浩) 등과 합작 하여 민족협동전선으로서의 '조선민흥회(朝鮮民興會)'를 발기하였다.

---

28) 慶尙北道警察部,《高等警察要史》, pp.289-·292 참조.
29) 장석흥,〈6.10만세운동과 통일전선운동〉,《국사관논총》제90집, 2000 참조.
30) 安在鴻,〈통곡하는 群衆의 속에 서서- 朝鮮人 同胞에게 訴함〉, 1926년 5월 2 일자,《朝鮮日報》사설;《民世安在鴻選集》제1권, pp.134~136 참조.

<사진 3> 6.10만세운동과 탄압하는 일제 기마경찰(1926)

조선민흥회의 창립준비위원은 명제세(明濟世)·송내호(宋乃浩)·서세충(徐世忠)·유청(柳靑)·권태석(權泰錫)·최익환(崔益煥)·신현익(申鉉翼)·김정기(金正璂)·김동철(金東轍: 이상 상무위원), 심상민(沈相玟)·장인환(張仁煥)·주익(朱翼)·강학동(姜鶴東)·명이항(明以恒)·명용준(明容俊)·이경호(李京鎬)·정순영(鄭舜永)·이창환(李昌煥)·배헌(裵憲)·김상규(金商圭)·김연중(金演重)·정춘수(鄭春洙)·오화영(吳華英)·최내오미(崔耐璵美)·어윤희(魚允姬)·조철호(趙喆鎬)·이병욱(李秉旭)·김종협(金鍾協)·김준한(金晙漢) 등으로서, 민족주의자들과 서울청년회계 사회주의자들의 연합협동체였음을 알 수 있다.

조선민흥회는 비타협적 민족주의자들이 전면에 나서서 주도하고 서울청년회 계통의 사회주의단체인 전진회(前進會)의 민족협동전선 주창자들이 이에 참가하는 방식으로 성립된 민족협동전선체였다.[31]

조선민흥회는 일제의 집회허가가 나오지 않아 발기총회를 개최하지 못한 상태에서도 자치론의 대두를 저지하기 위해 투쟁하였다.

천도교 신파의 최린 등은 1926년 9월에 다시 자치운동단체의 결성을 비밀리에 모색하고, 10월 13일에는 '시사간담회'라는 이름으로 박희도, 김준연, 안재홍, 조병옥, 최원순, 한위건, 백관수, 최남선, 이광수 등을 초청하여 준비위원회를 발기하려고 하였다.

안재홍, 김준연이 이 계획을 조선민흥회에 알리자, 명제세 등 조선민흥회는 대항책을 협의한 뒤 최린 등을 두 차례나 찾아가서 만약 자치운동단체를 조직하면 방관하지 않겠다고 강경한 태세를 보여 이를 무산시켰다.[32] 조선민흥회의 이러한 조직방식과 활동은 그 뒤 신간회 창립에 큰 참조가 되고 상당히 큰 영향을 주었다.

(7) '정우회 선언' 발표

한편 강달영 등은 4단체합동위원회를 적극 활성화시켜 1926년 4월 화요회·북풍회·조선노동당·무산자동맹을 해체하고 통합해서 '정우회(正友會)'를 조직하였다.

사회주의 단체인 정우회는 1926년 11월 15일 '정우회선언(正友會宣言)'을 발표하였다. 정우회는 1926년 4월 화요회·북풍회·조선노동당·무산자동맹의 4단체가 통합하여 결성되었을 때에는 이들 4단체의 간부들이 주도해 왔는데, 그해 6월의 '제2차 공산당사건'으로 정우회 간부의 대부분이 일제에 검거되어 활동이 정지된 상태에 있었을 때 일본 동경에서 결성된 사회주의 써클인 일월회(一月會)의 안광천(安光泉)·하필원

---

31) 《동아일보》 1926년 10월 11일자, 〈조선민흥회 발기준비 경과〉 및 10월 31일자, 〈조선민흥회 작일에 발기회〉 참조.

32) 慶尙北道警察部, 《高等警察要史》, p.47; 宋建鎬, 〈新幹會運動〉, 《韓國近代史論》, 지식산업사, II 참조.

<사진 4> 정우회 선언 보도기사(1926.11.15.)

(河弼源) 등이 이 해 8월에 귀국하여 정우회에 가입하고 간부가 되어 11월에 '정우회선언'을 발표한 것이었다.[33]

정우회선언의 기본내용은 ① 과거의 종파활동을 청산하고 사상단체를 통일하여 전위적 행동을 하며, ② 대중의 교육과 조직을 강화하여 일상투쟁을 제고하고, ③ 종래의 경제투쟁 형태로부터 정치투쟁 형태

---

33) 김인덕, 〈정우회선언과 신간회 창립〉,《국사관논총》제89집, 2000 참조.

로 전환해야 하며, ④ "민족주의적 세력에 대해서는 그 부르주아 민주주의적 성질을 명백하게 인식하는 동시에 또 과정적 동맹자적 성질도 충분히 승인하여 그것이 타락하는 형태로 출현되지 아니하는 것에 한하여는 적극적으로 제휴하여 대중의 개량적 이익을 위해서도 종래의 소극적 태도를 버리고 분연히 싸워야 할 것이다"라고 하여 비타협적 민족주의와의 적극적 제휴를 주창한 것이었다.[34]

이 정우회선언은 당시 비타협적 민족주의와 사회주의의 민족협동전선 형성을 요청하는 여론으로부터 큰 환영을 받았다.

일부 연구자들은 이 정우회선언을 '방향전환론'이라고 명명하면서 당시 일본의 공산주의 이론가 복본화부(福本和夫, 후쿠모토 카즈오)교수의 복본(福本)주의의 영향을 받아 나온 것이라고도 하고,[35] 또는 산천균(山川均, 야마가와 히토시)의 영향을 받은 것이라고 보기도 하나,[36] 이것은 전혀 사실과 다른 것이다.[37]

정우회 선언은 제2차 조선공산당이 붕괴되기 직전에 정우회가 지하단체인 조선공산당의 결정을 계승하여 표면화해서 공개적으로 재확인한 것이었다.

4단체를 통합하여 정우회를 결성한 제2차 조선공산당은 6.10만세운동 3일 전인 1926년 6월 7일 당선언서를 비밀리에 발표했는데, 이 선언은 결론에서 '조선 공산주의자들은 일본 제국주의자들의 압박 하에

---

34) 《조선일보》 1926년 11월 11일자 참조.

35) 金俊燁·金昌順, 《한국공산주의운동사》 제3권, pp.7~11 참조; 梶村秀樹, 〈新幹會 研究おためのノート〉, 《勞動史研究》 제49집, 1968 참조.

36) 梶村秀樹, 〈朝鮮の社會狀況と民族解放鬪爭〉, 《岩波講座 世界史》 제27권, 岩波書店, 1971, p.249 참조.

37) 이러한 견해들은 안광천(安光泉) 등이 일본유학생이고 일본 東京에서 주직된 一月會 출신으로서 당시 유행한 福本의 이론에 많은 영향을 받았다는 선입견에 지배되고 있는데, 이것은 그의 개인적인 것이고 〈正友會宣言〉은 제2차조선공산당의 1926년 6월 7일 〈선언〉의 공개대중화 설명임을 주목할 필요가 있다.

서 조선을 절대적으로 해방시킬 것을 당면의 근본과업으로 하고, 이 과업을 실행하기 위하여 조선의 총역량을 집합하여 민족혁명유일전선 (民族革命唯一戰線)을 만들어 적의 심장을 향하여 정확한 공격을 준비·개시해야 할 것이다'[38]라고 하여, 절대독립을 위한 민족단일전선 형성을 당면의 과업으로 천명했었다. 정우회선언은 이것을 대중화하여 설명하고 선언한 것이었다.

또한 일부 연구자들은 신간회의 창립을 이 정우회선언으로 설명하고 또 마치 정우회 등 사회주의·공산주의자들의 공작에 의해서 신간회가 창립된 것으로 설명하기도 한다. 이것도 사실과 전혀 다르며, 매우 일방적이고 불공정한 설명이라고 할 수 있다. 신간회는 바로 이 뒤에 비타협적 민족주의자들이 주도하여 창립된 것이었다.

그러나 정우회선언으로 민족협동전선에 참여할 사회주의자들의 의사와 의지를 대표적 사회주의단체가 공개적으로 확고하게 천명한 것은 명백한 사실이었다.

---

38)《現代史資料》29, p.95〈秘密結社 新幹黨 組織計劃ノ內容〉참조.

제2장
신간회 창립과 민족협동전선의 성립

1. 신간회 창립의 준비와 창립 발기

1) 신간회 창립의 본격적 준비

신간회 창립의 본격적 준비는 1926년 12월에 더욱 적극적으로 추진
되었다.

1926년 12월에 들어서자 안재홍의 집을 거점으로 하고 홍명희·안재
홍·신석우 등 비타협적 민족주의자들은 신간회를 창립하기 위한 본격
적 활동을 전개하였다. 다음의 일제자료가 하나의 참고가 된다.

> 1926년 말기에 이르러, 동아일보 사장 김성수, 주필 송진우 및 천도교
> 의 최린 등은 총독부 요로(要路)의 사람과 회견하여 자치문제에 대한 의
> 견을 교환한 일이 있으며, 그때 그들은 문화정치조차 어려운 금일의 조
> 선에 자치제도를 시행하여 민족의 감정을 완화하려는 방책을 얻게 되었
> 다는 인상을 깊이 가진 것 같다. 그 후 이를 최남선에게 말한 일이 있는
> 데, 당시 우연히 평안북도 정주(定州) 소재 오산학교 교사인 홍명희가 동
> 기(冬期) 휴가를 이용하여 서울에 와서 최남선을 방문했을 때 최남선으
> 로부터 그들의 의중을 전문(傳聞)하고 함께 서로 자치문제를 토의하며
> 철야한 일이 있다. 이튿날 홍명희는 안재홍을 방문하고 신석우를 초치
> (招致)하여 대책을 협의한 결과 급속히 진순(眞純)한 민족당(民族黨)을 조
> 직하기로 결정하고, 권동진·박래홍(朴來泓)·박동완·한용운·최익환 등의
> 찬동을 얻었으며, 홍명희가 북경에 있는 신채호에게 비격(飛檄)하여 그의
> 찬동을 얻어 발기인에 가하고, 당국과 접근성을 가진 신석우를 개재시켜
> 표면상 그 양해를 얻고, '신간출고목(新幹出枯木)'이라는 말에서 취하여
> 신간회라는 명칭 아래 1927년 2월 15일 그 창립을 보았다.[1]

---

[1] 《現代史資料》 29, p.95 〈秘密結社 新幹黨 組織計劃 / 內容〉 참조.

이 자료는 신간회 창립의 최초의 과정을 알려주기 때문에 주의 깊게 읽을 필요가 있다.

첫째, 신간회는 자치운동에 대한 긴급한 대책을 직접적 계기로 하여 창립이 준비되었다는 사실이다. 따라서 신간회 창립의 원대한 목적은 물론 민족독립의 쟁취를 위한 민족운동의 고양이지만, 당면의 목적은 '자치운동'을 타도하고 '완전독립' '절대독립'의 민족운동노선을 확고히 하는 노선에서의 '비타협적 민족협동전선' 형성임을 주목할 필요가 있다.

둘째, 홍명희가 안재홍을 방문하여 안재홍의 집에서 홍명희·안재홍·신석우의 3인이 협의하여 급속히 '진순한 민족당[非妥協的 民族黨]'을 조직하기로 결정한 것이었다. 이 3인이 신간회 창립의 최초의 주도자인 것이다.

셋째, 위의 3인은 다음 단계에서 천도교의 권동진·박래홍, 기독교의 박동완, 불교의 한용운, 유교의 최익환 등의 찬동을 얻어 발기인으로 하고, 북경의 신채호를 (홍명희가 서신으로 찬동을 얻어) 발기인에 넣었다. 이들이 최초의 발기인단인 셈이었다. 여기서 주목할 것은 이들이 모두 완강한 비타협적 민족주의자들 뿐이라는 사실이다. 오직 최익환만이 혁신적 유학자이면서 조선공산당에서 제외된 서울청년회파와 관련이 있었다. 안재홍·홍명희 등이 최익환을 처음에 접촉한 것은 이미 민족협동전선으로 조직되어 자치운동 반대투쟁을 하고 있는 조선민흥회의 포섭을 의도한 것이 아닌가 추측된다. 안광천·하필원 등 정우회와 조선공산당은 처음부터 완전히 (의식적으로) 제외되어 있음을 알 수 있다. 다른 발기인들은 다음에 이들 최초의 주도자들의 노력과 교섭에 의하여 단계적으로 계속 추가되어 갔다고 볼 수 있다.

넷째, 일제 총독부와의 허가교섭은 신석우가 담당해서 성공했으며, 따라서 창립총회 이전 준비기간에는 일제총독부와의 관계상 신석우가

<사진 5> 일제강점기에 이순신 장군의 사당 '현충사'를 방문한 신간회 창
립 주역 안재홍(우)과 홍명희(좌)

명목상 대표격이었지만, 신간회 창립 내부조직은 안재홍과 홍명희가
핵심이었음을 알 수 있다.

안재홍은 1926년 12월 16~19일자 《조선일보》에 〈조선 금후의 정치
적 추세〉라는 긴 사설을 연재하여 타협파의 자치운동의 대두 추세를

비판하고 비타협운동 출현의 필연성을 강조하고 있는데,[2] 홍명희·안
재홍·신석우의 3인이 신간회(순진한 민족당)의 조직을 결성하고 최초
의 발기인단의 동의를 얻어 본격적 활동을 시작한 시기가 바로 이 사
설을 발표한 1926년 12월 중순부터 하순인 것으로 추정된다.

2) 신간회의 명칭

신간회의 창립준비는 1927년 1월 초순에 급속히 진전되었다. 주도
자들은 처음에 명칭을 '신한회(新韓會)'라고 지었다. 그러나 신석우가
일제 총독부에 등록허락을 교섭하러 갔다가 '한(韓)'자를 거절당하였
다. 이에 추진자들은 옛날에는 '한(韓)'자와 '간(幹)'자가 같은 뜻으로
쓰였고, 또 '고목신간(古木新幹)'이라는 말도 있고 해서 홍명희의 제안
에 따라 '신간회(新幹會)'로 고쳤다고 기록하였다.[3]

신간회 창립 추진자들이 원래 명칭을 '신한(新韓)회'라고 하여 새로
운 '한(韓)'을 명칭으로 채택한 사실에서 그들의 '완전독립국가 한국'
추구의 한 단면을 읽을 수 있다.

3) 신간회의 강령 준비와 수정

또한 안재홍이 작성한 강령은 처음에 '① 조선민족의 정치적 경제
적 구경해결(究竟解決)을 도모한다. ② 민족적 단결을 도모한다. ③ 타
협주의를 부인한다'[4]로 초안을 작성하였다.[5] 그러나 합법단체로서 일

2) 安在鴻選集刊行委員會,《民世安在鴻選集》제1권, 지식산업사, 1981, pp.187~196
   참조.
3) 안재홍,〈신간회의 창립준비〉,《조선일보》1927년 1월 10일자 사설;《민세안
   재홍선집》제1권, pp.204~206 및《조선일보》1964년 5월 3일자,〈이관구(李
   寬求) 회고담〉참조.

제 총독부의 허락을 얻기 위해 '조선민족'이라는 용어와 직접적으로 '독립'을 의미하는 '정치적 경제적 구경해결'의 표현, '타협주의 부인' 등의 표현이 신간회의 등록 허가 취득에 방해가 될 것이라고 예측되었다. 이에 표현을 애매모호하고 더욱 부드럽게 바꾸었다.

그리하여 1927년 1월 19일에는 신간회 발기인대회에서는 다음과 같은 강령을 채택하였다.

> 1. 우리는 정치적 경제적 각성을 촉진함.
> 2. 우리는 단결을 공고히 함.
> 3. 우리는 기회주의을 일체 부인함.[6]

4) 신간회의 발기인(發起人)과 발기인대회(發起人大會)

안재홍·홍명희·신석우 등은 1926년 12월부터 신간회 발기인으로 적임자들을 접촉해 가면서 발기인을 선발하였다. 이때의 신간회 발기인은 다음과 같이 34명이었다.[7] 《동아일보》와 한 간부의 회고록은 발기인이 27명이라고 기록하였다.[8] 《조선일보》는 당시 발기인 28명을 다

4) 京畿道警察部, 《治安槪況》, 1929; 水野直樹, 〈新幹會運動に關する若干の問題〉, 《朝鮮史研究會論文集》 제14집 참조.

5) 安在鴻, 〈新幹會의 創立準備〉, 《조선일보》 1927년 1월 10일자 〈사설〉; 《民世安在鴻選集》 제1권, pp.204~206에 이 3개항 문구와 설명이 있는 것을 보면, 이 초안은 안재홍이 작성한 것으로 판정된다.

6) 《조선일보》 1927년 1월 20일자, 〈획기적 회합이 될 신간회 창립준비〉 참조.

7) 慶尙北道警察部, 《高等警察要史》, p.49 참조.

8) 《동아일보》 1927년 1월 20일자, 〈민족주의로 발기된 신간회강령 발표〉 및 朴明煥, 〈新幹會回顧記〉, 《신동아》 1936년 4월호 참조. 이 자료에는 신간회 발기인 27명의 명단을 제시하고 있는데, 앞 자료의 34명 명단과 비교하면, 이관용(李灌鎔)·이상재(李商在)·이순탁(李順鐸)·이정섭(李晶燮)·유억겸(俞億兼)·이종린(李鍾麟)·장길상(張吉相) 등이 빠져 있고 그 대신 하재화(河載華)가 포함되어 있다. 27명의 발기인은 초기의 것이고, 34명의 발기인이 후에 추가된

음과 같이 보도하였다.9)

　　권동진(權東鎭)·김명동(金明東)·김준연(金俊淵)·김탁(金鐸)·문일평(文一平)
·박동완(朴東完)·박래홍(朴來泓)·백관수(白寬洙)·신석우(申錫雨)·신채호(申采
浩)·안재홍(安在鴻)·유억겸(俞億兼)·이갑성(李甲成)·이관용(李灌鎔)·이상재
(李商在)·이순탁(李順鐸)·이승복(李昇馥)·이승훈(李昇薰)·이정(李楨)·이정섭
(李晶燮)·이종린(李鍾麟)·이종목(李鍾穆)·장길상(張吉相)·장지영(張志暎)·정
재룡(鄭在龍)·정태석(鄭泰奭)·조만식(曺晩植)·최선익(崔善益)·최원순(崔元淳)
·한기악(韓基岳)·한용운(韓龍雲)·한위건(韓偉健)·홍명희(洪命熹)·홍성희(洪性
熹)(가나다 순)

　위의 34명의 발기인을 일제 관헌의 조사자료를10) 참작하여 조정해
서 출신 계보별로 정리해 보면 다음과 같다.

　1. 조선일보계 : 안재홍·신석우·한기악·이승복·장지영·이관용·김준연·백관수
　2. 시대일보 및 중외일보계 : 홍명희·홍성희(시대)·최선익·이정섭(중외)
　3. 동아일보계 : 한위건·최원순
　4. 천도교계 : 권동진·박래홍·이종린
　5. 기독교계 : 이상재·이승훈·이동완·이갑성
　6. 불교계 : 한용운
　7. 유림계 : 김명동·정재룡
　8. 학계 : 이순탁(연희전문학교 교수)
　9. 재계 : 장길상(경상북도의 부호)
　10. 지역대표 : 신채호(재중국 독립운동단체)·조만식(평양)·문일평(평
　　　　　　　 북)·유억겸(서울)·이정(서울)·김탁(황해도)·정태석(상주)

창립 직전의 발기인 명단인 것으로 해석된다.
9)《조선일보》1927년 1월 20일자, 〈획기적 회합이 될 신간회 창립준비〉에서는
　김명동·김준연·김탁·권동진·정재룡·정태석·이갑성·이관용·이석훈·이승복·이
　정·문일평·박동완·박래홍·백관수·신석우·신채호·안재홍·장지영·조만식·최선
　익·최원순·하재화·한기악·한용운·한위건·홍명희·홍성희 등 28명이 발기인으
　로 보도되었다.
10) 慶尙北道警察部,《高等警察要史》, p.49 참조.

11. 미상 : 이종목

위의 발기인 34명은 모두 '완전독립' '절대독립'을 추구하는 비타협
적 민족주의자들이었다. 이 중에서 정우회에 가입해 있던 인사는 홍성
희·이승복·한위건 뿐이었다. 후에 김준연이 제3차 조선공산당(통칭
ML당)의 비밀당원으로 가입했으나 신간회 발기 때에는 민족주의자
청년으로 참가하였다. 일제관헌 자료에는 홍명희가 1927년 3월 이후에
는 조선공산당의 프랙션으로 활동했다는 정보도 있다고 했는데,11) 정
확한 정보라고 보기 어려우며, 민족주의자에 가까운 화요계 사회주의
자 계통의 대표자로 이해된다. 홍명희는 1928년 2월과 8월의 공산당
대검거 때 전혀 검거되거나 조사받은 일이 없을 뿐 아니라, '민중대회
사건' 후 검거되었을 때에도 민족주의자로서 검거되었고 그의 일관된
민족주의적 행동양식으로 보아서 사회주의자임과 동시에 비타협적 민
족주의자라고 봄이 합당할 것이다.12)

신간회의 발기에는, 위에서도 알 수 있는 바와 같이, 조선일보사를
중심으로 하여 각계 대표가 참가했으며, 3.1운동 때의 주요인물들도 크
게 고려되어 망라되었다. 또한 지역대표들도 조선일보사와 간접적으로
관련된 인물이 많았으므로, 신간회 발기 때부터《조선일보》는 신간회의
대변지·기관지의 역할을 수행하였다.13)《조선일보》는 신간회 창립 직
후인 1927년 9월부터 1928년 5월까지는 아예 '신간회기사일속(新幹會記
事一束)',14) '신간회 각지소식(新幹會 各地消息)', '신간회 소식'란을 설정
하여 각 지회의 신간회 활동을 상세히 보도하였다.15)

---

11)《現代史資料》29, p.80〈事業報告〉및 p.91〈新幹會〉참조.
12) 李均永,〈新幹會의 創立에 대하여〉,《韓國史研究》제37집;《彗星》제1권 제6호,
    1931년 9월호,〈獄中의 인물들〉, p.55; 朴慶植,〈韓國民族解放運動と民族統一戰
    線〉, 東京大學社會科學研究所編,《ファシズム期の國家と社會》(8), 1980 참조.
13) 李曾馥,〈新幹會小史〉3,《한국일보》, 1958년 8월 9일자 참조.
14)《조선일보》1927년 9월 22일자,〈新幹會記事一束〉참조.

5) 조선민흥회와의 발기인 통합

신간회의 발기인대회 직후에 가장 긴급한 과제는 조선민흥회와의 통합문제였다. 조선민흥회는 이미 1926년 7월 8일에 민족협동전선체로서 발기되어 111명의 발기인과 수백명의 회원을 확보하고 있었으나,16) 일제 총독부가 그 선언과 강령을 금지하고 발기인대회의 집회 허가를 내주지 않아 기다리고 있었다. 그러므로 만일 신간회가 조선민흥회를 통합하지 못하면 동일한 목표를 가진 두 개의 민족협동전선체가 수립되어 사실상 민족단일협동전선이 성립되지 않기 때문이었다.

양측의 협상 결과 민족단일당(民族單一黨)의 집결체를 형성하는 이때에 반드시 대국적으로 합동해야 한다는 데 의견이 일치되었다. 마침내 1927년 2월 11일 조선민흥회측 대표 김항규(金恒圭)·명제세·송래호·권태석(權泰錫)·김홍진(金弘鎭) 등 5인과 신간회측 대표 권동진·홍명희·신석우 등 3인이 회합하여 두 회의 합동에 완전 합의하였다.17) 이 보고를 받은 조선민흥회의 회원들도 모두 신간회에 가입케 하기로 합의되었다.18)

통합한 민족협동단일전선의 명칭도 '신간회'로 하기로 조선민흥회 측에서 양해하였다. 이에 두 회 대표들의 합의로 권동진·안재홍·명제세·최익환·신석우·권태석·이동욱·홍명희·장지영·김항규·한위건·이병의 등 12명으로 구성된 통합 '신간회'의 창립준비위원회가 설치되었다.19)

---

15)《조선일보》1928년 5월 9일자,〈新幹會消息〉참조.

16) 明濟世,〈新幹會解消論에 대한 의견〉,《三千里》1931년 2월호, p.18 참조.

17)《조선일보》1927년 2월 13일자,〈조선민흥회, 신간회와 합동〉참조.

18) 朴明煥,〈新幹會回顧記〉,《신동아》1936년 4월호 참조.

19)《조선일보》1927년 2월 14일자,〈신간회 창립총회, 민흥·신간 합동완성〉및 《동아일보》1927년 2월 14일자,〈신간, 민흥 합동〉참조.

당시의 조건에서 조선민흥회 측과 신간회 발기인단 측이 통합에 완전 합의한 것은 획기적인 것이었으며, 조선민흥회 측의 양보는 높이 평가할 대의적 결정이었다고 말할 수 있다.

2. 신간회의 창립과 민족협동전선의 성립

1) 신간회의 창립총회

<사진 6> 신간회 창립총회 보도기사
(조선일보 1927년 2월 14일자)

신간회는 위와 같은 과정을 거쳐 1927년 2월 15일 역사적으로 창립되었다. 신간회의 창립총회는 1927년 2월 15일 오후 7시 서울의 중앙기독교청년회관 대강당에서 개최되었다. 창립총회에 참석한 회원은 약 300여 명이었으나, 모두 1천여 명의 방청인들이 입추의 여지 없이 참관하여 대성황을 이루었다. 일제 임석경찰들의 감시 아래 긴장과 흥분 속에서 회의가 진행되었다. 임시의장으로 선임된 신석우의 사회로 회의가 진행되어 경과보고를 들은 뒤에, '선언'은 일제 경찰에 의해 발표가 금지되었고, '강령'과 '규약'은 원안대로 통과되었다.

이어 임원선거에 들어가 회장에는 이상재가 선출되었고, 부회장에는 홍명희가 당선되었으나 본인이 고사하여 전형위원회에서 처리하기로 하였다.20)(후에 전형위원회에서는 권동진을 부회장으로 선출하였다.) 이어 회장 아래 35명의 간사를 두기로 하고 다음과 같이 간사들을 선출하였다.21)

안재홍·권동진·신석우·김준연·이승복·한기악·홍성희·문일평·박희도·김활란(金活蘭)·장지영·이순탁·박동완·명제세·최익환·백관수·박래홍·최선익·김명동·유각경(俞珏卿)·조병옥·이동욱(李東旭)·이정·이관용·송내호·오화영(吳華英)·권태석·이종익·안석주(安碩柱)·김순복·김영섭(金永燮)·정춘수·이옥(李鈺)·홍순필(洪淳珌) 외 1명(홍명희, 끝까지 부회장을 사양하는 경우)

신간회 창립총회에서는 이미 시간이 밤 11시가 넘었으므로 규약에 의거한 간사회의 7부에 대한 35명 간사들의 배당 선임은 권동진 등 12명의 전형위원에 위임하기로 하고, '신간회 만세'의 3창으로 역사적인 신간회 창립총회를 성공적으로 마쳤다.22)

신간회 사무소는 서울 관수동(觀水洞) 143번지에 두었다.23)

---

20) 《조선일보》 1927년 2월 16일자, 〈신간회 창립대회〉 및 《동아일보》 1927년 2월 17일자, 〈신간회 창립대회〉 참조.
21) 《조선일보》 1927년 2월 17일자, 〈열중한 회중, 토의로 철야〉 및 《동아일보》 1927년 2월 17일자, 〈각지 지부설치〉 참조.
22) 《동아일보》 1927년 2월 17일자, 〈신간회 창립대회〉 및 朴明煥, 〈新幹會回顧記〉, 《신동아》, 1936년 4월호 참조.
23) 《조선일보》 1927년 1월 26일자, 〈신간회사무소〉 참조.

2) 신간회 창립 때의 간부

<사진 7> 신간회 창립대회(조선일보 1927년 2월 17일자)
오른쪽은 신간회 간판(동아일보 1931년 5월 18일자)

　　신간회의 12인 전형위원회는 창립대회에서 위임받은 사항에 따라 2
월 21일 간사회를 소집하고 각 부별 총무간사를 선임하였다.[24) 이를
회장단과 함께 정리하면 제1단계 창립기(1927년 2월 현재)의 신간회
중앙본부의 최고임원은 다음과 같았다.[25)

　　　　회장 : 이상재
　　　　부회장 : 권동진
　　　　서무부 총무간사 : 권태석
　　　　재무부 총무간사 : 박동완
　　　　출판부 총무간사 : 최선익

---

24)《동아일보》 1927년 2월 23일자, 〈신간회 총무간사회〉 참조.
25)《조선일보》 1927년 2월 19일자, 〈부서까지 정돈된 신간회의 진용〉 참조.

정치문화부 총무간사 : 신석우
조사연구부 총무간사 : 안재홍
조직부 총무간사 : 홍명희
선전부 총무간사 : 이승복

신간회 창립기의 중앙본부의 회장과 35
명의 간사진을 당시 비타협적 민족주의 계
통과 사회주의 계통으로 분류해 보면 다음
과 같이 구분할 수 있을 것이다.

<사진 8> 신간회 초대 회장
이상재

창립기 중앙위원의 계통 분류

1. 비타협적 민족주의 : 이상재·안재홍·권동진·신석우·박동완·최선익·한기
   악·문일평·박희도·김활란·장지영·이순탁·명제세·백관수·박래홍·김명동·
   유각경·조병옥·이동욱·이정·이관용·오하영·이종익·안석주·김순복·김영
   섭·정춘수·이옥·홍순필 등
2. 사회주의 : 홍명희(화요회 계열)·권태석·최익환·송내호(이상 서울청년회 계열)·
   이승복·홍성희(이상 정우회 계열)·김준연(제3차 조선공산당. 통칭 ML당)[26]

3) 민족협동전선의 성립

신간회의 창립은 당시 국내의 민족주의 독립운동세력과 사회주의
독립운동세력은 물론이요, 그 밖에 모든 정파를 망라하여 통일한 민족
적 대표기관 또는 민족협동전선을 수립한 것으로서 한국 근현대사에

---

26) 金俊淵은 이때 1926년 12월 6일 극비리에 지하에서 안광천 등에 의해 조직
   된 제3차조선공선당(통칭 ML당)에 가입해 있었으나, 이것은 극비에 속한 사
   항이었기 때문에 당시 신간회 본부 인사들은 그를 민족주의자 청년으로 알고
   있었다.

서 획기적인 것이었다.

신간회 기사를 가장 많이 보도한 《조선일보》는 사설란에 안재홍이 쓴 것으로 보이는 다음과 같은 〈단일민족진영〉(單一民族陣營)이란 제목의 〈시평〉을 게재하여 신간회 창립의 중요성을 강조하였다.

> 단일민족진영을 요구하는 소리가 한참 높다. 그리고 비타협적인 민족주의운동의 출현과 및 그의 후원 혹은 협동을 주장하는 것은 또 현하 조선의 시대인식이 되어 있다. 단일민족진영이란 것은 즉 파쟁적 분열을 허치 않는 통일적인 민족주의의 진영을 요구하는 현하 민중의 요약된 또 대표적인 의사이니, 이상으로써 민족적 총역량을 집합하여 닥쳐올 변동되는 시국에 책응케 하자 함이 그 근본 목적이다. 이는 조선 현하의 정치적 사정을 현명하게 견해(見解)하는 자와 및 그에 대하여 성실한 책임감을 가지는 자의 누구든지 공명하는 바 일종의 정견이다(중략).
>
> 신간회가 중시되는 이유는 그것이 단일민족진영으로서 존재하게 됨에 인할 것이오, 단일민족진영은 비타협적인 민족주의를 그의 최후적 목표로 함에 구경의 의의 및 가치가 있는 것이다. 그렇다하면 바야흐로 창립을 종료한 신간회는 그 시대적 사명이 자못 중대하다 할 것이오, 따라서 그 당무자(當務者)되는 이들의 최선의 봉사적 정신 및 노력이 무엇보다 필요할 것이다. 그리고 거듭거듭의 의미로 고장이 많은 현하의 조선에서 초창기의 자체성장의 노력이 매우 긴중한 바이다 할 것이오, 그리하여 구원한 정도(征途)의 첫 거름은 솔이(率爾)히 공을 생각하는 것보다 대중으로 더불어 의합체로서 강유력(强有力)한 후일을 준비함이 일 방책일 것이다. 임중도원(任重道遠)하거니 어찌 초조함을 요하랴.27)

당시 신간회는 민족단일당, 단일민족진영, 민족유일전선, 민족협동전선 등 여러 가지 이름으로 해석되었다. 신간회의 조직방식과 관련해 볼 때, 민족협동전선의 성립으로 신간회의 성격을 해석하는 것이 가장 타당한 것이라고 볼 수 있다.

일제가 합법단체로서 신간회 창립을 허가한 이유로서는 ① 소규모

---

27) 《조선일보》 1927년 2월 24일자, 사평 〈단일민족진영〉 참조.

의 온건한 계몽적 민족주의 운동단체가 될 것이라고 예견했고, ② 급
속히 성장하는 사회주의운동에 의해 운동계가 일원화되는 것보다는
민족주의운동에 의해 일원화되는 것이 일제에게 유리하다고 보았으며,
③ 당시 1.2차 공산당사건이 있은 직후이므로 극좌파까지 포함해 보
면 한국의 사상운동을 이원화하여 분열을 조장할 수 있고, ④ 어차피
한국인 각 파의 운동이 전개될 바에는 합법적으로 단일화된 조직이
감시하기에 편리하리라고 판단한 것 등이 가장 중요한 이유였다고 볼
수 있다.

　일제가 조선민흥회의 창립을 끝까지 허락하지 않았던 상황을 참조
해 보면, 일제의 간교하고 폭압적인 식민지정책 아래서 신간회가 국내
의 모든 정파를 망라하여 완전독립을 추구하는 합법단체로서 민족협
동전선을 성립시킨 것은 참으로 획기적인 일이었다고 말할 수 있다.

　신간회가 이러한 민족협동전선, 민족단일당으로서 성립되었기 때문
에 한국민족의 기대도 매우 컸다.[28] 예컨대 1927년 2월 17일 경북 김
천에서는 김천금릉청년회(金泉金陵靑年會) 주최로 김천군 안의 9개 단
체 대표 38명이 모여 즉각 간담회를 열고 신간회를 적극 원조하기로
결의하였다.[29] 이러한 즉각적 지지호응은 지방지회 설립에 밝은 전망
을 예고한 것이었다.

---

[28] 安在鴻, 〈民族單一黨의 문제〉, 《조선일보》 1927년 8월 7일자 사설; 《민세안재
　　홍선집》 제1권, pp.223~225 참조.
[29] 《조선일보》 1927년 2월 23일자, 〈사상단체 해체와 신간회를 원조〉 참조.

제3장
신간회의 이념과 강령

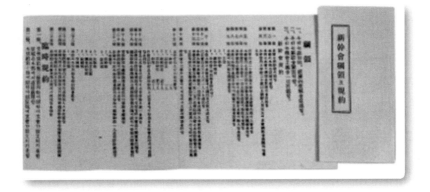

1. 신간회의 강령

신간회는 일제의 강점과 가혹한 탄압 속에서 합법단체로 창립되었기 때문에 그들의 한국민족 절대독립·완전독립의 본래 의도를 나타내는 이념과 강령을 공개적 문장으로는 내세울 수 없었다. 신간회는 일제의 가혹한 탄압을 피하면서 합법단체의 인가를 얻기 위해 1927년 1월 19일 발기인대회 때 앞서 쓴 바와 같이 다음과 같은 애매모호한 강령을 채택하였다.

> 1. 우리는 정치적 경제적 각성을 촉진함.
> 2. 우리는 단결을 공고히 함.
> 3. 우리는 기회주의를 일체 부인함.[1]

이 신간회 강령은 상당히 애매모호하여 구체적 해설이 필요한 강령이다.

신간회 중앙본부는 제1회 전국대회를 금지하는 등 각종 일제의 탄압 속에서도 1928년 3월에 안재홍이 작성한 다음과 같은 민족운동의 구체적인 당면과제 6항목을 발표하여 본부와 지회들이 모두 본격적인 민족운동에 떨쳐나서도록 촉구하였다.[2]

---

[1] 《조선일보》 1927년 1월 20일자, 〈획기적 회합이 될 신간회 창립준비〉 및 《동아일보》 1927년 1월 20일자, 〈민족주의로 발기된 신간회강령 발표〉 참조.

[2] 安在鴻, 〈실제운동의 당면과제: 新幹會는 무엇을 할까〉, 《조선일보》 1928년 3월 27일자 사설; 안재홍선집간행위원회, 《民世安在鴻選集》 제1권,   pp.270~274 참조.

신간회 중앙본부의 당면과제 6항목

1. 농민 교양에 적극적으로 노력한다.
2. 경작권의 확보 및 외래이민을 방지한다.
3. 조선인 본위의 교육을 확보한다.
4. 언론·집회·결사·출판의 자유를 획득하기 위한 운동을 전개한다.
5. 협동운동을 지지하고 지도한다.
6. 염의단발(染衣斷髮)의 여행(勵行)으로 백의와 망건의 폐지를 고조한다.

이 운동지침은 표면상 온건해 보이지만, 그 내용은 중대한 것이었다. 《조선일보》 1928년 3월 27일자 사설은 이에 대한 해설을 내보냈는데, 총인구의 83퍼센트를 차지하는 농민대중 속으로 파고 들어가서 민족독립사상을 교양하며, 조선토지를 조선인이 경작하여 부원(富源)을 개척하게 하고, 일본인이 이주해 와서 토지를 점유하는 것을 근본적으로 방지하도록 투쟁하며, 농민들의 협동조합운동과 생활개선운동을 적극 지원·지도하도록 하고, 일제의 식민지 교육을 철폐하여 조선인본위의 민족교육을 실시하도록 투쟁하며, 한국인의 정치동작(민족독립운동)을 근본적으로 막고 있는 언론·집회·결사·출판의 구속을 철폐하고 그 자유를 획득하기 위해 투쟁하라는 것이었다. 이것은 일제의 식민지 통치에 정면으로 도전하는 민족운동의 전개를 구체적으로 촉구한 것이었다. 이 6개 항의 투쟁강령은 전국 지회운동과 전 민족에게 심대한 영향을 끼쳤다.

그러나 신간회가 창립되어 기성단체가 된 후에는 지방 각 지회에서 원래의 강령을 보완 해설하는 더 구체적인 강령과 정책을 채택하여 발표하였다. 몇 가지 사례를 들면 서울보다는 약간 자유로운 환경의 신간회 동경(東京)지회는 1928년 12월 18일의 제2회 대회에서, 신간회의 창립 때의 '정강(政綱)'이 너무 미온적이라고 지적하고, 정강을 다음과 같이 구체적 표현으로 개정할 것을 제의하면서, 아울러 당면 정

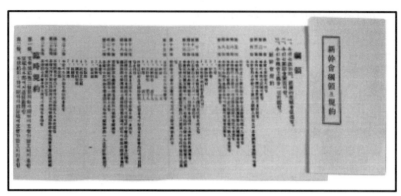

<사진 9> 신간회 강령 및 규약(자료: 독립기념관)

책을 다음과 같이 제안하였다.

東京지회의 제안한 강령

1. 우리는 조선민족의 정치적·경제적 해방의 실현을 기(期)한다.
2. 우리는 전민족의 총력을 집중하여 민족적 대표기관이 되기를 기한다.
3. 우리는 모든 개량주의운동을 배격하며 전 민족적 현실적 공동이익을 위하여 투쟁하기를 기한다.

東京지회의 제안한 당면 정책

1. 언론·집회·출판·결사의 자유
2. 조선민족을 억압하는 모든 법령의 철폐
3. 고문제 폐지 및 재판의 절대 공개
4. 일본인 이민반대
5. 부당납세 반대
6. 산업정책의 조선인 본위
7. 동양척식회사(東拓) 폐지
8. 단결권·파업권·단체계약권의 확립
9. 경작권의 확립

10. 최고소작료의 공정(公定)
11. 소작인의 노예적 부역폐지
12. 소년 및 부인의 야간노동, 갱내노동 및 위험작업 금지
13. 8시간노동제 실시
14. 최저임금·최저봉급제의 실시
15. 공장법·광업법·해운법의 개정
16. 민간교육기관에 대한 허가제 폐지
17. 모든 학교교육의 조선인 본위
18. 모든 학교 교육용어의 조선어 사용
19. 학생·생도의 연구자유 및 자치권의 확립
20. 여자의 법률상 및 사회상의 차별 철폐
21. 여자의 인신매매 금지
22. 여자의 교육 및 직업에 대한 모든 제한 철폐
23. 형평사원(衡平社員) 및 노복(奴僕)에 대한 모든 차별 반대
24. 형무소의 대우개선, 독서·통신의 자유[3]

한편 대구지회의 1927년 12월 28일 정기대회의 토의사항을 예로 들면 다음과 같았다.

대구지회 토의사항

1. 조선인의 착취기관을 철폐하고 이민정책 반대운동을 강화할 것.
2. 타협적 정치운동을 배격할 것.
3. 소위 '대정(大正)8년법령'과 조선인에 대한 특수취체법규(特殊取締法規)를 철폐토록 투쟁할 것.
4. 각 군의 농회(農會)를 반대할 것.
5. 조선인 본위의 교육제를 실시토록 주장할 것.
6. 학생의 사회과학 사상연구의 자유권을 주장할 것.
7. 보통학교의 교수용어로 조선어를 쓰도록 할 것.
8. 제국주의의 식민지교육정책을 반대할 것.[4]

---

[3] 趙芝薰, 〈한국민족운동사〉, 고려대 민족문화연구소 편, 《韓國文化史大系》I, pp.782~783 참조.

또한 대구지회가 1930년 12월 14일 정기대회에서 결의한 결의사항
은 다음과 같았다.[5]

대구지회 결의 사항

1. 언론·집회·출판 자유획득 촉진
2. 재만동포 옹호
3. 도일(渡日)노동자 자유획득
4. 타협운동 배격(이상 일제 결의 금지)
5. 대중본위의 소비조합 촉성
6. 차가인(借家人)동맹 조직 촉성
7. 최고노동시간과 최저임금제 확립
8. 노유년(老幼年) 및 부인노동자의 특별보호
9. 노동자 교육기관 설치
10. 농민단체 조직 촉성
11. 농민 본위의 완전한 금융기관 설치
12. 소작권 확립
13. 마름(舍音) 및 농감(農監)제도 철폐
14. 최고소작료 4할제 및 지세 지주부담 실시
15. 농민교육기관 설치
16. 근우회 지지
17. 여성운동단체 조직
18. 학생 과학사상 연구 자유 획득

안성지회는 1928년 2월 10일 본부대회에 제출하기로 결의한 건의안
에서 다음과 같이 농민문제와 노동문제를 강조하였다.

안성지회의 농민문제

1. 소작권 확립에 관한 건

---

4) 慶尙北道警察部, 《高等警察要史》, p.50 참조.
5) 《동아일보》 1930년 12월 23일자, 〈정치문제는 금지, 당면문제만 결의〉 참조.

2. 최고소작료 확정 및 지세의 지주부담 실시에 관한 건
3. 불가항력의 경우에 대한 소작료 철폐에 관한 건
4. 마름 및 농감(農監)의 불법행사에 관한 건
5. 농촌교육기관 설치에 관한 건
6. 봉건적 관습폐지에 관한 건
7. 조선농민총동맹 지지에 관한 건

안성지회의 노동문제

1. 노동자 단결 및 파업권 확립에 관한 건
2. 노동조건에 관한 민족적 차별대우 철폐에 관한 건
3. 부인노동 보호에 관한 건
4. 노년 및 유년노동 철폐에 관한 건
5. 부인 및 소년 야간작업에 관한 건
6. 최고노동시간제 확립에 관한 건
7. 최저노동임금제 확립에 관한 건
8. 조선노동총동맹 지지에 관한 건[6]

그러므로 신간회 발기인대회 때 채택된 강령은 애매모호했다 할지라도, 실제로는 지회별로 중앙본부 강령에 기초하여 구체적 강령과 정책·건의안을 만들면서 민족운동을 전개했음을 알 수 있다.

2. 신간회의 사상과 이념

위의 신간회 중앙본부의 강령과 지방지회 강령에 기초하여, 우리는 신간회의 사상과 이념을 다음과 같이 해설 정립할 수 있을 것이다.

---

6) 《조선일보》, 1928년 2월 14일자, 〈안성지회 총무간사회〉 참조.

1) 한국민족의 정치적 자유해방과 완전독립

신간회 중앙본부의 강령 제1항 '우리는 정치적 경제적 각성을 촉진한다'를 동경지회의 강령에서는 '우리는 조선민족의 정치적·경제적 해방의 실현을 기한다'고 구체적으로 해석하였다.

여기서 '정치적 해방'은 한국민족의 정치적 '완전독립' '절대독립'을 가리킨 것임을 쉽게 알 수 있다. 신간회의 궁극적 목적은 한국민족의 완전한 자유해방과 완전독립·절대독립의 쟁취에 있었음을 확인할 수 있다.

2) 한국민족의 경제적 해방

신간회 중앙본부의 강령 제1항을 동경지회 강령 제1항에서 정치적 해방뿐만 아니라 '경제적 해방'의 실현을 기한다고 구체적으로 해석한 곳에서, 신간회가 한국민족의 '경제적 해방'을 이념으로 설정한 것을 알 수 있다.

여기서 '경제적 해방'이란 일본 제국주의의 '식민지 수탈로부터의 해방'을 의미하며, 바로 식민지 경제체제의 파괴에 의한 정치적·경제적 해방을 의미한다고 볼 수 있다.

3) 전 민족의 총단결

신간회 중앙본부의 강령 제2항 '우리는 단결을 공고히 한다'를 동경지회의 강령에서는 '우리는 전 민족의 총력을 집중하여 민족적 대표기관이 되기를 기한다'로 보완하여 해석하였다.

이것은 구체적으로 민족주의 독립운동 세력과 사회주의 독립운동 세력의 협동을 비롯하여 한국민족 안의 모든 정파와 각계 각층의 민족성원이 총단결하여 민족의 완전독립과 경제적 해방의 실현을 추진할 것을 강조한 것이었다.

신간회는 민족주의 세력과 사회주의 세력의 단결을 비롯하여 온 민족의 총단결을 이룬 기관이며, 이렇게 되면 신간회는 '민족적 대표기관'이 된다고 다짐한 것이었다.

4) 모든 종류의 자치운동 부정

신간회 중앙본부의 강령 제3항 '우리는 기회주의를 일체 부인한다'는 당시 대두한 자치론, 내정독립론, 일본 제국의회 참정권 요구 등 모든 종류의 자치운동을 부정하고, 한국민족의 '완전독립' '절대독립' 운동만을 인정한다는 강령이었다.

신간회는 한국민족이 일본국과 어깨를 나란히 하는 완전 독립국가·절대독립국가의 재건을 민족운동의 목표로 설정해야 하며, 이를 단념하고 일본제국 안의 각종 '조선자치구역' 수립은 인정하지 않는다는 이념을 나타낸 것이었다.

이것은 신간회의 이념이 한국민족의 '완전독립' '절대독립'임을 다른 면에서 다시 한 번 더 강조한 것이었다.

5) 일제와 타협한 모든 개량주의 운동 배격

신간회 중앙본부의 강령 제3항 '우리는 기회주의를 일체 부인함'을 동경지회 강령 제3항에서는 '우리는 모든 개량주의를 배격하며, 전민족적 현실적 공동이익을 위하여 투쟁하기를 기한다'고 해석하였다. '기회주의'가 '개량주의'임을 명백히 밝히고, 개량주의 배격을 선언한 것이었다.

신간회 성립기에 '개량주의'란 이광수(李光洙)의 '민족개조론'과 같이 일제에 타협한 '민족개조론' '민족개량주의'를 가리킨 것이었다. 당시 한국민족이 일제 식민지가 되어 온민족이 고통을 받는 첫째 원인은 무엇보다도 '일본 제국주의의 침략과 강점·수탈'로 말미암은 것인데, 일제에 타협한 민족 개량주의자들은 일본 제국주의를 먼저 비판하지 않고 한국이 일제 식민지가 된 첫째 원인은 무엇보다도 한국민족의 민족성과 관습의 잘못에 있으므로, 무엇보다도 먼저 민족성과 관습을 개량하고 개조해야 한다고 주장하였다.

이것은 제일 주요한 원인인 일본제국주의 침략을 빼어버리고 제2차적, 제3차적 민족내부요인을 제1차적 원인으로 내세워, 일본 제국주의 비판을 배제한 매우 잘못된 것이었다.

신간회는 일부의 일제에 타협한 민족개조론과 민족개량주의를 단호하게 배격하고 일제에 대한 비타협적 완전독립을 추구하였다.

6) 전 민족의 현실적 공동이익 실현

신간회는 동경지회 강령 제3항에서 볼 수 있는 바와 같이 계급적 이익이 아니라 '전 민족적 공동이익'을 위하여 투쟁할 것을 다짐하였다. 이것은 신간회가 본질적으로 열린 민족주의적 단체이며, 전 민족적 총단결을 지향한 민족협동전선체인데서 나온 당연한 이념이었다.

또한 신간회는 특정 이념이나 이데올로기를 먼저 중시하지 아니하고 전민족의 '현실적 공동이익'을 위하여 투쟁할 것을 다짐하였다.

신간회의 이러한 이념은 당시 신간회가 이데올로기에 매몰당하지 않고 확고한 현실의 토대 위에서 전민족적 대표기관으로 성립되었음을 나타내는 것이라고 볼 수 있다.

3. 신간회의 정책과 노선

신간회는 위의 이념과 강령에 기초하여 여러 가지 현실적인 정책과 운동노선을 정립하고 제안하였다. 동경지회, 대구지회, 안성지회 등의 현실적 정책 제안들을 종합하여 다음과 같이 정리할 수 있다.

1) 타협주의 정치운동 배격과 민족운동 지원

① 민족협동 자발적 결사 조직체 확대
② 타협주의 정치운동 배격
③ 모든 민족운동 지원

2) 한국인이 빼앗긴 기본권 회복

① 언론·집회·출판·결사의 자유
② 고문제 폐지
③ 재판의 절대 공개
④ 단결권·파업권·단체계약권의 확립
⑤ 학생의 사회과학 연구의 자유권 쟁취

3) 한국인에 대한 탄압법령의 철폐

① 조선민족을 억압하는 모든 법령의 철폐
② 소위 '제령(制令) 7호'(통칭 大正8년 법령) 철폐
③ 조선인에 대한 특수취체법규 철폐
④ 형무소의 대우 개선, 독서·통신의 자유 쟁취

4) 일본인 이민과 착취기관 철폐

① 일본인 이민과 이민정책 반대
② 일본의 조선인 착취기관 철폐
③ 동양척식주식회사 폐지
④ 조선농민수탈에 사용되는 각군 농회(農會) 반대

5) 일제의 경제수탈 철폐

① 부당납세 반대
② 산업정책의 조선인 본위
③ 공장법·광업법·해운법의 개정

6) 조선인 본위 교육과 조선어 사용교육 실시

① 모든 학교교육의 조선인 본위
② 모든 학교교육 용어의 조선어 사용
③ 민간 교육기관에 대한 허가제 폐지
④ 학생·생도의 연구자유 및 자치권 확립
⑤ 보통학교의 교수용어를 조선어로 할 것
⑥ 제국주의 식민지 교육정책 반대

7) 여성에 대한 차별·억압제도 폐지

① 여자의 법률상 및 사회상의 차별 폐지
② 여자의 교육 및 직업에 대한 모든 제한 철폐
③ 소년 및 부인의 야간노동·갱내노동 및 위험작업 금지
④ 여자의 인신매매 금지

8) 형평사원 등에 대한 차별 반대

① 형평사원에 대한 차별 반대
② 모든 노복(奴僕)에 대한 모든 차별 반대
③ 봉건적 관습들의 폐지

9) 농민·소작인의 권익 옹호

① 경작권·소작권의 확립
② 최고소작료의 제한 공정
③ 소작인의 노예적 부역 폐지
④ 지세의 지주부담 실시
⑤ 불가항력 재난 경우의 소작료 철폐
⑥ 마름(舍音) 및 농감(農監)의 불법행사 금지
⑦ 농촌 교육기관 설치
⑧ 조선농민총동맹 지지

10) 노동자의 권익 옹호

① 8시간 노동제, 최고 노동시간 제한제 실시
② 최저노동임금 제한제·최저봉급 제한제 실시
③ 노동조건에 대한 민족적 차별대우 철폐
④ 노동자 단결 및 파업권 확립
⑤ 부인노동 보호

⑥ 노년 및 유년노동 철폐
⑦ 부인 및 소년 야간작업 철폐
⑧ 조선노동총동맹 지지

신간회는 한국민족의 완전독립·절대독립을 최종 목표로 하면서 민족주의 세력과 사회주의 세력 등 온 민족의 총단결에 의거해 일본 제국주의에 타협한 각종 자치론·민족개족론·민족개량주의를 극복함과 동시에 한국민족의 현실적 권익을 옹호하고 발전시키기 위한 구체적 정책을 정립하여 제안했음을 위에서 잘 알 수 있다.

제4장
신간회의 중앙조직의 변동

1. 신간회 조직의 기본 구조

신간회의 조직은 본부를 서울에 두고, 지방에는 구(區)를 나누어 구마다 지회를 설치하도록 하였다.

신간회의 기관으로서는 ① 대회(大會) ② 간사회(幹事會) ③ 총무간사회(總務幹事會) ④ 각부회(各部會)를 두었다. ① 대회는 지회에서 선출된 대표로 성립하고, 신간회에 관한 일체의 사안을 의결하며, 본부 임원을 선거하는 직능을 하도록 하고, 매년 1차 소집하도록 하였다. ② 간사회는 대회와 대회 사이에서 대회의 직능을 수행하도록 하였다. ③ 총무간사회는 각부의 책임자인 총무간사들의 의결과 사무집행기관이었다. ④ 각부회는 부별 의결과 사무집행 기관이었다.

신간회의 부서는 ① 서무부 ② 재무부 ③ 출판부 ④ 정치문화부 ⑤ 조사연구부 ⑥ 조직부 ⑦ 선전부를 두었으며, 특별부로서 별도로 ⑧ 학생부를 두었다. 각부에는 1명의 총무간사를 두고, 또 총무간사를 보좌하는 약간 명의 상무간사를 두도록 하였다. 총무간사는 간사회 또는 총무간사회의 결의에 의거하여 각 부의 사무를 집행하도록 하고, 상무간사는 총무간사를 보좌하여 부의 사무를 처리하도록 하였다.[1]

따라서 신간회의 최초 조직의 특징은 각 부에서 모인 간사회와 총무간사회의 권능이 매우 컸다는 점이다. 회장·부회장은 신간회를 대표하는 다분히 상징적인 직능이었고, 각 부의 책임자인 총무간사들의 권능은 매우 큰 것이 특징이었다.

지회는 1구(區) 안에 거주하는 회원이 30인 이상에 달할 때 설립할

---

[1] 《新幹會 綱領及 規約》 참조.

수 있도록 하였다. 지회 임원은 일체의 사무에 관해 중앙본부의 지휘에 복종할 의무가 있었으며, 사무성적을 매달 1회씩 중앙본부의 총무간사회에 보고하도록 하였다. 지회기관과 임원의 조직·선출방식은 중앙본부의 방식에 준하여 자율적으로 실행하도록 하였다.

회원은 20세 이상의 한국인 남녀로 하되, 반드시 자필이력서를 쓰게 하여 문맹인의 가입은 허락지 않았다. 또한 단체가입을 허락치 않고 반드시 개인별 가입을 원칙으로 하였다.[2]

비타협적 민족주의 독립운동세력(당시 통칭 좌익민족전선)과 사회주의세력(당시 통칭 사회운동전선)의 민족협동전선으로서의 신간회를 창립할 때, 그 주도자들은 당시 식민지 상황의 조건에 비추어 비타협적 민족주의자들이 정면의 주력부대로서 '제1선'에 나서서 본부의 임원을 담당하고, 사회주의자들은 측면에서 이를 지원하는 양식의 구조를 구상했던 것으로 보인다.

신간회 창립에 핵심적 역할을 한 안재홍은 《조선일보》에 〈민족좌익전선의 의의 및 사명〉이라는 사설을 써서 특히 다음과 같이 강조하였다.

> 그리고 사상적 분야에 있어서 사회운동전선이 그의 제1선에 있음에 불계(不計)하고, 현하의 실전장(實戰場)의 평면적 배치에 있어서는 좌익민족전선으로 하야금 그 정면의 주력부대로서 제1선에 나서야 할 것과 사회운동전선으로서는 그 측면에서 응원의 포화 및 돌함(突喊)을 보내 주어야 할 것은 전자에도 말한 바 있었다.[3]

즉 신간회는 비타협적 민족주의자들이 선도하여 주력부대로 전면에서 활동하고 사회주의자들이 측면에서 협동하면서 활동하도록, 전민족적 민족협동전선 자발적 결사체로 출발한 것이었다.

---

[2] 《三千百日紅, 平州李昇馥先生八旬記》, 1974, p.167의 〈李昇馥回顧談〉 참조.
[3] 《조선일보》 1927년 2월 9일자 사설 〈민족좌익전선의 의의 및 사명〉 참조.

2. 제1단계 창립기의 중앙조직

<사진 10> 신간회 제2대 회장 권동진

신간회 중앙본부의 조직과 임원은 다음과 같이 4단계로 변동하였다.

제1단계는 창립 때의 조직이다. 앞에서도 쓴 바와 같이 신간회 창립 때는 회장에 이상재(李商在), 부회장에 권동진(權東鎭), 총무간사로서는 총무부에 권태석(權泰錫), 재무부에 박동완(朴東完), 출판부에 최선익(崔善益), 정치문화부에 신석우(申錫雨), 조사연구부에 안재홍(安在鴻), 조직부에 홍명희(洪命憙), 선전부에 이승복(李昇馥) 등이 각 부서의 총무간사로 선임되었다.[4]

신간회 창립 후 불과 1개월여 후에 한국근대민족운동에 큰 업적을 남긴 회장 이상재가 별세하였다.[5] 후임회장에는 처음 홍명희가 당선되었다. 그러나 이번에도 본인이 극구 사양하여 2차 투표에서 권동진이 회장으로 선출되었다.

신간회는 창립 후 무엇보다도 지회설립과 회원확보에 전력하여 창립 10개월 만에 지회가 100개를 돌파하고,[6] 회원이 2만 명이 되어

---

4) 《조선일보》 1927년 2월 23일자, 〈신간회 부서〉 참조.
5) 安在鴻, 〈月南 李先生 哀辭〉, 《조선일보》 1927년 4월 7일자 사설, 《민세안재홍 선집》 제4권, 지식산업사, 1992, pp.174~175 참조.

1927년 12월 27일 성대한 기념식을 할 정도로 급속히 성장하였다.[7]
신간회는 전 민족적 전국적으로 민족성원의 적극적 지지를 받아 급속
히 발전한 것이었다.[8]

지방지회에는 조선청년총동맹(朝鮮靑年總同盟)과 조선농민총동맹(朝
鮮農民總同盟)의 회원들이 적극 참여하여 활동한 경우가 많았다. 이에
따라 중앙본부에는 비타협적 민족주의자들이 다수였지만, 지방지회에
서는 민족주의자들과 함께 사회주의자들도 다수 적극적으로 참가하여
활동하였다.

또한 신간회의 자매단체로서 여성들의 근우회(槿友會)가 1927년 5월
27일 창립되어 활동을 시작하였다.[9]

일제는 신간회가 예상 밖으로 급성장하자 이에 대한 탄압책으로
1928년 2월 15일의 창립 1주년 기념 전국대회도 불허했을 뿐 아니
라,[10] 1929년 2월의 전국대회도 '금지'하였다. 일제는 1928년 '제2차
공산당사건'에서 경기도 피검자의 약 4할이 신간회 회원임을 파악하
고,[11] 신간회 본부의 모든 집회를 '금지'하였다. 이 때문에 신간회 중
앙본부의 활동은 일제에 의해 크게 탄압당하였다.

신간회는 1929년 1월 25일 정기간사회에서 제2회 전국대회를 3월 19

---

6) 《조선일보》 1927년 12월 23일자, 〈全조선도시와 海港에 飜飜하는 新幹會旗, 창
  립한 지 1년에 104지회〉 참조.
7) 朴明煥, 〈新幹會回顧記〉, 《신동아》 1936년 4월호; 《동아일보》 1929년 1월 1일
  자 참조.
8) 安在鴻, 〈신간회의 급속한 발전, 지회설치 100돌파〉, 《조선일보》 1927년 12월
  23일자 사설; 《민세안재홍선집》 제1권, pp.248~250 참조.
9) 《조선일보》 1927년 5월 31일자, 〈槿友會發會式〉; 鄭世鉉, 〈槿友會 조직의 전개〉,
  《亞細亞女性研究》 제11집, 1972; 李炫熙, 〈槿友會의 자립적 계몽운동〉, 《誠信
  女子論文集》 제6집, 1973; 宋蓮玉, 〈槿友會의 여성운동과 민족운동〉, 《韓國近
  代民族主義運動史研究》, 1987 및 박용옥, 《한국여성항일운동사연구》, 지식산업
  사, 2000 참조.
10) 《동아일보》 1928년 2월 15일자, 〈신간회창립—주년 기념식, 전조선적으로 거
  행〉 참조.
11) 慶尙北道警察部, 《高等警察要史》, p.49 참조.

<사진 11> 초대 총무간사(및 간사)들

일~20일 이틀 동안 성대하게 개최하려고 대회준비위원을 선임하고,[12]

허헌(許憲)을 준비위원장으로 하는 부서 결정과 신속한 사업보고서 준비를 하였다.[13] 그러나 일제는 만반의 준비를 갖춘 신간회 전국대회를 1929년 3월 11일 돌연히 '금지'한다는 통지를 보내왔다. 이유는 지방지회의 의안이 불온하다는 것이었다.[14] 이에 신간회는 제2회 전국대회를 결국 열지 못하게 되었다.

3. 제2단계의 중앙조직

<사진 12> 신간회 제3대 위원장 허헌

제2단계는 1929년 6월 '전국복대표 전체대행대회'(全國複代表全體代行大會) 체제의 단계이다.

일제가 전국대회를 연 2년 동안이나 금지해 탄압하므로, 신간회는 이에 처음 '확대간사회'를 열어 대응하였다.[15] 그러나 일제는 이것도 '금지'했으므로, 결국은 일제의 '대회금지'에 대한 대책으로 몇 개 지회가 합동으로 한 구(區)를 만들어 대표를 선출해서 이를 복대표(複代表)로 하여 공식적으로 복대표위원회(複代表委員

---

12) 《조선일보》 1929년 1월 29일자, 〈신간회 본부에서 대회준비원 선정〉 참조.
13) 《조선일보》 1929년 2월 4일자, 〈신간대회준비 위원부서결정〉및 3월 11일자, 〈신간대회준비 위원회서 부서결정〉 참조.
14) 《조선일보》 1929년 3월 12일자, 〈만반준비가 정돈된 신간대회 돌연금지〉 참조.
15) 《동아일보》 1929년 3월 14일자, 〈신간각지회장 소집, 확대간사회 개최〉 참조.

會)를 구성해 집회허가를 받아서 이를 전체대행대회로 삼기로 하였다. 일제가 '간사회' '총무간사회' 또는 그 후의 '중앙집행위원회'를 모두 '금지'했으므로, 이 결정도 일제의 '금지' 탄압을 피하기 위해 '간담회' 형식의 모임으로 기안하였다.[16] 이에 1929년 6월 28일~29일 2일간 서울 중앙기독교청년회관에서 '전국복대표 전체대행대회'가 개최되었다.[17]

이 대회의 주요안건은 직제개정과 임원개선이었다. 직제개정에서는 종래의 간사제를 중앙집권제인 집행위원제(執行委員制)로 '규약'을 개정하였다.[18] 임원개선에서는 허헌(許憲)을 중앙집행위원장에 선출하고, 또한 다음과 같이 56명의 중앙집행위원과 8명의 동 후보위원, 13명의 중앙검사위원을 선출하였다.[19]

전체대행대회시기 중앙임원

중앙집행위원:

홍명희(洪命熹)·김병로(金炳魯)·김항규(金恒圭)·김한(金翰)·정재달(鄭在達)·정종명(鄭鍾鳴)·이관용(李灌鎔)·임서상(林瑞象)·조동혁(趙東赫)·이춘숙(李春塾)·공석정(孔錫政)·한상준(韓相駿)·박일양(朴一陽)·김연진(金淵鎭)·안철수(安喆洙)·김명동(金明東)·조정기(趙政基)·이기석(李基錫)·황의준(黃義駿)·권경섭(權景燮)·이춘수(李春壽)·황상규(黃尙奎)·박문희(朴文熺)·여해(呂海)·신주극(申周極)·전혁(全赫)·백용희(白庸熙)·김동선(金東鮮)·임재순(林載淳)·손각(孫角)·최종섭(崔鍾涉)·황위현(黃渭顯)·김창용(金昌容)·전일(全一)·이도원

---

16) 《조선일보》 1929년 7월 5일자, 〈신간중앙위원회 간담회로 작일 개최〉 참조.
17) 《동아일보》 1929년 6월 28일자, 〈각지에서 선출한 대표위원회〉 및 《조선일보》 1929년 6월 28일자, 〈二十八일에 개최되는 신간회 복대표회의〉 참조.
18) 《동아일보》 1929년 6월 30일자, 〈규약수정안 토의끝에 통과〉 참조.
19) 《동아일보》 1929년 7월 1일자, 〈규약 통과 후 위원도 개선〉 및 《조선일보》 1929년 7월 1일자, 〈신간회의 종료, 중앙위원선거〉 참조.

(李圖遠)·김도흠(金道欽)·손영극(孫永極)·이주연(李周淵)·채규항(蔡奎恒)·방치규(方致規)·한병락(韓秉洛)·이동수(李東壽)·김병환(金炳煥)·최영익(崔永翼)·최형식(崔衡植)·조만식(曺晚植)·김중한(金重漢)·최지훈(崔芝薰)·김동훈(金東訓)·이상구(李相求)·윤혁제(尹赫濟)·이용길(李龍吉)·고성창(高成昌)·이운호(李雲鎬)·전경석(全景錫)·김장환(金長煥) 등

중앙집행 후보위원:

조병옥·박희도·주익(朱翼)·김동필(金東弼)·이회승(李會昇)·나승규(羅承奎)·배종철(裵鍾哲)·배덕수(裵德秀) 등

중앙검사위원:

권동진(위원장)·조헌영(趙憲泳)·이항발(李恒發)(이상 상무위원), 곽상훈(郭尚勳)·최윤옥(崔允鈺)·임종만(林鍾萬)·윤길현(尹吉鉉)·신상태(申相泰)·정건화(鄭建和)·이시완(李時玩)·전도(全燾)·윤병구(尹秉球)·최건(崔建) 등

　　신간회는 7월 4일 신임 중앙집행위원회를 열어 중앙상무집행위원과 각 부의 부장 및 부원을 선임하려 하였다. 그러나 일제는 이 회의까지도 금지했으므로, 이에 신간회는 '간담회'형식을 빌려 다음과 같이 간부를 선임하였다.[20] 위원장 허헌까지 포함하면 이때의 집행부 간부는 다음과 같았다.

전체대행대회시기 집행부 간부

위원장 : 허헌
중앙상무집행위원 ：　홍명희·김항규·박문희·김동선·안철수·이주연·임서
　　　　　　　　　　상·김명동·이춘숙·김장환·조정기·한상준

---

20) 《동아일보》 1929년 7월 6일자, 〈신간간담회 부서전부결정〉 참조.

<사진 13> 신간회 대표위원회 광경(조선일보 1929년 6월 29일자)

각 부장 및 부원 : 서무부장 황상규, 부원 이주연·김세진(金世振)
재정부장 김병로, 부원 김동선
조직부장 김항규, 부원 임서상
선전부장 이종린, 부원 조정기·안철수
조사부장 이춘숙, 부원 이주연
교육부장 조병옥, 부원 박문희
출판부장 박희도, 부원 안철수(겸임)

신간회 중앙본부는 1929년 7월 5일 허헌 위원장 사회로 제1회 중앙
집행위원회를 열고, 각 지회는 8월 15일까지 임시대회를 열어 개정된
규약에 따라 간부를 선정하도록 지령하였다.[21]

21) 《동아일보》 1929년 7월 7일자, 〈신간중앙위원회 중요사항 결정〉 및 《조선일

이 지령에 응하여 각 지회에서 중앙집행위원들을 선거하자, 본부는 1929년 11월 23일·24일 제2회 중앙집행위원회를 개최하기로 의안을 결정하였다.[22] 제2회 중앙집행위원회 회의는 위원장 허헌의 사회로 개최되었다.[23]

이 제2단계의 체제의 특징은 첫째, 신간회 창립 발기인 및 구간부들이 대거 간부진에서 탈락하고 신진들 및 지회대표들이 중앙본부의 간부로 대거 진출했다는 사실이다.

둘째, 위원장에 당연히 선출될 것으로 기대되었던 비타협적 민족주의자이며 전임 부회장·회장이었던 권동진이 차점으로 낙선되고 변호사 허헌이 사회주의자들의 활약으로 돌연히 위원장에 당선되었다는 사실이다.

셋째, 사회주의자들이 중앙본부의 간부들에 대거 진출한, 반면에 민족주의자들이 현저히 축소되었다는 사실이다.

예컨대 56명의 선출된 중앙집행위원 가운데는 김한·정재달·정종명·이기석·손영극·이주연·채규항·고성창 등과, 중앙검사위원으로 최윤옥·임종만·이항발·이시완 등 사회주의·공산주의자들이 진출하였다.[24] 홍명희도 이 단계에서는 사회주의세력과 보조를 같이 했다. 이와 달리 저명한 비타협적 민족주의자들이 중앙집행위원으로 당선되지 못하고, 구간사들인 조병옥·이관용 등도 겨우 후보위원에 선출되는 정도였다.

제2단계의 이러한 급격한 간부 변동은 사회주의자들의 사전공작에 말미암은 것으로 간취되어 구간부들과 비타협적 민족주의자들을 실색 (失色)케 하였다.[25] 구간부 측에서는 이에 대응하여 서울지회 임시대회에서 조병옥을 위원장으로 선출하고 이관용 등 구간부들을 위원으

보》 1929년 7월 7일자, 〈전조선 각지회에 간부 新選을 지령〉 참조.
22) 《동아일보》 1929년 11월 23일자, 〈신간위원회 의안도 경정〉 참조.
23) 《동아일보》 1929년 11월 24일자, 〈신간위원회 금일부터 개회〉 참조.
24) 金俊燁·金昌順, 《한국공산주의운동사》 제3권, p.62 참조.
25) 朴明煥, 〈新幹會回顧記〉, 《신동아》 1936년 4월호 참조.

<사진 14> 1929년 당시 신간회 간부

로 선임하여 서울지회를 장악하였다. 이때부터 신간회 중앙본부와 서울지회 사이에 은근히 대립이 조성되었다.[26]

제2단계의 신간회는 허헌 위원장 체제 아래에서 지방지회들의 활동이 새로운 활력으로 현저히 적극화되었다. 이에 비례해서 지방지회에 대한 일제의 탄압도 현저히 가중되었다.

1929년 12월에 이르러 광주학생독립운동이 일어나자 신간회는 이를 지원 확대하기 위한 '민중대회'를 개최하려 했다. 일제는 허헌·홍명희·이관용·조병옥·권동진·이원혁·김무삼·김병로(기소유예로 뒤에 석방) 등 신간회 회원 44명과 근우회·조선청년총동맹·조선노동총동맹 회원 등 약 100명을 검거하였다. 이 '민중대회사건(民衆大會事件)'으로 신간회 중앙본부는 마비상태에 빠지게 되었다.[27]

'민중대회사건'으로 신간회는 중앙집행위원장 허헌과 최고간부 홍명희, 조병옥, 이관용, 이원혁, 김무삼과 다수의 최고간부들이 수감되고 지방지회의 대표들까지 금족(禁足)당했으며, 다른 좌익사건들까지 겹

---

26) 安在鴻, ① 〈統一難과 統一의 要求〉, 《조선일보》 1927년 6월 30일자 〈사설〉
   및 ② 〈統一難과 統一의 要求(再)〉, 《조선일보》 1929년 7월 2일자 〈사설〉;
   《민세안재홍선집》 제1권, pp.297~302 참조.
27) 《조선일보》 1930년 9월 7일자 참조.

쳐서, 신간회의 제2단계 중앙본부는 개편된 지 5개월 만에 거의 공백 상태에 놓이게 되었다.

그러므로 이 어려운 시기에는 일제에 구속되었다가 기소유예로 석방된 재정부장 김병로가 다른 부장까지 겸임하여 악전고투하면서 중앙본부를 지켜나갔다.[28)]

4. 제3단계의 중앙조직

<사진 15> 신간회 제4대 위원장 김병로

제3단계는 1930년 11월 '전체대회대행 중앙집행위원회'(全體大會代行中央執行委員會) 체제의 단계이다. 즉 김병로 위원장 체제의 단계라고 할 수 있다.

'민중대회사건'으로 위원장 허헌과 홍명희·이관용·조병옥·김무삼·이원혁 등 간부들이 1년 6개월 또는 그에 가까운 실형을 언도받고 복역하게 되었으므로, 신간회는 중앙본부의 간부 공백을 메울 대책을 수립하지 않으면 안 되었다. 이에 신간회 중앙집행 상무위원회는 1930년 10월 25일 임시규정을 개정하여 '전체대회 소집이 불가능한 상태에 있을 때에는 중앙집행위원회로 하여금 전체대회의 권리를 대행'하도록 하였다.[29)] 이 임시규정에 의거하여 신간회 중앙집행위원회는 1930년 11월 9일 회의를 개최하였다. 이 회의에는 16명의 중앙집행위원과 입추의 여지없

---

28) 朴明煥, 〈新幹會回顧記〉, 《신동아》 1936년 4월호 참조.
29) 《동아일보》 1930년 10월 28일자, 〈전체대회금지로 임시규정을 제정〉 참조.

이 강당을 메운 방청객들 가운데서 일제 임석경관의 감시 아래에 부서별 경과보고를 하였다.[30] 이때 중앙집행위원들 가운데 12명의 중앙집행위원은 감옥에 투옥당해 있었기 때문에 참석할 수 없었다.[31]

이 전체대회 대행 중앙집행위원회에서 결원 중인 중앙집행위원장에 김병로를 선출하고, 다음과 같이 40명의 중앙집행위원과 5명의 중앙집행후보위원 및 5명의 중앙검사위원을 선출하였다.[32]

전체대회 대행 중앙집행위원회시기의 중앙임원

중앙집행위원:

김호(金湖)·송두환(宋斗煥)·강상희(姜相熙)·윤병구(尹秉球)·심상문(沈相汶)·김명중(金明中)·이항발(李恒發)·이관구(李寬求)·김창용(金昌容)·이정학(李廷鶴)·서정희(徐廷禧)·한병락(韓秉洛)·김철(金哲)·송병철(宋秉哲)·윤주(尹柱)·곽상훈(郭尙勳)·박원식(朴源植)·이덕용(李德容)·주채명(朱埰明)·최윤옥(崔允鈺)·구연달(具然達)·김동수(金東壽)·송수락(宋洙洛)·김항준(金恒俊)·이한봉(李漢鳳)·김원배(金元培)·김사익(金士翼)·김용기(金容起)·최상직(崔相稷)·김상규(金尙奎)·박태홍(朴台弘)·백관수(白寬洙)·강기덕(姜基德)·이주연(李周淵)·신상태(申相泰)·박문희·김창권(金昌權)·김항규(金恒圭)·황상규(黃尙奎)·이정(李楨) 등

중앙집행 후보위원:

변희용(卞熙瑢)·강인수(姜仁洙)·요영국(姚永國)·노석정(盧錫正)·김귀동(金貴童) 등

30) 《동아일보》 1930년 11월 10일자, 〈전체대회 대신으로 신간중앙위원회〉 참조.
31) 《동아일보》 1930년 11월 10일자, 〈집행위원중 十二명 在監〉 참조.
32) 《동아일보》 1930년 11월 11일자, 〈규칙개정하고 신간부 선거〉 참조.

<사진 16> 신간회 창립 4주년 기념식(조선일보 1931년 2월 17일자)

중앙검사위원:

유진태(俞鎭泰)·양봉근(楊奉根)·현동완(玄東完)·노백용(盧百容)·박의양(朴儀陽) 등

신간회의 신임 중앙집행위원들은 다시 1930년 11월 19일 회의를 열어 각 부의 부장과 상무집행위원을 다음과 같이 선임하였다.[33] 이것을 위원장과 함께 정리하면 다음과 같다.

전체대회대행 중앙집행위원회 시기의 상무집행위원

중앙집행위원장 : 김병로
서기장 겸 서무부장 : 김항규

---

33) 《동아일보》 1930년 11월 20일자, 〈신간중앙위원회 각부서 결정〉 참조.

회계 겸 재무부장 : 김용기

조사부장 : 이항발

조직부장 : 서정희

출판부장 : 백관수

상무집행위원(무임소) : 이주연·이관구·김상규·한병락

신간회의 이번 제3단계의 중앙본부 임원은 비타협적 민족주의자들이 현저히 진출하고 사회주의자들이 현저히 축소하게 되었다. 마침 이 시기는 코민테른과 프로핀테른의 정책이 극좌로 선회하여 민족주의자들과의 협동전선을 폐기하도록 요구하기 시작한 때였으므로, 제3단계의 신간회 본부는 지회활동에 적극 참여하고 있던 사회주의·공산주의자들로부터 공격을 받게 되었다.

그러나 신간회 중앙본부는 일제의 삼엄한 감시 속에서 1931년 2월 15일 창립 4주년을 맞아 기념식을 거행하고 신간회의 존속을 다짐하였다.

5. 제4단계 해소기의 중앙조직

제4단계는 1931년 5월 신간회 해소를 결의한 새 중앙집행위원회의 단계이다. 이 체제는 수립되자 이튿날 신간회 해소를 결의해 버려 단 하루 존속한 해소본부가 되었다.

1930년 12월에 들어서자 지방지회의 일부에서 신간회 해소론이 제기되어 번져 나갔다. 이에 김병로의 중앙집행위원회는 경성지회의 중앙집행위원회 부인론과 신간회 해소론을 비판하고 저지하고자 중앙집행위원회를 소집하고, 일제가 김병로 변호사 자격을 정지시켜 위원장 임무를 잘 수행할 수 없다는 이유를 들어 중앙집행위원장직 사의를 표명하였다.[34] 그러나 일제는 이 중앙집행위원회 회의도 '금지'하였다.

결국 우여곡절 끝에 1931년 5월 15일·16일 양일간의 전국전체대회 개최에 일제 경찰의 집회허가가 신간회 창립 후 처음으로 나와서 전국대회를 소집하게 되었다. 그러나 이 전국대회에 참석한 지회대표들은 신간회 '해소(解消)'를 추진하면서 임원을 개선하여 강기덕을 중앙집행위원장에 선출하고 다음과 같이 30명의 중앙집행위원과 3명의 동후보위원 및 5명의 중앙검사위원을 새로이 선출하였다.[35]

해소시기의 중앙임원

. 중앙집행위원장 : 강기덕

. 중앙집행위원 :

정칠성(丁七星)·김혁·홍기문(洪起文)·조열(趙悅)·박승만(朴勝萬)·권충일(權忠一)·박승극(朴勝極)·공석정(孔錫政)·민홍식(閔洪植)·유인목(俞仁穆)·홍재식(洪宰植)·김국진(金國鎭)·황덕윤(黃德允)·정규찬(丁奎燦)·최천(崔天)·임수길(任守吉)·박공근(朴恭根)·안철수(安喆洙)·안덕근(安德根)·현익겸(玄益謙)·김정옥(金貞玉)·방규성(方奎星)·김동기(金東起)·정윤시(鄭允時)·김재수(金在水)·황태성(黃泰成)·정기환(鄭基桓)·김기환(金基煥)·방치규(方致規)·권영규(權榮奎) 등

. 중앙집행 후보위원 : 김호(金湖)·김정련(金精鍊)·정학원(鄭鶴源) 등

. 중앙검사위원 :

---

34) 《동아일보》 1931년 1월 31일자, 〈위원장 사직 이유는 변호사 停權으로〉 참조.
35) 《동아일보》 1931년 5월 18일자, 〈신간회해소 가결, 신임간부로 三十九인 선거〉 참조.

은재기(殷在基)·곽상훈(郭尙勳)·이황(李晃)·이우(李雨)·이동수(李東壽) 등

이 새로운 중앙본부 간부의 특징은 신간회 '해소'를 주장하는 소장파 공산주의 청년들과 사회주의자들이 압도적인 우세를 차지하게 되었다는 사실에 있었다. 전국대회는 이튿날 소장파 공산주의 청년들과 사회주의자들의 주도 아래 마침내 신간회 해소를 결의하여 이 전국대회는 '해소대회'가 되어버렸다. 그 결과 제4단계의 신임 중앙집행위원회는 '해소중앙집행위원회'가 되고만 것이다.

신간회 중앙본부의 이러한 변화 속에서도 지방지회의 조직과 활동은 급속히 발전하여 꾸준히 지속되었다.

제5장
신간회의 지방지회

1. 지방지회 조직의 급속한 발전과 회원의 직업

신간회는 일제의 탄압 속에서도 지방지회 조직에 주력하고, 지방의 유지들도 적극적으로 지방지회 설립에 앞장섰다. 그러므로 신간회 지방지회 설립은 창립 직후부터 눈부시게 급속히 발전하였다.

신간회는 1927년 4월 28일 총무간사회에서 지회설립에 관한 '주의사항'을 다음과 같이 결정하였다.[1]

지회설립에 관한 주의사항

① 본부에서 분할하여 정한 1구역(區域) 안에 1개 이상의 지회는 설립치 못할 것이므로, 지회를 설립코자 할 때는 먼저 '구역'에 관하여 본부 조직부에 문의할 것.

② 1구(區)내 거주회원이 30인 이상에 달한 후에야 지회를 설립할 수 있고, 입회지원자는 임시규약에 의하여 본부 총무간사회에 통과한 후에야 회원이 될 수 있으므로 지회 설립을 준비하려면 먼저 정수 이상 입회원서를 본부 조직부에 보내야 할 것.

③ 지회를 설립할 때는 먼저 본부 조직부에 통지하여 본부 총무간사회의 승인을 받아야 할 것.

④ 지회를 설립한 후 '신간회 모구(某區)지회'라고 칭하고, 다른 명칭은 절대로 쓰지 못할 것.

⑤ 지회설립에는 '창립'이란 문자를 쓰지 아니할 것.

신간회 지회의 수는 창립한 그해인 1927년 12월 현재 104개 지회를

---

1) 《조선일보》 1927년 4월 30일자, 〈지회설립 주의사항, 신간회 총무간사회〉 참조.

설립하는데 성공해서 지회 100개 돌파 기념 경축회를 가졌다.[2] 신간회 창립의 핵심주역의 하나인 안재홍은 성공에 감동하여 각 지회들의 동지적 단결과 민중과 함께 신중히 활동할 것을 격려하였다.[3] 다음 해 1928년 12월에 신간회 지회는 최고에 달하여 143개 지회로 증가했고,[4] 1929년 11월에는 약간 감소하여 138개 지회(및 승인미설지회 10개 지회)가 되었으며,[5] 1931년 5월 해소 직전에는 126개 지회가 되었다.[6]

[표 1] 전국의 도별 지부 설치상황

도 별	1927년 12월 (A)	1929년 11월(B)	1931년 5월 (C)
경상북도	16	18 (6)	18 (6)
경상남도	15	17 (4)	19 (4)
전라북도	8	8 (7)	8 (7)
전라남도	14	14 (9)	14 (9)
충청북도	3	5 (5)	5 (5)
충청남도	5	6 (8)	6 (8)
경 기 도	6	9 (13)	9 (14)
황 해 도	5	7 (10)	6 (8)
강 원 도	4	7 (14)	7 (14)
평안북도	3	7 (13)	7 (13)
평안남도	3	3 (13)	3 (13)
함경북도	10	9 (3)	10 (2)
함경남도	9	11 (6)	10 (8)
일본	3	4	4
합계	104	121 (111)	126 (111)

2) 《동아일보》 1927년 12월 23일자, 〈설립된 지회 百처를 돌파〉 참조.
3) 安在鴻, 〈新幹會의 급속한 발전-支會설치 1백 돌파〉, 《조선일보》 1927년 12월 13일자 〈사설〉; 《민세안재홍선집》 제1권, pp.248~250 참조.
4) 京畿道警察部, 《治安槪況》, 1929, p.24 참조.
5) 朴明煥, 〈新幹會回顧記〉, 《신동아》 1936년 4월호 참조.
6) 《朝鮮之光》 제96호, 1931년 5월호, p.6 참조.

자료 : (A)는《동아일보》1927년 12월 23일자. (B)는《신동아》제54
호, 1936년 4월호, (C)는《朝鮮之光》제96호, 1931년 5월호; 水野
直樹,〈新幹會運動に關する若干の問題〉참조.
주 : ① 괄호 안의 숫자는 미설립 군도(郡島) 숫자임, ② (B)와 (C)에는
본부의 승인을 받았으나 아직 미설립의 지회는 제외되었음.

지방지회 설치의 도별 분포를 보면, [표 1]에서 볼 수 있는 바와 같
이, 경상남도, 경상북도, 전라남도, 전라북도, 함경북도, 함경남도, 경
기도, 평안북도에서 가장 활발했고, 평안남도에서 가장 저조하였다. 각
지회에 속한 회원 수는 [표 2]에서 볼 수 있는 바와 같이, 100명 이상
600명 이하가 119개 지회로서 전체의 87퍼센트에 달했고, 600명 이상
의 지회도 8개 지회에 달하였다. 회원이 1,500명이 넘는 지회도 1개가
있었는데, 이러한 큰 지회는 산하에 다수의 분회(分會)를 두었다.

[표 2] 회원수 규모별 지회수(1929년 11월)

회 원 수	지 회 수
100명 이상	53
200명 이상	35
300명 이상	16
400명 이상	10
500명 이상	15
600명 이상	5
800명 이상	2
1,500명 이상	1
합 계	137

자료 :《동아일보》, 1929년 11월 25일자 ; 水野直樹,〈新幹會運動に關す
る若干の問題〉참조.

신간회 회원의 직업별 구성을 보면 [표 3]과 같다. 이것을 다시 사

회계층화해서 보면, 농민층(표의 ①②③)이 54.19퍼센트, 노동자층(표의 ④⑤)이 22.11퍼센트, 상업 및 공업자본가층(표의 ⑥⑦)이 12.51퍼센트, 지식인층(표의 ⑩⑪⑫⑬⑭⑮⑯⑰)이 5.03퍼센트, 회사·은행원(표의 ⑧⑨)이 1.19퍼센트, 독립자영업자층(표의 ⑱⑲⑳㉑㉒㉓㉔)이 2.80 퍼센트 기타 미상이 2.17퍼센트로 범주화해 볼 수 있다. 여기서도 대략 알 수 있는 바와 같이 신간회의 중앙본부와 지회의 간부들은 지식인층이었다 할지라도, 그 회원은 압도적 다수가 농민층·노동자층·상업 및 공업자본가층으로 구성되어 있었다. 여기서도 신간회는 전민족적 전국적 민족협동전선이었음을 알 수 있다.

[표 3] 신간회 회원의 직업별 구성표(1931년 5월 현재)

번 호	직 업	회원수	비율(%)	번 호	직 업	회원수	비율(%)
①	농 업	21,514	53.90	⑭	학 업	342	0.86
②	어 업	112	0.28	⑮	교 원	371	0.93
③	목 축	3	0.01	⑯	교역자	255	0.64
④	노 동	6,041	15.14	⑰	대 서	83	0.21
⑤	직 공	2,783	6.97	⑱	여 관	45	0.11
⑥	공 업	678	1.70	⑲	사 진	666	1.67
⑦	상 업	4,315	10.81	⑳	재 봉	52	0.13
⑧	회사원	447	1.12	㉑	측 량	5	0.01
⑨	은행원	29	0.07	㉒	인 쇄	95	0.24
⑩	기 자	647	1.62	㉓	이 발	233	0.58
⑪	의 사	241	0.60	㉔	운 수	24	0.06
⑫	변호사	34	0.09	㉕	미 상	868	2.17
⑬	저 술	31	0.08		합 계	39,914	100.00

자료 : 《조선일보》, 1931년 5월 18일자; 《彗星》 제1권 제4호, 1930년 7월 호; 宋建鎬, 〈新幹會運動〉; 水野直樹, 〈新幹會運動に關する若干の問題〉 참조.
주 : 교역자는 목사·전도사·승려 등임.

2. 국내의 군별 지방지회

신간회의 지방지회는 처음 군읍별 구(區)로 조직되었는데, 1931년 무려 120여 곳에 달하였다. 또한 회원이 많은 지방지회는 분회(分會)를 설치하기도 하였다.

여기는 지면관계로 지회들을 모두 설명할 수 없으므로 대체로 각도에 1개 지회씩을 뽑아서 간단히 설명을 붙이기로 한다. 지회의 임원은 거의 해마다 교체되었으므로 여기서는 설립 당시의 간부 임원에만 한정하여 이를 서술하기로 한다.

1) 경성(京城, 서울)지회

<사진 17> 경성지회장 한용운

신간회 경성(서울)지회는 지회 가운데 가장 규모도 크고 활동도 많이 한 매우 중요하고 큰 비중을 가진 지회였다.[7]

경성지회는 설립준비위원회의 상당기간에 걸친 만반의 준비 끝에 1927년 6월 10일 서울 종로 중앙청년회관에서 회원 290여 명, 방청객 300여 명이 모인 성대한 설립대회를 개최하였다. 임시의장 안재홍(安在鴻)의 사회로 임원선거에 들어가 우선 전형위원 11인을 선출한 다음,

---

7) 曺圭泰, 〈신간회 京城支會의 조직과 활동〉, 《국사관논총》 제89집, 2000 참조.

전형위원이 뽑은 임원 후보들을 회원들이 무기명 투표로 다음과 같이
회장.부회장과 간사 25명을 선출하였다.[8] 그 후 6월 15일 제1회 간사
회에서 25명의 간사들을 부서별로 다음과 같이 배치하였다.[9]

> 회장 : 한용운(韓龍雲)
> 부회장 : 허헌(許憲)
> 서무부 : 총간사 김영륜(金永倫), 상임간사 김홍진(金弘鎭)·이병헌(李炳
>   憲)·김인수(金仁洙)
> 재무부 : 총간사 이용호(李龍浩), 상임간사 이갑준(李甲俊)·박일(朴一)
> 정치문화부 : 총간사 이춘숙(李春塾), 상임간사 이관구(李寬求)
> 조직부 : 총간사 김항규(金恒圭), 상임간사 신현익(申鉉翼)
> 선전부 : 총간사 이원혁(李源赫), 상임간사 정칠성(丁七星)·이황(李晃)

경성지회는 해마다 일어나는 동맹휴학 사건의 원인을 대중 앞에 여
실히 폭로하기 위해 1927년 8월 17일 '강연회'를 개최하였다. 연사로
는 이관구, 최명환, 이황, 이병의 등이 참여하였다.[10]

경성지회는 1927년 10월 29일 간사회를 열고 ① 중앙학교 맹휴사건
진상조사 ② 남북 만주 거류 동포가 중국 관헌에게 무리한 압박과 학
해(虐害)를 당함에 대하여 당해 관헌에게 항의를 제출하도록 중앙본부
에 건의할 것을 결의하였다.[11]

---

8) 《동아일보》 1927년 6월 12일자, 〈신간회 京城지회〉 및 《조선일보》 1927년 6
   월 12일자, 〈신간 경성지회 성황리 발회〉 참조.
9) 《조선일보》 1927년 6월 18일자, 〈신간경성지회, 간부부서 작정〉 참조.
10) 《조선일보》 1927년 8월 15일자, 〈학생맹휴 비판연설〉 참조.
11) 《조선일보》 1927년 10월 31일자, 〈남북 만주 동포학대에 신강항의를 금지〉
    참조.

<사진 18> 신간회 경성지회 정기대회 광경

그러나 경성지회가 1927년 12월 8일 개최하려는 '강연회'는 일제가 '금지' 탄압을 가하여 중지당하였다.[12]

경성지회는 1927년 12월 10일~11일 제2회 정기대회를 성대하게 개최해서 ① 재만동포옹호동맹을 적극 지지하고, ② 조선노동총동맹·조선청년총동맹·조선농민총동맹의 3총동맹의 집회금지는 극도의 언론.집회의 압박이므로 집회해금(集會解禁)운동을 일으키며, ③ '집회취체령'의 철폐를 결의하여 그 실천을 신임간사에게 일임하고, ④ 일본 노동농민당대회에 축전을 보내기로 의결하였다.[13]

신간회 경성(서울)지회는 원래 제3회 정기대회를 1928년 12월 18일~19일 개최할 예정이었다. 그러나 일제의 '집회금지'로 부득이 연기

---

12) 《동아일보》 1927년 12월 8일자, 〈신간경성지회 선전위원 간친, 신간강연회 중지〉 참조.
13) 《동아일보》 1927년 12월 12일자, 〈신간경성지회 제二정기대회, 옹호동맹후원〉 및 《조선일보》 1927년 12월 13일자, 〈만세三창으로 폐회〉 참조.

되다가 마침내 1929년 1월 19일~20일 양일간 출석회원 305명과 방청
인 500여 명이 참석한 성대한 '임시대회'를 개최하였다.[14] 이 대회에
서는 과거 1년 동안 일제의 온갖 집회금지와 노동쟁의 및 학교 맹휴
탄압 등에 대해 질문과 성토가 있은 뒤에 회관 신축을 토의하고 다음
과 같이 임원을 선출하였다.[15]

회장 : 허헌(許憲)
부회장 : 홍순필(洪淳泌)
간사 : 박완(朴浣), 민중식(閔中植), 정칠성(丁七星), 김항규(金恒圭), 박한경
(朴漢卿), 김인수(金仁洙), 이원혁(李源赫), 이시완(李時玩), 김세진(金世
振), 박호진(朴昊辰), 김사목(金思牧), 박양신(朴陽信), 오일철(吳一澈),
정헌태(鄭憲台), 허정숙(許貞淑), 정종명(鄭鍾鳴), 박세영(朴世榮), 구자
옥(具滋玉), 김원식(金元植), 한봉석(韓鳳錫), 이병헌(李炳憲), 조헌식(趙
憲植), 강인택(姜仁澤), 김연배(金連培), 유한일(劉漢日), 김섬(金暹), 박
명환(朴明煥), 손메례(孫袂禮), 강상희(姜相熙), 윤시영(尹始榮) 이상 30명.
본부대회 대표회원 : 허헌, 박완, 이종린, 홍명희, 정칠성, 김항규, 이시완,
이원혁, 홍기문, 박한경, 민중식, 김병로, 김명동, 오일
철, 오상준, 장지필, 홍순필, 정헌태, 신태순, 박호진,
조헌영, 김인수, 정종명, 김원식, 김홍진, 김사목, 허정
숙, 김교영, 박희도
후보자 : 권승렬, 서정희, 김태영, 김진, 최선익, 윤시영

일제가 신간회 전체대회를 계속 '금지' 탄압하자 본부에서는 몇 개
지회가 하나의 구(區)를 편성하여 '복대표'(複代表) 방법을 고안해서
이에 대한 지방지회들의 의견을 물어왔다.

14)《동아일보》1929년 1월 21일자,〈비상한 긴장리에 질문논전으로 진행〉및 1
월 22일자,〈회관신축등 중요안 토의〉참조.
15)《조선일보》1929년 1월 21일자,〈八백여 군중회집, 근래 희유의 성황〉및 1
월 22일자,〈간사三十명 신임〉참조.

경성지회는 1929년 4월 11일 임시간사회를 열어 '복대표' 방법을 검토하고 다음과 같이 결의하여 중앙본부에 건의안을 제출하였다.[16]

◇ 중앙본부에 건의안

(가) 중앙간부 개선의 건

개선방법은 13도와 일본을 합하여 14개 지역을 14개 선거구(區)로 정하고, 선거구마다 2인씩의 중안간부 선거위원을 단기(單記) 투표식으로 선출한 후, 해당 위원에게 일임하여 중앙간부를 개선케 함.

단, 중앙간부 선거위원회 선거권 및 피선거권은 해당 구(區)에 소속한 대표회원에 한하며, 개표는 전(前) 본부 정기대회 준비위원을 개표위원으로 하여 일임해서 개표케 함.

중앙간부에 일임 등 기타 방법으로의 개선은 이를 반대함.

(나) 규약 개정의 건

신간회 규약은 중앙간부 선거위원을 규약개정위원으로 하여 일임해서 개정케 함.

단, 다른 방법에 의한 개정은 이를 반대함.

(다) 지회연합회 촉성의 건

회무의 진척을 위하여 중앙간사회는 '지회연합회'에 관한 임시판법(辦法, 규정)을 제정하고, 이 판법은 공포일로부터 1주일 이내에 '지회연합회' 촉성의 수속을 취할 것으로 함.

단, 이 '판법'은 신간회의 규약 개정이 있을 때는 효력을 잃는 것으로 함.

신간회의 창립 이래 대회의 계속 '금지'로 인하여 규약과 임원을 개정하지 못해 회무의 적체됨은 물론이오, 장래의 발전에 중대한 지장이 있으므로 이번 본부 자문에 대한 '건의안'을 각 지회에 통지하여 의견의 소통을 도모함.

---

16) 《조선일보》 1929년 4월 13일자, 〈신간경성지회 임시간사회의〉 참조.

신간회 경성지회는 회장제를 집행위원장제로 바꾸고 복대표제를 채택하게 되자, 1929년 7월 21일 대성황리에 임시대회를 개최하고 다음과 같이 집행위원장과 집행위원 등을 개선했으며,[17] 이어서 부서별로 집행위원을 선임하였다.[18]

집행위원장 : 조병옥(趙炳玉)
서기장 : 이원혁(李源赫)
회계 : 김탁원(金鐸遠)
상무집행위원 : 민중식(閔中植), 박한경(朴漢卿), 이민행(李敏行), 손재기(孫在基), 김응집(金應集), 김세진(金世振), 강상희(姜相熙)
서무부장 : 이원혁. 부원 김진태(金晉泰)
재정부장 : 김탁원. 부원 한봉석(韓鳳錫), 이기종(李麒鍾)
조직부장 : 민중식. 부원 이병헌(李炳憲), 김진태
선전부장 : 박한경. 부원 박세영(朴世榮), 김○준(金○準)
조사부장 : 김세진. 부원 방두파(方斗波), 이희춘(李熙春)
교육부장 : 이민행. 부원 김섬(金暹), 김관빈(金關斌)
출판부장 : 박완. 부원 박양신(朴陽信), 홍봉유(洪鳳裕)
집행위원 : 박완, 김응집, 민중식, 김인수, 김세진, 한봉석, 박한경, 박세영, 손재기, 장지필, 김탁원, 조헌식, 이민행, 김연배, 오일철, 이병헌, ○성채, 이건춘, 방두파, 강인택, 정칠성, 신현창, 이관용, 강상희, 김관빈
집행위원후보 : 박명환, 이동욱, 신창순, 손메례, 장수창
검사위원 : 오화영(吳華英), 권승렬(權承烈), 김용기(金容起), 유한일(劉漢日), 김원식(金元植), 홍기문(洪起文), 김사목(金思牧)

경성지회는 1929년 8월 24일 정기집행위원회를 개최하여 친일적

17) 《동아일보》 1929년 7월 23일자, 〈신규약배부, 위원도 개선〉 및 《조선일보》 1929년 7월 23일자, 〈苦熱중에 성황 이룬 신간회 京支대회〉 참조.
18) 《조선일보》 1929년 7월 26일자, 〈신간京支 부서 결정〉 참조.

<사진 19> 경성지회장 조병옥

'범태평양회의'에서 조선지부는 탈퇴하도록 권고하고, 신간회 회원은 그러한 친일적 국제회의에 출석하려 할 때에는 사전에 신간회에 보고하여 결재를 받도록 결의하였다.[19]

경성지회는 1929년 11월 광주학생독립운동이 일어나고 신간회 본부가 이를 전국에 확산시키기 위해 '민중대회'를 기획 추진하자, 집행위원장 조병옥이 이에 적극 참가하였다.

경성지회는 그동안 창립 2주년 기념대회와 정기대회도 '금지'당해 탄압을 받다가, 1930년 8월 25일 상무집행위원회를 열고 '3총해금(三總解禁)운동' 추진과 각(道)지회연합회 조직을 촉성하기로 의결하였다.[20]

신간회 경성지회는 1930년 말 신간회 중앙본부와 갈등 관계가 발생하였다. 경성지회가 신간회 정신에 배치된 언동(신간회 해소 주장)을 한 박문희(朴文熺)를 중앙집행위원회에 재선출한 신간회 중앙본부 김병로(金炳魯) 중앙집행위원장 체제를 부인하는 의결을 했기 때문이었다.

경성지회는 1930년 12월 15일 집행위원회를 얼어서 ① 신간회 중앙본부의 신임 중앙집행위원회를 부인하고, ② 부산지회가 결의한 〈신간회 해소(解消)문제〉에 대해서는 부산지회에 문의해 본 뒤 반대 태도를 설명하기로 결의하였다. 그 '결의문'은 다음과 같았다.[21]

◇ 결의문

본 지회는 제3회 중앙집행위원회의 전체대회 권한대행의 임시규정을 신중히 적용해 달라는 조건부로 승인했었으나, 그러나 대회의 권리를 대행

---

19) 《조선일보》 1929년 8월 26일자, 〈범태평양회의 외 중요안건을 결의〉 참조.
20) 《조선일보》 1930년 8월 27일자, 〈三總해금과 중요안건 결의〉 참조.
21) 《조선일보》 1930년 12월 20일자, 〈중앙간부를 부인, 해소결의엔 반대〉 참조.

한 제3회 중앙집행위원회는 임시규정을 불신중(不愼重)히 운용하였으므로 이를 문책하는 동시에 신임 중앙집행위원회를 부인함.

◇ 이유

1. 중앙상무집행위원 박문희(朴文熹)씨가 본회의 근본정신에 배치되는 언동을 행한 것이 사실임에도 불구하고 그를 선거위원으로 뽑고 그를 중앙집행위원으로 재선하는 동시에 또 그를 옹호한 것.

2. 신임 중앙간부 가운데 본회의 근본정신에 배치되는 언동을 행하는 분자들이 있는 것.

3. 본 지회로부터 신임 중앙간부에게 현하 혼란한 운동정세에 처하여 본부로서 취할 바 그 태도의 성명을 요구하였음에도 불구하고 애매한 구실 아래 이를 회피한 것

경성지회는 1930년 12월 17일과 22일 연이어 상무집행위원회를 열어, 새로 선임된 중앙본부 간부들 가운데 신간회정신에 위반되는 행동을 한 사람(박문희)이 있는데 본부의 취할 태도를 성명하라는 경성지회 요구에도 불구하고 이를 회피한다는 이유로 중앙본부 간부들을 비판하고, 신간회 '해소반대'의 '통의문'(通議文)을 초안하여 전국 각 지회에 발송하기로 결의하였다.22)

이에 놀란 신간회 중앙본부는 1930년 12월 19일 신임 중앙집행위원장 김병로가 '유감' 공문을 발표하였다.23)

그러나 경성지회는 1930년 12월 30일 임시상무집행위원회를 열고 중앙본부의 공문은 참고자료로만 검토키로 하고, 역점을 주어 '관념적 신간회 해소운동 반대'의 성명을 하기로 결의하여, '성명서' 작성위원으로서 강상희·이관구·홍기문을 선임하였다.24)

---

22) 《조선일보》 1930년 12월 27일자, 〈전조선신간지회에 통의문을 발송〉 참조.
23) 《동아일보》 1930년 12월 21일자, 〈京支태도에 유감이 不少〉 참조.
24) 《조선일보》 1931년 1월 5일자, 〈관념적 해소에 반대성명 결의〉 참조.

경성지회는 1931년 1월 9일 임시집행위원회를 열어서 중앙본부 중 앙집행위원회에 대해 김병로(金炳魯)와 이항발(李恒發)은 제명하고 서 정희(徐廷禧)·양봉근(楊奉根)·박명환(朴明煥)·홍봉유(洪鳳裕)·유진태(俞 鎭泰)·성낙훈(成樂薰)은 무기정권(停權)에 처할 것을 요구하는 과격한 결의를 하였다.25)

이에 대해 신간회 중앙본부는 1931년 1월 9일 오후에 긴급히 상무 위원회를 열어 경성지회 집행위원 31명 전부를 정권(停權) 처분하였 다.26)

또한 일부 경성지회 검사위원회의 검사위원이 경성지회 결의에 반 대하여 중앙본부 중앙집행위원회를 옹호하는 '성명서'를 발표하는 등 내부갈등이 일어났다.27)

경성지회는 중앙본부와의 이러한 갈등 뒤에 1931년 4월 14일 임시대 회를 열고, 해소문제를 상정한 결과 94대 36으로 '해소'가 가결되었다.28) 이에 경성지회는 1931년 4월 19일 해소위원회를 조직하고 해소론 주 장의 15명을 해소위원으로 선정하여 해소사무를 담당케한 도중에 1931년 5월 15일 전국전체대회를 맞아 해소에 들어가게 되었다.29)

2) 경서(京西)지회

서울지역의 지회로서 경성지회 이외에 '경성북부지회 설치준비회'가 1927년 5월 일찍 조직되었다가 중단되었다.30)

---

25)《조선일보》1931년 1월 12일자,〈六씨에 停權, 양씨는 제명〉참조.
26)《조선일보》1931년 1월 12일자,〈京支위원 전부에 停權을 처분〉참조.
27)《동아일보》1931년 1월 11일자,〈신간京支위원 三十一인 停權〉및《조선일 보》1931년 1월 16일자,〈'불법 檢委會'로 京支檢委 결의〉참조.
28)《조선일보》1931년 4월 16일자,〈무언의 축사로 개회, 절대다수로 해소 가 결〉참조.
29)《조선일보》1931년 4월 16일자,〈해소위원으로 十五인 선정〉참조.
30)《동아일보》1927년 5월 27일자,〈신간회 京城北部지회 설치 준비〉참조.

<사진 20> 신간회 경서지회 설립광경(1928.3.21.)

실제로 서울 교외 부근의 지역적 서울 서부지역 지회를 설립하려는
운동은 1928년 정초부터 일어났다. 그 결과 1928년 1월 29일 고양서
부(高陽西部)지회 설립준비위원회가 결성되었다.[31] 이어서 1928년 3월
3일에는 시외 연강(沿江)일대의 경서(京西)지회 설립준비위원회가 별
도로 결정되었다.[32] 두 설립준비위원회의 명칭은 달랐지만, 그 내용은
'서울의 서부지역' 지회를 추진한다는 것이었다.

신간회 중앙본부에서 설립준비위원회의 통합을 위해 1928년 3월 12
일 대표를 초청하여 합동회의를 열었다. 그 결과 지회 명칭은 본부에
서 지시한 '경서(京西)지회'로 정하고 상무집행부를 선정했으며, 3월
21일 설립대회를 개최하여 회장단을 선출하기로 합의하였다.[33]

---

31) 《동아일보》 1928년 2월 1일자, 〈신간고양서부지회 설립준비진행〉 참조.
32) 《조선일보》 1928년 3월 2일자, 〈신간회京西지회 설립대회〉 참조.
33) 《조선일보》 1928년 3월 19일자, 〈명칭으로 문제인 신간 京西會 해결〉 참조.

신간회 경서지회의 설립대회는 1928년 3월 21일 동막 임시극장에서 개최되었는데, 이때 선출된 회장·부회장과 합동회의에서 선임된 상무 집행부를 합해 보면, 설립 당시의 신간회 경서지회의 임원은 다음과 같았다.[34]

회장 : 서세충(徐世忠)

부회장 : 박용구(朴容九)

서무부 : 최형식(崔亨植), 강준표(康俊杓), 정대희(鄭大熙), 김규태(金奎泰), 김용근(金龍根)

경리부 : 최길부(崔吉溥), 김철(金哲), 조경모(趙景模), 이재묵(李載黙)

선전부 : 정호석(鄭浩錫), 오재연(吳在衍), 차구현(車九鉉), 정병기(鄭昺基), 박성철(朴性哲)

심사부 : 최등만(崔登萬), 은재기(殷在基), 차창균(車昌均), 김정희(金正熙)

경서지회는 1928년 12월 15일 정기대회에서 다음의 의안(당면문제)을 의결하려 했으나 일제의 '집회금지'로 대회를 연기하였다.[35] 결국 이듬해 1929년 1월 26일 임시대회를 열어 이를 의결하고 임원을 개선하였다.[36]

◇ 의안(당면문제)

(1) 구(區)내 민간교육 협의기관 수립
(2) 풍속개량 선전데이(날) 실시
　　가. 미신타파 데이
　　나. 허례허식 폐지 데이

---

34) 《조선일보》 1928년 3월 21일자, 〈신간회京西지회 설립대회〉 참조.
35) 《조선일보》 1928년 12월 11일자, 〈신간경서, 토의안〉 참조.
36) 《동아일보》 1929년 1월 29일자, 〈신간京西지회대회 임시대회 개최〉 참조.

　　다. 봉건적 결혼 폐지 데이

(3) 소비조합 설립

(4) 부인운동 촉성

(5) 경서지회 회관 건축

(6) 경성형무소 및 연와(煉瓦)공장 위치 반대

(7) 마포선 전임(電賃) 통일운동 독려

(8) 경성부 비료탱크 철폐운동 독려

(9) 구내 사설도서관 설립

◇ **건설안**

(1) 조직체제 변경

(2) 전민중생활 통계표 작성

(3) 유리민(流離民) 대책 강구

(4) 재외동포 생활상태 조사

(5) 동척(東拓)·불이(不二) 이민 반대

(6) 소작권 확립

(7) 8시간 노동제 및 최저임금제 확립

(8) 강제결혼 및 인신매매 금지

(9) 일반학교 조선어 사용 실시

　경서지회는 음력 정월 초순을 기하여 미신타파운동을 대대적으로 일으키기 위해 1929년 2월 23·24일 양일간 미신타파 선전삐라를 살포하고 '대강연회'를 개최하였다.[37]

　또한 경서지회는 1929년 3월 10일 간사회에서 ① 3총해금(三總解禁) 동맹 지지 ② 언론·집회·결사의 자유 획득 ③ 조선노동총동맹 지지 ④ 조선농민총동맹 지지 ⑤ 《청년조선》 속간 ⑥ 《무산자신문》 지지를 의결하기로 하였다.[38]

---

37) 《조선일보》 1929년 2월 23일자, 〈신간경서지회, 미신타파의 대선전〉 참조.

경서지회는 창립 1주년을 맞아 1929년 3월 24일 3백여 회원이 참석한 가운데 성대한 기념식을 거행한 뒤 관내에서 무산자교육에 열성을 다한 교육공로자와 극빈자 등 40여 명에게 표창과 기념품을 증정하였다.[39]

일제는 1930년 4월 신간회 경서지회 간부 박순균, 최점득, 김상집, 은재기, 최길부, 김익배, 임서봉 등 10여 인을 갑자기 검거하여,[40] 그 가운데 7명을 검찰로 송치하였다.[41]

일제는 신간회 경서지회 간부들을 구속해서 온갖 고문과 박해를 다 가한 후에 1930년 5월 26일 모두 범죄혐의가 없다고 불기소로 석방하였다.[42] 일제는 무려 40일간을 죄 없는 경서지회 간부들을 체포하여 온갖 고문과 박해를 가한 것이다.

경서지회는 일찍이 1929년 12월 정기대회를 열고자 했으나, '금지' 당해 열지 못했으므로, 그동안 만반의 준비를 하여 1930년 6월 14일 정기대회를 개최하려 했다. 그러나 일제는 또 이를 '금지'하고 위원회 개최도 '금지'하는 탄압을 가하였다.[43]

신간회 경서지회는 1931년 4월 25일 임시대회에서 다수가결로 '해소'를 가결하고, 5월 16일 전국전체대회에서 '신간회 해소'가 가결된 후, 5월 20일 경서지회 해소위원들이 모여 잔무를 정리했으며, 비품들은 모두 경룡노동합동조합(京龍勞動合同組合)에 기증하였다.[44]

38) 《조선일보》 1929년 3월 7일자, 〈신간경서지회 정기간사회〉 참조.
39) 《조선일보》 1929년 3월 26일자, 〈신간회 경서지회, 창립—주년 기념〉 참조.
40) 《조선일보》 1930년 4월 17일자, 〈신간경서회원 +여인을 검거〉 참조.
41) 《조선일보》 1930년 5월 25일자, 〈신간경서원 송국으로 본부간부를 심문〉 참조.
42) 《조선일보》 1930년 5월 27일자, 〈신간경서회원, 전부 불기소 석방〉 참조.
43) 《조선일보》 1930년 6월 14일자, 〈신간경서지회, 대회금지〉 참조.
44) 《동아일보》 1931년 5월 24일자, 〈신간京西지회 잔무비품처리〉 참조.

3) 경동(京東)지회

신간회 경동지회는 서울 근교의 동부지역인 고양군 숭인면, 한지면, 독도면, 신설리 일대를 구역으로 하여 설립이 준비되었다.[45] 마침내 1929년 6월 16일 본부대표 조헌영(趙憲泳)을 비롯하여 시내 각 단체 대표의 감격에 찬 축사 속에서 설립대회를 개최하여 다음과 같이 임원을 선출하였다.[46]

> 회장 : 권유상(權裕相)
> 부회장 : 이윤우(李允宇)
> 이사 : 심의성(沈宜聲), 이규갑(李奎甲), 장세걸(張世傑), 이원섭(李元燮), 이규성(李奎成), 이인강(李仁康), 강극주(姜克周), 윤충식(尹忠植), 김영수(金永秀), 전○배(田○培), 김선월(金宣月), 손석호(孫錫鎬), 김순자(金順子), 이탄호(李坦浩), 이재소(李在遡), 이순재(李舜在), 김순희(金順熙), 김성진(金聲振), 김일(金日), 마호(馬壕), 이병은(李秉殷)

경동지회는 설립한 지 1개월 만에 다시 집행위원회 체제로 1929년 7월 20일 설립대회를 다시 개최하여 다음과 같이 집행위원회 체제의 임원을 선출하였다.

> 집행위원장 : 이규갑(李奎甲)
> 집행위원 : 전○배(田○培), 이탄호(李坦浩), 윤충식(尹忠植), 이정구(李正九), 서광훈(徐光勳), 김성진, 정순화(鄭淳和), 홍종기(洪鍾起),

---

45) 《동아일보》 1929년 5월 23일자, 〈휘합〉 및 《조선일보》 1929년 6월 14일자, 〈신간경동지회〉 참조.
46) 《조선일보》 1929년 6월 18일자, 〈신간경동지회 설립〉 및 《동아일보》 1929년 6월 19일자, 〈신간경동지회 설치대회 성황〉 참조.

조충구(趙忠九), 이규성(李奎成), 이병은, 김선월, 박용진(朴容眞), 이정례(李貞禮), 박기채(朴基采), 정광혁(鄭光赫), 이대우(李大宇), 강극주

검사위원 : 권유상, 이원섭, 김일, 김영수, 오순엽(吳順燁)

집행위원후보 : 박상현(朴商賢), 신영식(辛英植), 최우식(崔宇植), 마호, 진강제(陳江霽)

본부대표위원 : 박희도(朴熙道), 윤충식

경동지회는 1929년 12월 1일 제2회 정기대회에서 집행위원장을 이석(李奭)으로 개선하고 부서임원을 바꾸었다.[47]

그리고 아래와 같은 사항을 토의 의결하였다.

(1) 지회세칙 제정
(2) 분회, 반(班)조직
(3) 간이문고 설치
(4) 순회강좌 개최
(5) 한글강좌 개최
(6) 무산아동 교육
(7) 신간경기연합회 촉성
(8) 노동운동·여성운동 촉진
(9) 경동지회 회관 건축
(10) 동부 공회당 건축 등을 토의 의결하였다.

경동지회는 1931년 1월 24일 제3회 정기대회를 개최하여 집행위원장에 박희도(朴熙道)를 선출하고 신임위원을 선정한 후 다음의 '의안'을 토론하였다.[48]

---

47) 《조선일보》 1929년 12월 25일자, 〈엄중경계리에 신강경동대회〉 참조.
48) 《동아일보》 1931년 1월 28일자, 〈신간회京東지회 정기대회 개최〉 및 《조선일보》 1931년 1월 26일자, 〈신간경동지회 대회 무사 종료〉 참조.

◇ 의안

一. 신간회 해소문제 비판의 건

  '해소문제 연구부'를 설치하고 해소의 가부를 충분히 연구하기로 함.

一. 중앙간부 신임 여부에 관한 건

  조사부로부터 다소 조사한 것이 있으나, 확실하다고 인식치 못하므로
  신임위원에게 일임하여 조사 결정키로 함.

一. 중앙본부 대 경성지회간 문제에 관한 건

  이것도 또한 신임위원에게 일임하여 충분히 조사하기로 함.

경동지회는 1931년 5월 신간회 해소 때에도 신중한 입장을 취해 끝
까지 '해소 반대'를 주장한 지회였다.

4) 평양지회

신간회 평양지회는 1927년 12월 20일 조만식을 중심으로 설립되어
다음과 같이 처음 임원을 구성하였다.[49]

  회장 : 조만식(曺晩植)
  부회장 : 한근조(韓根祖)
  선전부 : 총무간사 설명화(薛命和), 간사 서정일(徐正日), 백응현(白應賢),
    김광○(金光○)
  서무부 : 총무간사 김병연(金炳淵), 간사 김구현(金龜鉉), 김정덕(金正德)
  조사연구부 : 총무간사 김형식(金瀅植), 간사 송석찬(宋錫粲), 이제학(李濟鶴)
  정치문화부 : 총무간사 임형일(林炯日), 간사 오학수(吳學洙), 백덕수(白德
    洙), 김영기(金英基)

---

49) 《동아일보》 1927년 12월 16일자, 〈평양신간지회〉; 12월 25일자, 〈평양신간
  간사회〉 및 李均永, 〈신간회 평양지회의 조직과 활동〉, 《박영석박사 화갑기념
  한국독립운동사논총》, 1992 참조.

재정부 : 총무간사 지창규(池昌奎), 간사 김경빈(金景彬), 김건형(金健亨)

대표위원 : 조만식, 한근조, 최윤옥(崔允鈺), 임형일, 염구화(廉求華), 김유
창(金裕昌), 송석찬, 주요한(朱耀翰)

기타간사 : 김봉준(金鳳俊), 지창규, 설명화

<사진 21> 평양지회장 조만식

평양지회는 설립 직전(12월 12일)에 준비위원이 23개 사회단체와 연합하여 조직한 평양 재만동포옹호동맹(平壤 在滿同胞擁護同盟 : 위원장 조만식) 활동을 주도하였다.50)

평양지회는 1929년 경북지방에서 큰 기근이 들어 신간회 중앙본부가 기근동포 구제운동을 호소하자 이에 호응하여 19개 단체 연합으로 1929년 6월 3일 평양의 '경북기근구제회'(慶北饑饉救濟會)를 조직하였다.51) 그러나 일제는 모금운동을 쉽게 허락하지 않았다. 6월 15일에야 일제 평양경찰서의 기부금 모집 허가가 나왔다. 구제회 활동에 대한 시민의 호응이 열렬하여 6월 17일까지 단 2일간의 모금액이 무려 523원 50전에 달하였다.52)

평양지회는 1930년 7월 평양에서 회사측의 임금 인하에 반대하여 평양 고무공장 노동자들이 대동맹파업을 시작하자, 이를 지원하면서 업주와의 교섭에 나섰다. 신간회 평양지회의 고무공장 노동자파업 후원에 대해 일제 경찰은 1930년 6월 15일 평양지회 간사 최윤옥을 불러 평양 고무공장 파업노동자에 대한 후원과 개입의 중단을 요구하고

---

50) 《조선일보》 1927년 12월 14일자, 〈二十三개 단체연합, 평양서도 옹호〉 참조.
51) 《조선일보》 1929년 6월 6일자, 〈十九개 단체연합으로 경북 기근구제회〉 참조.
52) 《조선일보》 1929년 6월 19일자, 〈평양에서 조직된 경북기근구제회〉 참조.

경고하였다.53)

신간회 해소론이 제기되어 전국적 논쟁이 전개될 때, 평양지회는 1930년 12월 27일 개최된 정기대회에서 해소론이 제기되어 갑론을박 끝에 투표에 붙인 결과 18대 13으로 해소론이 가결되었다.54) 이에 평양지회는 해소문제를 집행위원회에 일임했으나, 집행위원회에서도 해소·비해소의 논쟁이 치열하여 처리하지 못하고 대회를 소집하여 재론하거나 집행위원이 총사직하자고 의론이 분분한 상태에서 해소대회를 맞게 되었다.55)

5) 부산지회

부산지회는 설립준비위원회의 활동 결과로 1927년 7월 30일 부산 청년회관에서 설립대회를 개최하여 창립되었다. 지회설립 당시의 간부는 다음과 같았다.56)

    회장 : 김국태(金局泰)
    서무부간사 : 최천택(崔天澤, 상임), 김한규(金漢圭, 상임)
    재무부 : 이강희(李康熙, 상임), 김영식(金永植)
    정치문화부 : 김홍권(金弘權), 심두섭(沈斗燮)
    조사연구부 : 노상건(盧相乾), 백용수(白龍水)
    선전부 : 오택(吳澤), 김하현(金夏鉉)

부산지회는 신간회 동래지회 설립대회에 참석하려고 내려온 경성지

---

53) 《조선일보》 1930년 8월 17일자, 〈신간지회 간부 불러, 간섭말라고 경고〉 참조.
54) 《조선일보》 1930년 12월 29일자, 〈평야신간지회에서 해소론을 遂 가결〉 참조.
55) 《동아일보》 1930년 12월 29일자, 〈신간회 평양지회도 해소주장파 득세〉 참조.
56) 《조선일보》 1927년 8월 2일자, 〈신간회부산지회 긴장리에 설립〉 참조.

<사진 22> 신간회 부산지회 설립 보도(조선일보 1927년 8월 2일자)

회 특파위원 이관구(李寬求)를 초청하여 1928년 4월 24일 '신간운동의 의의'라는 제목으로 성대한 강연회를 개최하였다.[57]

　부산지회는 1929년 11월 20일에도 부산지방 각 사회단체 대표 14명을 연사로 한 '5분간 연설대회'를 개최했는데, 한 연사가 5분씩 사자후를 토하여 부산사회에 큰 각성과 경종을 울렸다.[58]

　부산지회는 1929년 12월 8일 정기대회에서 회장 체제를 집행위원장 체제로 바꾸고, ① 한재(旱災)구제 ② 차가인(借家人)동맹 촉성 ③ 전국대회 및 도(道)연합회 설치금지 대책 ④ 언론·집회의 자유 획득 및 동맹 조직 촉성 ⑤ 도일(渡日)노동자 자유획득 등을 토의하고 결의하였다.[59]

　부산지회 제5회 정기대회에서 1930년 12월 6일 김봉한(金鳳翰)이 처

---

57) 《조선일보》 1928년 4월 8일자, 〈부산지회 강연 성황〉 참조.
58) 《조선일보》 1929년 11월 20일자, 〈五분간 연설대회〉 참조.
59) 《조선일보》 1929년 12월 11일자, 〈신간 부산지회 정기대회〉 참조.

음으로 신간회 '해소'를 제창하였다. 이 대회에서는 해소문제를 충분히 연구하여 1931년 전국대회에서 맹렬히 해소운동을 일으키기로 결정한 후, 집행위원장에 임용길(任龍吉), 집행위원장 후보에 김봉한, 그리고 집행위원 5명, 검사위원 2명을 선출하였다.[60]

부산지회는 1931년 3월 29일에는 임시대회를 개최하여 '신간회 해소'를 결의하고 전국 전체대회에 이를 건의하기로 결정하였다.[61]

6) 대구지회

대구지회는 1927년 7월부터 설립준비위원회가 구성되어 무려 2개월 이나 만반의 준비를 하다가, 드디어 1927년 9월 3일 매우 성대하게 설립되었다. 신간회 중앙본부에서 파견된 총무간사 안재홍(安在鴻)이 신간회의 취지를 설명하고, 홍명희(洪命憙)의 신간회 현재의 전체상황 설명이 있은 뒤에, 신간회 동경(東京)지회장 조헌영(趙憲泳)의 축사를 비롯하여 수많은 사회단체의 축하문 낭독이 있었다. 회원들의 직접투표로 임원선거에 들어가 회장에 이경희(李慶熙)와 부회장에 최윤동(崔允東)을 선출하고, 25명의 간사들은 7명의 전형위원이 선택하도록 하였다.[62]

대구지회는 1929년 9월 6일 제1회 간사회를 열었는데, 이때 선임된 간사와 그 부서는 다음과 같았다.[63]

회장 : 이경희(李慶熙)
부회장 : 최윤동(崔允東)
서무부 : 송두환(宋斗煥), 정찬(鄭贊)

---

[60] 《동아일보》 1930년 12월 6일자, 〈부산신간대회에서 신간해소를 제창〉 참조.
[61] 《조선일보》 1931년 4월 2일자, 〈신간부산지회, 해소키로 결정〉 참조.
[62] 《조선일보》 1927년 9월 5일자, 〈대구신간지회, 성황리에 발회〉 참조.
[63] 《조선일보》 1927년 9월 8일자, 〈대구신간, 부서 결정〉 참조.

재무부 : 곽진영(郭振榮), 장적우(張的宇)
출판부 : 김하승(金夏昇), 이상화(李相和)
정치문화부 : 최익준(崔益俊), 김이룡(金利龍)
조사부 : 서만달(徐萬達), 송하찬(宋賀贊)
조직부 : 박해돈(朴海暾), 김월천(金越天)
선전부 : 장인환(張仁煥), 허홍제(許弘濟)

대구지회는 1927년 12월 9일 총무간사회를 열고 박해받는 재만(在
滿)동포를 위해 다음을 결의하였다.[64]

(1) 중국관헌의 재만동포 폭압의 건은 대구지회에서 '항의문'을 중국 영
    사에게 발송하는 동시에 '경고문'을 중국인 상회에 발송하며, 또는 대
    구지회 주최로 각 계급을 통하여 중국 관헌의 재만동포 폭압 대책
    '강연회'를 개최하기로 함.
(2) 중국관헌 폭압사건의 내용을 조사 인쇄하여 대구에 있는 각 단체에
    배부할 것(이하 생략)

대구지회는 1927년 12월 17일(토요일) 조양회관에서 '중국관헌의
재만동포 폭압에 대한 연설회'를 개최하였다.[65]
대구에서 1928년 4월 신학기부터 대구고등보통학교 학생들이 《조선
사》 등 민족교육을 요구하며 동맹휴학을 시작하였다. 대구지회는 이
학생운동을 배후에서 성원하였다.[66]
대구지회는 1929년 4월 14일 임시간사회를 열어 '경북지역 한재(旱
災)구제'에 나서기로 결의하였다. 우선 '한재구제 강연회'를 개최하고,
구제방법은 대구한재구제연합조직을 촉성하는 동시에 대구지회는 1주

---

[64] 《조선일보》 1927년 12월 13일자, 〈영사에게는 항의문, 상회에는 경고문〉 참조.
[65] 《조선일보》 1927년 12월 17일자, 〈대구지회 간사회〉 참조.
[66] 《조선일보》 1928년 9월 28일자, 〈朝鮮史 교수를 요구, 대구고보맹휴상보〉 참조.

일간 단연(斷煙, 담배끊기) 및 금주권(禁酒券)을 판매하여 대금을 의연금으로 보내기로 하였다.[67]

1930년 1월 광주학생독립운동이 대구에도 파급되어 대대적 학생운동이 전개되었을 때, 일제는 대구지회 간부들이 학생들을 배후에서 성원한다고 보고, 신간회 대구지회 위원장 송두환(宋斗煥), 서기장 유연술(柳淵述)을 검속했으며,[68] 서울에서도 신간회 대구지회 위원 이강옥(李康沃)과 회원 이원조(李源朝)를 검속했다가 뒤에 석방하였다.[69]

대구지회는 1930년 12월 14일 제4회 정기대회를 열고, 18개 조항의 추진 결의를 했으며, 집행위원장에 김광진(金光鎭), 서기장 겸 서무부장에 채충식(蔡忠植) 등 새 위원들을 선임하였다.[70]

7) 광주지회

광주지회는 1927년 10월부터 오랫동안 준비해 오다가 1927년 10월 29일 설립대회를 개최하여 신간회 광주지회가 설립되었다. 설립 당시의 임원진은 다음과 같았다.[71]

    회장 : 최흥종(崔興琮)
    부회장 : 정수태(丁秀泰)
    간사 : 최종섭(崔鍾涉), 한용수(韓龍洙), 전용기(全龍基), 김봉오(金奉午),
        최장전(崔張塡), 김흥선(金興善), 김철(金哲), 최한영(崔漢永), 최당식
        (崔當植), 문태곤(文泰坤), 김경규(金慶奎), 정해영(鄭海榮)

---

67) 《조선일보》 1929년 4월 19일자, 〈신간대구지회〉 참조.
68) 《조선일보》 1930년 1월 15일자, 〈대구신간지회 간부를 서방〉 참조.
69) 《조선일보》 1930년 1월 17일자, 〈신간위원 검거〉 참조.
70) 《동아일보》 1930년 12월 23일자, 〈정치문제는 금지, 당면문제만 결의〉 참조.
71) 《동아일보》 1927년 11월 1일자, 〈광주신간 창립〉 참조.

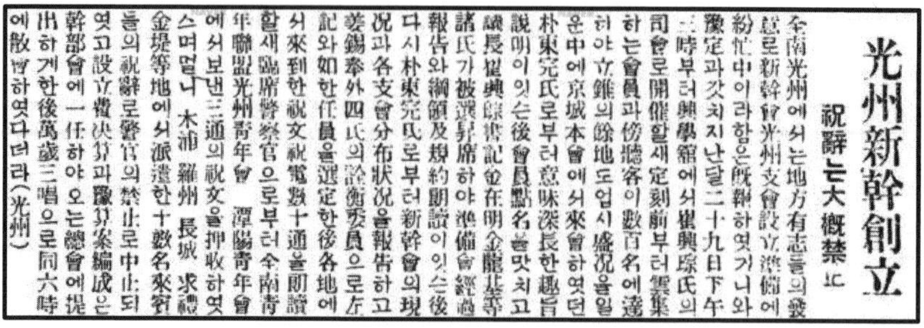

光州新幹創立
祝辭는大槪禁止

全南光州에서는地方有志들의發起로新幹會光州支會設立準備에紛忙中이라함은旣報하엿거니와豫定과갓치지난달二十九日下午三時부터興學館에서崔興琮氏의司會로開催할새定刻前부터雲集하는會員과傍聽客이數百名에達하야立錐의餘地도업시盛況을일운中에京城本會에서來會하엿던朴東完氏로부터意味深長한趣旨說明이잇슨後會員點名을맛치고議長崔興琮書記金在明金龍基等諸氏가被選昇席하야準備會經過報告와綱領及規約朗讀이잇슨後다시朴東完氏로부터新幹會의現況과各支會分布狀況을報告하고姜錫奉外四氏의銓衡委員으로左記와如한任員을選定한後各地에서來到한祝文祝電數十通을朗讀할새臨席警察官으로부터全南青年聯盟光州靑年會 潭陽靑年會에서보낸三通의祝文을押收하엿스며멀니 木浦 羅州 長城 求禮 金堤等地에서派遣한十數名來賓들의祝辭로警官의禁止로中止되엿고設立費決算과豫算案編成은幹部會에一任하야오는總會에提出하게한後萬歲三唱으로同六時에散會하엿다더라(光州)

<사진 23> 광주지회 창립 신문기사(동아일보 1927년 11월 1일자)

광주지회는 설립직전 광주지회 설립준비위원회가 주도하여 10개 단체를 묶어서 '재만동포옹호운동'을 추진하기로 결의하고 '시민대회' 개최를 시도했으나 일제의 '금지'를 당했다.72)

광주지회는 1년 뒤인 1928년 12월 16일의 정기대회에서 회장과 부회장만 유임되고 간사들을 다음과 같이 다수 보충했는데, 이 임원이 광주학생독립운동을 맞은 간부들이었다.73)

회장 : 최흥종

부회장 : 정수태

간사 : 김용기, 정해영, 이윤호(李允鎬), 장순기(張順基), 김재명(金在明), 국채진(鞠採鎭), 장석천(張錫天), 김봉오, 문태곤, 김철, 김○, 김홍선, 최당식, 최종섭, 범윤두(范潤斗), 강해석(姜海錫), 김경규, 한용수, 최장전, 최한영.

광주지회는 1928년 12월 18일 간사회를 열고 간사들 가운데서 총무간사와 부서를 다음과 같이 선임하였다.74)

---

72) 《조선일보》 1927년 12월 16일자, 〈광주각단체협의〉 참조.
73) 《조선일보》 1928년 12월 20일자, 〈광주지회 정기대회〉 참조.
74) 《조선일보》 1928년 12월 22일자, 〈신간광주지회〉 참조.

　　서무부 총무간사 : 최종섭

　　재정부 총무간사 : 한용수

　　정치문화부 총무간사 : 최춘열(崔春烈)

　　조사연구부 총무간사 : 장석천

　　조직선전부 총무간사 : 이영수(李永洙)

　　기금부 부장 : 정수태, 부원 이윤호·신경애(申敬愛)

　　1929년 7월에 광주지회는 서울 중앙본부와 갈등관계에 들어갔다. 서울 중앙본부가 1929년 7월 4일 중앙집행위원회를 '간담회' 형식으로 열어서 중앙집행위원장 허헌(許憲)을 선출하고 복대표(複代表)제의 선거방법을 결정한 후, 지방지회들에 8월 15일까지 각 지회는 임시대회를 열어 개정된 규약에 의거해서 간부와 복대표를 새로 선거하도록 지시했다. 광주지회는 중앙집행위원회를 '간담회' 형식으로 연 것은 신간회 '규약' 위반이라고 보아 특파위원을 본부에 파견해서 항의하였다. 본부는 이를 받아주지 않았다.

　　광주지회는 1929년 7월 20일 임시간사회를 열어서 "1929년 7월 4일 소위 간담회의 선거결의는 규약위반임으로 이를 부인하는 동시에 그 결과에서 발생하는 지휘와 결의를 일체 거부함"[75]을 결정하여 본부에 통고하였다. 함평지회도 광주지회를 지지하여 중앙집행위원장 허헌을 불신임 결의하였다.[76] 중앙본부의 지휘와 결의를 거부한다는 선언이었다. 광주지회의 1929년 9월 3일 임시대회에서는 중앙본부지파와 반대파 사이에 소란이 있었다.[77]

　　신간회 중앙본부는 1929년 9월 30일 광주지회를 1개월간 정권(停權) 처분하고, 회원 정수태(丁洙泰)는 '제명(除名)'했으며 최종섭(崔鍾涉)은 중앙집행위원을 해임하고, 한용수(韓龍洙)는 1개년간 '정권(停

75) 《조선일보》 1929년 8월 8일자, 〈신간광주지회 임시간사회〉 참조.

76) 《동아일보》 1929년 8월 24일자, 〈중앙위원장 불신임결의, 위원회도 부인〉 참조.

77) 《동아일보》 1929년 9월 9일자, 〈의안 찬·불찬으로 회장 일시소란〉 참조.

權)'에 처분하였다.78)

광주지회는 더욱 반발하여 1929년 10월 10일 '해산' 결의를 하고 '성명서'를 발표하였다.79) 광주학생독립운동 봉기 직전의 일이었다. 목포지회는 본부의 징계가 가혹하다고 1929년 10월 23일 본부에 '항의문'을 제출하고 실무위원을 파견하였다.80)

며칠 뒤에 광주학생독립운동이 일어나서 신간회 광주지회는 해산하지 않고 이를 성원하는 배후 활동을 하게 되었다. 본부에서도 변호사단을 광주에 파견하여 광주학생독립운동을 보호 지원하였다.

결국 광주학생독립운동 뒤에 신간회 중앙본부가 1930년 11월 19일 광주지회에 대한 '제명'과 '정권'을 무조건 해제하기로 결정하여 이 문제는 모두 해결되었다.81)

8) 전주지회

신간회 전주지회는 1927년 4월 1일 전국에서 가장 먼저 지회설립준비위원회를 조직하여 즉시 회원 30여 명을 가입시키고 지회설립을 신청한 지회였다.82)

전주지회는 공식으로 1927년 5월 10일 설립되었는데, 설립당시의 임원은 회장에 배은희(裵恩希), 부회장에 최경열(崔景烈), 간사에 임택룡(林澤龍)·주계상(朱桂祥)·송주상(宋柱祥) 외 6인이 선임되었다.83)

전주지회는 1927년 12월 정기대회를 개최하려 했으나 일제경찰의 '집회금지'로 무기연기되어 열지 못하였다.84)

---

78) 《조선일보》 1929년 10월 4일자, 〈신간회본부, 광주지회문제 해결〉 참조.
79) 《조선일보》 1929년 10월 15일자, 〈신간광주지회, 해산결의〉 참조.
80) 《조선일보》 1929년 10월 26일자, 〈신간본부 태도에 목포지회가 항의〉 참조.
81) 《조선일보》 1930년 11월 21일자, 〈신간중앙집행위원회 속보〉 참조.
82) 《조선일보》 1927년 4월 4일자, 〈신간회지부 전주에도 창립〉 참조.
83) 《조선일보》 1927년 5월 13일자, 〈전주신간지회, 부서설치와 임원선거〉 참조.

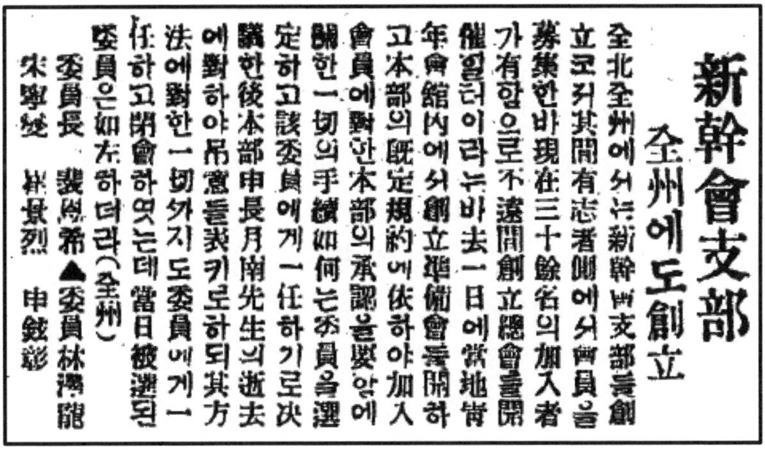

<사진 24> 전주지회 설립 보도기사(조선일보 1927년 4월 4일자)

전주지회는 1928년 2월 4일 정기대회를 개최하여 다음과 같이 임원을 개선하였다.[85]

회장 : 백용희(白龍熙)

부회장 : 배은희(裵恩希)

서무부 : 총무간사 김동선(金東鮮), 간사 하준기(河駿麒)·오기성(吳基成)·김영호(金永浩)

재정부 : 총무간사 임택룡, 간사 박태호(朴泰鎬)·박원직(朴元直)

정치문화부 : 총무간사 송주상, 간사 이성진(李成珍)·최태혁(崔泰爀)·한탁(韓鐸)

선전조직부 : 총무간사 이평권(李平權), 간사 김흥수(金興洙), 김균(金均), 고득순(高得恂)

조사연구부 : 총무간사 신현창(申鉉彰), 간사 박노수(朴魯洙)·유상원(柳祥元)·이원규(李元奎)

---

84) 《동아일보》 1927년 12월 29일자, 〈전주대회연기〉 참조.
85) 《조선일보》 1928년 2월 8일자, 〈전주지회 정기대회〉 참조.

전주지회는 1928년 2월 9일 간사회를 열어서 ① 신간회 본부의 전국대회 집회금지 해금(解禁) ② 경북 김천 금릉(金陵)학원 폐쇄에 대한 대책 수립을 결의하였다.[86]

전주지회는 1929년 1월 27일의 정기대회에서는 ① 도(道)협의기관 설치 ② 산업통계 조사기관 설치 ③ 신간회의 발전 ④ 누에고치·면화 지정판매 반대 ⑤ 무보수 부역 반대 ⑥ 농민·여성·소년운동의 촉진 ⑦ 3총(三總) 해금(解禁)운동 실시를 결의하였다.[87]

전주지회는 1930년 9월 2일 회장 백용희 등 간부 8명을 일제가 돌연 검속하여 서울로 압송해 가버림으로써 활동에 큰 장애를 받았다.[88]

9) 대전지회

대전에서는 신간회 대전지회 설립을 위한 준비위원회가 1927년 10월 31일 대전에서 20여명이 참석한 가운데 개최되었다. 이 회의에서 15명의 준비위원이 다음과 같이 선출되었다.[89]

> 제1차 준비위원 : 임덕순(任惠淳), 유해선(柳海璇), 민경식(閔慶植), 한원경(韓元敬), 임봉철(林奉喆), 조성창(趙成昶), 서재국(徐載國), 송녕재(宋寧在), 박헌영(朴憲榮), 이원태(李源泰), 이강하(李康夏), 민병두(閔丙斗), 박노학(朴魯學), 권형채(權衡采), 권경득(權庚得)

일제는 신간회 대전지회의 설립이 불가능하도록 철저히 탄압하는

---

86) 《조선일보》 1928년 2월 13일자, 〈전주지회 간사회〉 참조.
87) 《조선일보》 1929년 1월 27일자, 〈전주신간대회〉 참조.
88) 《조선일보》 1930년 9월 4일자, 〈전주서 8명 押來〉 참조.
89) 《동아일보》 1927년 11월 3일자, 〈대전신간준비회〉 및 《조선일보》 1927년 11월 4일자, 〈대전지회 준비〉 참조.

정책과 공작을 강행하였다. 대전에 일본군대가 주둔하고 있었기 때문에 이를 호위하기 위한 것으로 추정된다. 일제는 대전군 안에 불온 '격문'이 배달된 일이 있는데, 신간회 대전지회 준비위원회에 혐의가 있다고 구실을 날조하여 1928년 준비위원 전원을 검거해서 투옥한 이른바 '대전신간지회 사건'을 조작해서 가혹한 탄압을 자행하였다.

신간회 대전지회는 일제의 이러한 잔혹한 탄압으로 1930년 전반기까지 설립되지 못하였다. 이에 대전에서는 뜻있는 청년들이 1930년 7월 다음과 같이 새로운 준비위원회를 조직하였다.

제2차 준비위원 : 이성춘(李成春), 권경득, 이화송(李化松), 유의영(柳義永), 우일모(禹一謨), 임석남(林錫南), 김항규(金恒圭), 송재승(宋在昇), 심상무(沈相茂), 신철(申哲)

대전지회 준비위원회는 지회설립에 만반 준비를 다하여 1930년 8월 14일 '설립대회'를 개최하기로 결정하였다.

일제 대전경찰서는 설립대회 6일 전인 1930년 8월 8일 설립위원장 이성춘과 부위원장 권경득을 경찰서에 호출하여 지회설치대회 중지를 강요하였다. 이성춘 등이 이를 거부하자 일제는 그날로 설립위원회 회원 30여 명을 모두 검거하여 잔혹하게 심문하는 탄압을 가해서 이른바 '대전신간지회 사건'을 조작하였다.[90] 신간회 대전지회 설립을 저지하기 위한 탄압이었음은 물론이다.

신간회 중앙본부는 이 급보에 접하자 중앙상무위원 안철수(安喆洙)를 1930년 8월 12일 대전에 급히 파견하였다.[91]

일제는 신간회 대전지회 설립을 끝까지 저지하기 위해 1930년 11월 20일경 다시 가택수색과 회원 재호출 취조를 자행하였다.[92] 그러나

90) 《조선일보》 1930년 8월 13일자, 〈신간회 지회원 三十여명을 引致〉 참조.
91) 《조선일보》 1930년 8월 14일자, 〈신간대전지회로 위원 특파〉 참조.

증거를 얻지는 못하였다.

일제는 증거도 붙이지 못한 채 1930년 12월 28일 이성춘, 권경득, 유의영, 이화송, 임대남, 김항규 등 6인을 "비밀결사를 조직하고 조선 독립을 하기 위한 모종의 계획을 세웠다"는 구실로 전원 재판에 기소하였다.[93] 그리고 1931년 3월까지도 공판을 연기에 연기를 거듭하며 지연시켰다.[94]

일제의 이러한 '대전신간지회 사건' 조작의 잔혹한 탄압으로 신간회 대전지회는 결국 해소 때까지 '준비위원회'로 활동하게 되었다.

10) 청주지회

신간회 청주지회는 1927년 12월 22일 설립되었다. 지회 설립 당시의 임원은 다음과 같았다.[95]

> 회장 : 손현수(孫顯秀)
> 부회장 : 정순방(鄭淳邦)
> 서무부 : 김석(金析), 허경(許炅)
> 재무부 : 신설휴(申卨休), 신승호(申承浩)
> 정치문화부 : 김종태(金鍾泰), 전명식(田命植)
> 조사연구부 : 신영우(申榮雨), 최치환(崔致煥)
> 조직선전부 : 윤태용(尹泰容), 구연달(具然達)
> 기타 간사 : 최창남(崔昶楠), 황호연(黃虎淵), 이병식(李秉植), 박환규(朴桓圭), 김태희(金泰熙), 이희동(李熙東)

---

92) 《조선일보》 1930년 11월 23일자, 〈대전신간사건 又復활동〉 참조.
93) 《조선일보》 1930년 12월 28일자, 〈대전신간사건, 금일 예심 종결〉 참조.
94) 《조선일보》 1931년 3월 4일자, 〈대전신간사건 공판 又復연기〉 참조.
95) 《동아일보》 1927년 12월 25일자, 〈청주지회 설립, 정기대회도 개최〉 참조.

청주지회는 신간회 창립 1주년인 1928년 2월 15일 '기념대강연회'를 개최하려 하였다. 그러나 일제는 기념강연은 '금지'하고 음악·무도회만 허가하였다.[96]

청주지회는 다음 달인 1928년 3월 17일 〈춘기강연회〉를 대성황리에 개최해서 최흥모, 한치유, 황호연, 신영우, 김태희 등이 연사로 열렬한 사자후를 토하여 청중을 감동시켰다.[97]

일제는 이틀 뒤인 3월 19일 돌연히 신간회 청주지회 사무실과 조선일보 청주지국을 수색하여 각종 서류와 문부를 압수하고, 연사인 김태희·신영우의 가택을 수색하였다. 또한 일제는 신간회 청주 지회장 등 5, 6명의 간부들을 경찰서에 호출해다가 새벽 3시까지 취조한 후, 신영우는 귀가시키지 않고 유치하는 박해를 가하였다.[98]

청주지회는 1928년 3월 간사회의 발의로 '소비조합'을 설치하기로 결정하고, 실행방침 준비위원으로 김태희, 윤태용(尹泰容), 황호연, 신영우를 선임하였다.[99]

청주지회는 1929년 2월 5일 총무간사회를 열고 원산노동연맹에 격려 전보문을 발송하기로 결의하고, 원산총파업을 지지 성원하였다.[100]

청주지회는 1929년 2월 15일이 신간회 창립 2주년이므로 '격문'을 인쇄하여 간사들이 총출동해서 시내 곳곳에 살포하고, '강연회'와 다를 바 없는 의미심장한 기념식을 거행하였다.[101]

---

96) 《조선일보》 1928년 2월 23일자, 〈청주지회 기념, 강연은 금지, 음악 무도만〉 참조.
97) 《조선일보》 1928년 3월 21일자, 〈청주지회가 강연회 개최〉 참조.
98) 《조선일보》 1928년 3월 23일자, 〈청주지회 수사, 강연회 문제로〉 참조.
99) 《조선일보》 1928년 3월 19일자, 〈청주지회에서 소비조합 발기〉 참조.
100) 《조선일보》 1929년 2월 11일자, 〈신간청주지회 총무간사회〉 참조.
101) 《조선일보》 1929년 2월 18일자, 〈신간청주지회 기념식 자행〉 참조.

11) 함흥지회

신간회 함남 함흥지회는 상당 기간의 준비 끝에 1927년 7월 9일 성대한 설립대회를 열어 다음과 같이 임원을 선출하고 토의사항을 결의하였다.[102]

◇ **선출된 임원**

회장 : 한영호(韓永鎬)

부회장 : 홍기진(洪基鎭)

서무부간사 : 김유성(金裕聲), 이순기(李舜基), 김능근(金能根)

재무부간사 : 정규회(鄭奎會), 이구하(李龜河), 최영학(崔榮學)

정치문화부 : 주관유(朱觀裕), 주전(朱前), 이리규(李利奎)

조사연구부 : 한장경(韓長庚), 김영숙(金英淑), 윤주(尹柱), 유명섭(柳明燮)

출판부 : 도관호(都寬浩), 김웅식(金雄植)

조직부 : 이수을(李秀乙), 한동죽(韓東竹), 한흥(韓興)

선전부 : 박연(朴然), 임정동(林貞東), 한병유(韓炳琉)

◇ **토의 사항**

(1) 조선민족의 생활상태 조사

(2) 조선의 경제 및 정치정세

(3) 세계 제국주의의 식민지정책에 대한 조사연구

(4) 제국주의 치하에 있는 세계 약소민족 해방운동 상태조사

함흥지회는 1927년 12월 3일 정기대회를 열어 임원을 개선하고, 당

---

102) 《조선일보》 1927년 7월 12일자, 〈함흥신간지회 성황으로 설립〉 참조.

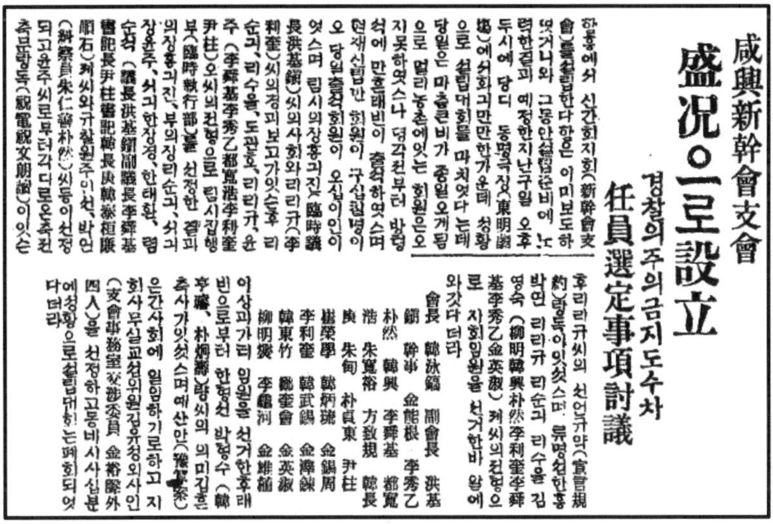
咸興新幹會支會

盛況으로設立

경찰의주의금지도수차

任員選定事項討議

함흥에서 신간회지회(新幹會支會)를설립한다함은 이미보도하엿거니와 그동안설립준비에노력한결과 예정한지난구일 오후두시에 당디 동명극장(東明劇場)에서회긔만만한가운데 성황으로 설립대회를 마치엇다는데 당일은 마츰큰비가 종일오게됨으로 멀리농촌에잇는 회원은오지못하엿스나 뎡각전부터 방텽석에 만흔래빈이 출석하엿스며 현재신립한 회원이 구십칠명이오 당일출석회원이 오십이인이엇스며 림시의장홍긔진(臨時議長洪基鎭)씨의사회와리리규(李利奎)씨의경과보고가잇슨후 리순긔, 리수을, 도관호, 리리규, 윤주(李舜基李秀乙都寬浩李利奎尹柱)오씨의전형으로 림시집행부(臨時執行部)를 선정한 결과 의장홍긔진, 부의장리순긔, 서긔장윤주, 서긔한장졍, 한태환, 렴순석(議長洪基鎭副議長李舜基書記長尹柱書記韓長庚韓泰桓廉順石)제씨와규찰원주인선, 박연(糾察員朱仁善朴然)씨등이선정되고 윤주씨로부터각디로온축전축문랑독(祝電祝文朗讀)이잇슨후리리규씨의 선언규약(宣言規約)랑독이잇섯스며 류명섭한흥박연 리리규 리순긔 리수을 김영숙(柳明燮韓興朴然李利奎李舜基李秀乙金英淑)제씨의전형으로 지회임원을 선거한바 왼에와갓다더라

會長 韓泳鎬 副會長 洪基鎭

幹事 金能根 李秀乙 朴然 韓興 李舜基 都寬浩 朱寬裕 方致規 韓長庚 朱甸 朴貞東 尹柱 崔榮學 韓炳琉 金錫周 李利奎 韓武錫 金濟鍊 韓東竹 魏奎會 金英淑 柳明燮 李鶴河 金雖植

이상과가티 임원을 선거한후래빈으로부터 한흥선 박형수(韓[illegible]、朴炯壽)량씨의 의미깁흔축사가잇섯스며 예산안(豫算案)은간사회에 일임하기로하고 지회사무실교섭위원김유청외사인(支會事務室交涉委員金裕淸外四人)을 선정하고동네시사십분에성황으로설립대회는폐회되엇다더라

<사진 25> 신간회 함흥지회 설립 기사(조선일보 1927년 7월 12일자)

면문제로서 ① 근우회 지지의 건 ② 언론기관의 건 ③ 숙명여자학원 유지의 건 ④ 함흥농민회의 건 ⑤ 함흥수리조합에 관한 건 등을 토의하였다.[103]

함흥농업학교 학생들의 맹휴사건이 1927년 6월에 일어나서 1개월여나 해결이 안 되자, 함흥지회는 간사 이리규, 주전, 윤주 3인을 파견하여 진상을 조사하고 학생들의 정당한 요구는 들어주도록 교장을 설득하였다.[104]

또한 함흥지회는 1927년 12월 14일 간사회를 열고 각 사회단체에 '재만동포옹호 함흥동맹'을 조직하여 재만동포를 보호하고자 발의공문을 발송하여, 주도적으로 '재만동포옹호 함흥동맹' 결성에 성공하였다.[105]

함흥지회는 1927년 말부터 정기대회를 개최하려고 집회계를 제출했

103) 《조선일보》 1927년 12월 7일자, 〈함흥지회 정기대회〉 참조.

104) 《조선일보》 1927년 7월 16일자, 〈신간회지회 三위원 파송〉 참조.

105) 《조선일보》 1927년 12월 17일자, 〈옹호동맹조직코자 각 단체에 공문 발송〉 참조.

으나 일제의 '금지'로 연기되어 오다가, 1928년 3월 15일 '임시대회'를 개최하여 임원을 개선하고 다음의 안을 토의 의결하였다.[106]

(1) 사립 함흥고등학교 동창회 기금 문제
(2) 도항(渡航) 허가제 철폐의 건
(3) 악습 타파의 건
(4) 조선인 교장 채용의 건
(5) 만주 속(粟, 좁쌀) 수입세의 건
(6) 민중도서관 발기의 건
(7) 구직 노동자 및 유랑농민의 배와 차 요금 면제의 건
(8) 강습소 및 야학 인가제 철폐 요구의 건

일제가 1928년 농민을 속여 인장을 새겨서 동의서를 꾸며 함흥수리조합을 설치해서 농민 수취를 강화하려 하자, 신간회 함흥지회 간부들은 일제를 비판하고 일제 정책을 반대하는 농민들을 성원했다. 일제의 보복으로 함흥지회는 1929년 1월 26일의 정기대회를 '금지'당하는 탄압을 당했다.[107]

함흥지회는 1929년 11월 24일 대규모의 '함흥수리조합규탄 연설회'를 개최하여 여론을 환기하고 농민들의 권익을 옹호하였다.[108]

광주학생독립운동에 호응하여 1929년 말 함흥고등보통학교 학생들의 독립만세 시위운동이 일어났을 때, 신간회 함흥지회 간부들이 배후에서 이를 지원했으며, 간부 가운데 윤주, 이수을, 방치규(方致規), 남상훈(南相壎) 등이 일제 경찰에 검거되었다가 뒤에 석방되었다.[109]

함흥지회는 1930년 4월 12일 정기총회를 열어 임원을 개선하고,[110]

---

106) 《조선일보》 1928년 3월 19일자, 〈함흥신간지회〉 참조.
107) 《조선일보》 1929년 1월 29일자, 〈함흥신간지회 정기총회 금지〉 참조.
108) 《조선일보》 1929년 11월 24일자, 〈여론을 환기코자, 水組규탄연설회〉 참조.
109) 《조선일보》 1930년 1월 5일자, 〈신간함흥지회, 간부는 석방〉 참조.
110) 《동아일보》 1930년 4월 16일자, 〈함흥신간대회〉 참조.

8월 23일 위원회를 개최하여, ① 본부 전체대회 건의안 통과 ② 경제 문제 강연회 개최 ③ 숙명여자학원 및 함산유치원 유지 후원 ④ 차가 인(借家人) 동맹의 조직 ⑤ 단천 농민운동 및 신흥탄광 노동운동 보고 성원 ⑥ 실업 방지대책 강연회의 개최 ⑦ 수재 구제대책 등을 결의하 였다.[111]

함흥지회는 1931년 1월 20일 대회를 열어 신간회 '해소론'을 장시간 토론한 후 관념적 해소론을 배척하는 동시에 해소론의 오류를 범하는 지회가 많으므로 결의문을 작성하여 발표하기로 결의하였다.[112]

12) 청진지회

신간회 청진대회는 오랫동안 준비회의를 하다가 1928년 1월 2일 다 음과 같이 임원을 선임하고 설립되었다.[113]

회장 : 김창권(金昌權)
부회장 : 최문규(崔汶奎)
총무간사 : 한기황(韓基璜)·남윤구(南潤九)
상무간사 : 김창길(金昌吉)·이용주(李容柱)
서무부장 : 한순학(韓舜鶴)
재정부장 : 장지○(張志○)
정치문화부장 : 방동일(方東一)
조직부장 : ○○○
조사연구부장 : 김훈(金勳)
출판부장 : 유동수(柳東秀)

---

111) 《조선일보》 1930년 8월 28일자, 〈함흥신간위원회〉 참조.
112) 《조선일보》 1931년 1월 23일자, 〈관념적 해소론, 배격키로 결의〉 참조.
113) 《조선일보》 1928년 1월 5일자, 〈청진에도 신간지회 설립〉 참조.

청진지회는 1928년 1월 31일 수백 명의 참석한 가운데 제1회 정기대회를 개최했으나, '토의사항'을 일제가 모두 '금지'하는 탄압을 받았다.[114]

청진지회는 1928년 2월 15일 신간회 창립일을 기념하여 교육문제·부인문제·종교문제·신간회문제·경제문제·정치문제·노동문제·언론문제 등에 대한 대강연회를 개최하였다.[115]

청진지회는 수성(輸成)수리조합 설치에 일본인의 비리가 폭로되어 한국 농민들과 충돌 분규가 일어나자, 조사위원을 파견하여 진상을 조사하고 농민들을 옹호 성원하였다.[116]

청진지회는 1929년 2월 15일 신간회 창립 2주년 기념식을 마치고 임시총회를 개최하여 다음을 토의 의결하였다.[117]

(1) 중앙본부 규약개정에 관한 건

(2) 신간회 기관지 발간 촉성

(3) 회기(會旗) 회가(會歌) 회휘장에 관한 건

(4) 신간회 창립 2주년 기념 강연회 개최

(5) 청년운동에 관한 건

(6) 농촌문제에 관한 건

(7) 여성운동에 관한 건

(8) 3총해금(三總解禁)에 관한 건

(9) 미신타파에 관한 건

(10) 도(道) 협의기관 설치의 건

(11) 기근상황 조사의 보고

청진지회는 1929년 3월 1일을 기하여 신간회 창립 2주년 기념 강연

---

114) 《조선일보》 1928년 2월 6일자, 〈청진지회 정기대회〉 참조.
115) 《조선일보》 1928년 2월 11일자, 〈청진지회 간사회〉 참조.
116) 《조선일보》 1928년 2월 17일자, 〈신간청진지회 조사위원 파견〉 및 1928년 5월 9일자, 〈청진지회 간사회〉 참조.
117) 《조선일보》 1929년 2월 21일자, 〈청진신간지회〉 참조.

을 개최하려 했으나 일제가 3월 10일까지 집회를 불허하여 '금지'했으므로, 3월 중순에 강연회를 개최하게 되었다.118)

청진지회가 주도하여 함북노동연맹 등 14개 단체와 연합해서 '경북기근 청진구제회'를 조직하고 구제금 모금활동을 전개하였다.119)

일제가 청년총동맹 함경북도연맹의 청년맹원들을 검거 투옥하자, 투옥당한 청년동맹원 33명이 '단식동맹'으로 항의하는 사건이 일어났다. 신간회 청진지회가 주도하여 근우회 청진지회, 신간회 함경북도(道)연합회, 청진청년동맹 등과 연합하여 강렬한 '항의문'을 일제 당국에 발송하고 일제의 탄압을 강력히 규탄하였다.120) 신간회 중앙본부가 '청진단식사건'을 조사하려고 중앙집행위원장 허헌(許憲)을 청진에 파견하자, 청진지회는 다른 사회단체와 연합하여 3백 명이 청진역에 마중 나가서 '옥중 동지 건강 만세'를 부르며 사실상 항의시위를 전개하였다.121)

청진지회는 1930년 1월 9일 제4회 정기대회를 개최했는데, 일제가 운동방침 원안과 20여 건 토의 안건 가운데 10여 건을 '금지'시키고, 이에 항의하는 위원장 김창권을 개회하기도 전에 검속하는 탄압을 가하였다. 그럼에도 불구하고 신간회 청진지회는 불굴의 투지로 정기대회를 개최하여 새 임원을 개선하고 다음과 같은 운동방침과 당면문제를 토의 결의하였다.122)

◇ **운동방침**

(1) 농민문제, 노동문제, 어민문제, 소상인 문제, 조직문제, 훈련 및 교양, 동척(東拓) 이민 반대의 건

---

118) 《조선일보》 1929년 3월 8일자, 〈청진신간지회 기념강연개최〉 참조.
119) 《조선일보》 1929년 6월 5일자, 〈十四개 단체연합 경북救飢會 조직〉 참조.
120) 《조선일보》 1929년 12월 3일자, 〈청진단식과 항의〉 참조.
121) 《조선일보》 1929년 12월 5일자, 〈三백동지 환영리에 신간위원장 來淸〉 참조.
122) 《조선일보》 1930년 1월 13일자, 〈청진신간 개회전에 위원장을 검속〉 참조.

◇ 당면문제

(1) 회관문제, 회비문제

(2) 노동자 및 농민 교양방침의 건

(3) 화전민 수침세(水砧稅) 반대

(4) 경기도 광주경찰의 방총으로 말미암은 인명 부상의 건

(5) 함흥학생 단식의 건

(6) 부정예매(不正豫買) 반대

(7) 누에고치 공동판매조합 촉성

(8) 예심(豫審) 지연 반대

(9) 학생맹휴 원인조사 비판

(10) 함흥수리조합 사건에 관한 건

(11) 재만동포 박해에 대한 대책

(12) 3총해금(三總解禁)에 관한 건

(13) 길주 동해면 수리조합 사건

(14) 화전민 구제에 관한 건

(15) 민간 과중 부과(賦課)에 관한 건

(16) 조선미 이입 제한안 반대

(17) 태평양회의에 관한 건

(18) 청진부 경영 시장료(市場料)에 대한 건

(19) 청진감옥 단식사건 비평

13) 신의주 지회

신간회 신의주지회는 1928년 1월 20일 회원 50여 명과 수백 명의 방청객이 참석한 가운데 성대하게 설치대회를 열고 다음과 같이 임원을 선출하여 설립되었다.[123]

---

123) 《조선일보》 1928년 1월 27일자, 〈신의주지회 去 二十일 설립〉 참조.

<사진 26> 신간회 신의주지회 간부들

회장 : 박영휘(朴榮徽)

부회장 : 박립(朴立)

간사 : 백용구(白溶龜), 박은혁(朴殷赫), 송창엽(宋昌燁), 안병진(安秉珍), 김경서(金景瑞), 전득현(田得鉉), 김성삼(金聖森), 백운성(白雲成), 김도익(金道益), 이윤근(李潤根), 김정서(金正瑞), 김병순(金炳淳)

　신의주지회는 설립 당일 계속하여 임시대회를 열고 본부에 파견할 본부대회 출석대표로 안병진·박립을 선출한 다음, 다음의 사항을 결의하였다.[124)]

(1) 조선인의 언론·집회·결사·출판 등 자유획득 운동의 촉성
(2) 동척(東拓) 등의 일본인 이민정책 반대
(3) 모든 악법의 철폐
(4) 감옥제도의 개선
(5) 일체 가혹한 세금의 철폐

124)《조선일보》1928년 1월 27일자, 〈계속임시대회〉 참조.

(6) 조선인 본위의 산업정책 확립

(7) 노동자·농민의 금융기관 설치

(8) 최저임금의 제정

(9) 부녀·노인·유년노동자의 보호

(10) 파업권·소작권의 확립

(11) 노동조건 및 노동임금에 대한 민족 차별 철폐

(12) 불가항력에 대한 손해의 소작인 책임 폐지

(13) 지주에 대한 무보수 노역 철폐

(14) 조선인 본위의 상공기관 조직 촉성

(15) 여자의 공법·사법상 차별 철폐

(16) 여자의 인신매매 금지

(17) 강제적 공동판매 및 연초전매제도 철폐

(18) 조선인 본위 교육제도 실시 및 학교 교수에 조선어 사용 실시

(19) 학생의 과학사상 연구 자유 획득운동 촉성

(20) 의무교육 실시

(21) 미신, 조혼, 기타 봉건적 악습 타파

(22) 재만동포옹호동맹 지지

(23) 생활개선

(24) 의약 구료기관의 일반화

(25) 실업자 방지대책

(26) 억울한 죄 부당 구금에 대한 국고배상 및 고문의 사실상 폐지

(27) 농회비 강징 반대

(28) 농가부채에 대한 지주의 부당이익 폐지

(29) 농촌 의무부역 폐지

(30) 단일 청년동맹의 조직 촉성

(31) 단일전선 교란운동 박멸

또한 신의주지회는 '건의안'으로서 다음 사항을 의결하였다.

(1) 행동강령의 제시

(2) 3총(농민총동맹·노동총동맹·청년총동맹) 해금(解禁)운동

신의주지회는 1930년 12월 18일 정기총회를 열고 임원개선과 함께 ① 농민·청년·노동·부인운동 지원 ② 도(道)연맹 촉성 ③ 회관 건립을 의결하였다.[125]

14) 원주지회

신간회 원주지회는 1927년 10월 31일 설립대회를 열어 다음과 같이 임원을 선출하고 설립되었으며, 설립 당일에 다음 사항을 토의하였다.[126]

◇ **선출된 임원**
회장 : 남지훈(南之薰)
부회장 : 정동호(鄭東浩)
서무부 : 총무간사 이적우(李赤宇), 간사 정영헌(鄭瑛憲)
조사부 : 총무간사 원주묵(元周黙), 간사 홍충선(洪忠善)
선전부 : 총무간사 안준성(安俊成), 간사 추경운(秋慶雲)
기타간사 : 이한흥(李漢興), 안사영(安思永), 김용준(金鎔駿), 김세원(金世源), 정호진(鄭鎬振)

◇ **토의사항**
① 전민족적 생활 현상태에 대한 조사연구
② 세계 약소민족 해방운동 조사연구
③ 세계 자본주의 국가 식민지정책에 관한 연구.폭로
④ 언론·집회·결사의 자유에 관한 건

---

125) 《조선일보》 1930년 12월 22일자, 〈신의주 신간대회〉 참조.
126) 《조선일보》 1927년 11월 5일자, 〈원주지회 설치〉 참조.

원주지회는 1928년 4월 22일 간사회를 열고, '메이데이'(노동절)를 기념하기로 결정하였다. 그 방식은 5월 1일 오전 10시부터 시내 일주의 '시위행렬'을 거행하는 한편, '선전삐라'를 산포하고, 오후에는 '기념강연회'를 개최하는 것이었다.[127]

15) 해주지회

<사진 27> 신간회 해주지회 창립기념식 광경(1927.7.1.)

신간회 해주지회는 1927년 7월 1일 설립대회를 거쳐 다음과 같이 임원을 선출하고 설립되었다.[128]

　　　　회장 : 황학집(黃鶴集)

---

127) 《조선일보》 1928년 4월 27일자, 〈원주지회 간사회〉 참조.
128) 《조선일보》 1927년 7월 5일자, 〈신간회지회 해주서도 설립〉 참조.

　서무부 : 총무간사 정길현(鄭吉鉉), 상무간사 손태운(孫泰雲)·최상직(崔相稷)
　조사연구부 : 총무간사 여덕현(呂德鉉), 상무간사 정운영(鄭雲永)·전희철
　　　(全熙哲)
　정치문화부 : 총무간사 최명현(崔明鉉), 상무간사 이태직(李泰稙)·송남섭
　　　(宋南燮)

　해주지회는 1929년 12월 18일 집행위원회를 열고 해주청년동맹이 발기한 '해주 사회단체합동위원회'에 적극 참가할 것을 의결하고 대표 2명을 선정하였다.129)

　해주지회는 1930년 12월 20일 정기대회를 개최하고 ① 재정확립 ② 도(道)연합조직 촉성 ③ 미신타파를 결의하였다. 이어서 부산지회와 이원지회가 제기한 '신간회 해소문제'에 대해 양파로 분열되어 갑론을박 논쟁을 전개하다가 결론을 얻지 못하고, 회원 각자가 더 연구하여 다음 임시대회에서 다시 토론을 전개하여 결정한 안을 다음 해 2월에 개최될 전국전체대회에 제출하기로 의결하였다.130)

　해주지회는 1931년 5월 9일 임시총회를 열고 갑론을박 논쟁을 하다가 해소파의 압도적 우세로 해소를 결의하였다.131)

3. 신간지회 도(道)연합회

　신간회 지방지회가 발전함에 따라 아래로는 분회(分會)를 조직해 나가기도 했지만, 위로는 각 도별로 '도(道)지회 연합회'를 조직하여 민

---

129) 《조선일보》 1929년 12월 22일자, 〈해주신간지회 대회소집〉 참조.
130) 《조선일보》 1930년 12월 25일자, 〈해주신간대회에서 해소문제 대두〉 참조.
131) 《조선일보》 1931년 5월 15일자, 〈해주신간지회, 해소문제 결의〉 참조.

족운동을 효율적으로 튼튼하게 전개하려는 추세가 자연발생적으로 대두하였다.

그리하여 1929년부터는 '도지회연합회' 조직운동이 본격적으로 시작되었다. 그러나 이때 일제는 신간회의 조직을 승인해 준 것 자체를 크게 후회하고 있었으므로, 신간회 지방지회들이 연합회를 조직하는 것을 '금지' 조치하고 온갖 방법으로 탄압하였다.

그러므로 '도지회연합회'는 조직을 일제 당국으로부터 공식 '허가'받지 못하고 '금지'당해 더 이상 진전될 수가 없었다. 그러나 비합적으로라도 어떤 도에 따라서는 '도지회연합회' 조직운동이 강인하게 전개되었으므로, 여기서는 몇 개 사례를 들어 간단히 설명해 두기로 한다.

1) 신간회 경기도지회 연합회

<사진 28> 경기도 광주지회 임원들(자료: 신간회 기념사업회·조선일보)

신간회 경성지회, 경동(京東)지회, 경서(京西)지회, 수원지회 등이 중심이 되어 준비위원회를 구성하고 1929년부터 신간회 '경기도지회 연합회'를 결성하려는 운동이 대두되었다.

1929년 5월 17일 신간회 수원지회를 비롯하여 강화, 인천, 안성, 광주 등 5개지회 대표가 회합하여 신간회 경기도지회 연합회 결성을 토의하였다.[132] 수원지회에서는 1929년 8월 하순 '신간회 경기도지회

연합회'에 출석할 대표 3인을 선거하기까지 하였다.[133] 그러나 일제의 집회 '금지' 탄압으로 연합회의 설립대회를 소집하지 못하여 연합회 설립이 계속 연기되었다.

경성지회, 경동지회, 경서지회는 1930년 5월 12일 당시 경기도지회 연합회 준비위원회를 열어 도연합회 설립대회를 1930년 6월 8일 신간회 중앙본부회관에서 개최하기로 결정하고, 경기도 안의 각 지회들에게 각각 대표 3인씩을 속히 통지해 줄 것을 요청하였다.[134]

그러나 일제는 여전히 '집회허가'를 내주지 않았다. 준비위원회는 설립대회 일자를 6월 15일로 연기하였다.[135] 그러나 일제가 끝까지 집회를 허가해 주지 않았기 때문에 경기도지회연합회는 추진만 되었지 설립을 완료하지 못한 채 '해소'를 맞게 되었다.

2) 신간회 강원도지회 연합회

신간회 강원도지회 연합회는 강릉지회를 중심으로 1929년부터 추진되었다. 준비위원회는 1929년 11월 10일 강릉지회 회관에서 '신간회 강원도 연합회' 설립대회 개최를 결정하고, 각 지회 대의원들은 물론이오 각지에 있는 신간회 동지들의 열렬한 성원과 참석을 요청하는 통문을 발송하였다.[136]

그러나 강원도지회 연합회도 일제가 '집회허가'를 내주지 않고 '금지'를 통고하여 설립대회를 열지 못하고 연기에 연기를 거듭하다가 신간회 '해소'를 맞게 되었다.

---

132) 《동아일보》 1929년 5월 20일자, 〈신간대표회 수원서 개최, 五개지회가 모여〉 참조.
133) 《조선일보》 1929년 8월 28일자, 〈신간연합회, 수원대표선출〉 참조.
134) 《조선일보》 1930년 5월 17일자, 〈신간경기지회 연합회 준비회〉 참조.
135) 《조선일보》 1930년 6월 6일자, 〈신간경기지회, 연합대회는 연기〉 참조.
136) 《조선일보》 1929년 11월 8일자, 〈강원도신간지회 道연합회 개최〉 참조.

3) 신간회 경상남도 지회 연합회

신간회 경상남도 지회 연합회는 처음 자연발생적으로 '경남신간운동자 간담회'라는 이름으로 김해지회의 주도 아래 추진되었다.

김해지회는 일제가 신간회 전체대회를 금지하자 정기대회에서 이제는 지방적 회합을 통해 운동방침을 정하고 연락을 취하는 것이 긴급한 과제라고 생각하고, '경남신간운동자 간담회'(慶南新幹運動者 懇談會)를 발기해 개최하기로 결정하였다. 김해지회는 이 발기안에 대해 이웃 지회들에게 찬동을 구했던 바, 즉각 부산, 동래, 양산, 울산, 밀양, 하동, 진주, 고성의 지회들이 적극적으로 찬동해 왔다.[137]

마침내 신간회 김해지회를 비롯하여 경남지역 8개 신간회 지회들이 1929년 4월 20일 마산에서 화합하여 발기대회를 갖기로 결정하였다. 그러나 일제 김해경찰은 4월 19일 갑자기 신간회 김해지회장 배종철(裵鍾哲)을 경찰서로 불러 상부의 지시라고 하며 집회 '금지'를 통고하였다.[138]

이에 신간회 김해지회 등은 명칭을 바꾸어 '경상남도 신간지회 연합회' 설립을 발기하고,[139] 발기대회를 마산에서 개최하려 하였다. 그러나 일제 마산경찰서에 의해 '금지' 탄압당하였다.[140]

이에 김해지회는 다시 발기대회를 김해에서 개최한다는 공문을 1929년 10월 11일 각 지회들과 사회단체들에 발송하였다.[141] 일제는 9월 30일 갑자기 신간회 김해지회 위원장을 경찰서로 호출하고 공문 발송 정지를 명령함과 동시에 공문 서류들을 모두 압수하는 탄압을

137)《조선일보》 1929년 4월 23일자, 〈경남신간운동, 간담회 발기〉 참조.
138)《동아일보》 1929년 4월 23일자, 〈경남신간운동자 연합간담 금지〉 및《조선일보》 1929년 4월 24일자, 〈경남시간 간친회 금지〉 참조.
139)《동아일보》 1929년 8월 20일자, 〈김해에서 발기된 신간경남연합회〉 참조.
140)《동아일보》 1929년 9월 18일자, 〈신간道聯발기회, 마산경찰이 금지〉 참조.
141)《동아일보》 1929년 10월 1일자, 〈신간회지회 연합회〉 참조.

慶南新幹運動者
聯合懇談禁止
去十九日金海警察이

慶南金海郡新幹會支會外八個團
體聯合으로慶南新幹運動者懇談
會를發起한다함은旣報한바어니
와同發起團體는去二十日을期하
야馬山新幹支會館內에서發起에
關한諸般節次를決定할양으로前
記各團體에公文을發送하고萬般
準備에着手하얏든바지난十九日
午後三時에突然이金海警察署를
通하야警察部의命令이라고同主
動團體代表者이裴鍾哲氏를呼出
하야禁止하얏다더라【金海】

<사진 29> 신간회 경남연합회에서 개최한 경남신간운동자 연합간담회 개최를 금지하는 기사(1928.9.18.)

가하였다.142) 김해지회는 11월 10일 다시 발기회를 열기로 했다가 또 '금지'당하였다.143)

　이 때문에 '경상남도 신간지회 연합회'는 공식 단체는 되지 못하고 비공식단체로서 긴밀한 상호연락을 실행하였다.

---

142) 《동아일보》 1929년 10월 4일자, 〈신간道聯설치 공문발송정지〉 및 《조선일보》 1929년 10월 4일자, 〈경남신간엽합회 소집을 금지〉 참조.
143) 《동아일보》 1929년 10월 30일자, 〈朝博종막기회 설치대회통지〉 참조.

4) 신간회 전라남북도 지회 연합회

신간회 전주지회는 1929년 11월 8일 집행위원장 김관제(金觀濟)의 사회로 집행위원회를 개최하고 도(道)연합회 설립을 발의하였다. 도연합회 촉성은 전주지회가 주최가 되고, 그 실행방법은 상무위원회에 일임하기로 하였다.[144]

그러나 신간회 전라남북도 지회 연합회도 일제가 집회허가를 내주지 않고 '금지'하여 탄압했으므로 설립대회를 열지 못한 상태에서 신간회 '해소'를 맞게 되었다.

5) 신간회 평안남도 지회 연합회

신간회 평안남도 지회 연합회는 평양지회가 중심이 되어 1929년 12월 2일 설립대회를 거쳐 합법단체로 성립되었다.[145] 연합회는 이때 먼저 평안남도 일대에 '순회강연'을 실시하기로 결의하였다. 그러나 당시 일제의 집회허가가 계속 나오지 않은 관계로 순회강연은 연기를 거듭하였다.[146]

이에 '신간회 평안남도 지회 연합회'는 신간회 중앙본부에서 내려온 간부 박문희(朴文熺)와 김진국(金振國)을 연사로 하여 1930년 4월 8일 평양에서 '순회강연회'를 개최하고, 9일에는 안주, 10일에는 진남포에서 강연회를 갖기로 하였다.

신간회 평양지회 위원장 조만식(曺晩植)의 사회로 김진국의 '신간회의 역사적 사명'이라는 제목의 열렬한 강연이 있었고, 이어서 프로예

---

144) 《동아일보》 1929년 11월 15일자, 〈전남신간지회, 道연합회 발의〉 참조.
145) 《동아일보》 1929년 12월 3일자, 〈신간평양지회 道연합회 발의〉 참조.
146) 《조선일보》 1930년 4월 7일자, 〈평남신간道聯, 순회강연 개최〉 참조.

술 동맹회원 김효식(金孝植)의 '시 낭독' 다음에, 박문희의 "내외정세
와 신간회의 당면임무"라는 강연이 시작되었다. 박문희가 강연을 시작
하여 세계 정세와 조선 정세의 설명을 끝내기 전에 일제 경찰이 돌연
히 '중지'를 명령하였다. 청중이 항의 동요하자, 일제 임석 경찰은 박
문희를 경찰서로 연행했다가 석방하였다.[147]

평안남도 신간지회 연합회는 신간회 '해소'와 동시에 해체되었다.

6) 신간회 황해도 지회 연합회

황해도 해주지회는 1929년 11월 19일 집행위원회를 열고 '황해도
신간지회 연합회'의 조직을 결의하고 연합회 대표원을 선정하였다.[148]

그러나 일제가 연합회 준비회의 '집회금지'를 강행하면서 탄압이 가
혹했기 때문에 연합회 결성에까지는 이르지 못하였다.

7) 신간회 함경북도 지회 연합회

신간회 함경북도 지회 연합회 설립준비위원들은 1929년 여름 준비
대회를 거쳐서, 1929년 11월 29일 각 지회 대표자대회를 개최하여 '함
경북도 신간지회 연합회'를 공식 합법 단체화함과 동시에 긴급한 토의
사항을 의결하기로 결의하였다.[149]

'함경북도 신간지회 연합회'의 11월 29일의 대회는 12개 지회의 대
표 30여명과 방청객 500여 명이 참석하여 일제 임석경관 20여 명이
엄중히 경계하는 속에서 다음과 같이 임시 집행부 임원을 선출하였
다.[150]

---

147) 《조선일보》 1930년 5월 11일자, 〈남도신간지회巡講, 강연회 중지해산〉 참조.
148) 《조선일보》 1929년 11월 23일자, 〈황해도 신간지회 道연합회 조직〉 참조.
149) 《조선일보》 1929년 11월 21일자, 〈신간회함북道聯, 대표자 대회 개최〉 참조.

<사진 30> 신간회 함북연합회 설치대회(조선일보 1929년 9월 1일자)

의장 : 임태호(林泰昊)

부의장 : 윤병구(尹秉球)

서기장 : 전창근(全昌根)

서기 : 정병조(鄭炳釣), 이제백(李齊柏)

진행계 : 김창권(金昌權), 이희택(李熙澤)

　이 대회에서는 각지에서 온 30여 통의 축사와 축문을 낭독한 후,
각 지회 보고 차례에 청진지회가 보고한 청년동맹의 옥중 '33인 단식
동맹' 보고를 하자 일제경찰이 이 보고를 '중지'시켰다. 긴장이 고조된
가운데 '신간회운동 정세보고'가 있은 후 다시 내외정세보고에 들어갔
을 때 '국내정세보고'가 '중지'를 당했고, '국제정세보고'는 시작도 하
기 전에 '중지' 당했다. 이 연합회 대회에서는 동요와 긴장 속에서도
다음과 같은 토의사항과 각 지회 건의안이 통과되었다.

　◇ **토의사항**

150)《동아일보》 1929년 12월 4일자, 〈신간지회 함북道연합 정기대회〉 및《조선
　　일보》 1929년 12월 4일자, 〈신간회 함북道聯, 대표자 대회 개최〉 참조.

(1) 함경북도(道)지회 연합회 기관 확대

(2) 회관 문제에 관한 건

(3) 부담금 문제에 관한 건

(4) 부령·무산·경성(鏡城) 경원에 지회 설치 촉성

(5) 웅기 청암(靑岩)지회 명칭에 관한 건

(6) 경성군 내 각 지회 합동의 건

(7) 광주지회 및 중앙에 관한 건

(8) 전체 함북 생활통계표의 작성

(9) 온성 박재(雹災)동포의 구제

◇ 각 지회 건의안

성진지회

(1) 지회 대회 지도안의 작성

(2) 공직자 회원 처분의 건

(3) 예심 지연에 대한 항쟁

온성지회

(1) 함흥수리조합 청부업자의 비인도적 행동에 관한 건

회령지회

(1) 금후 도(道)지회 연합회를 회령에서 개최 요구

어주(魚朱)지회

(1) 화전민 수침세(水砧稅) 철폐의 건

　신간회 함경북도 지회 연합회는 임시대회의 의결에 따라 도내 신간
회 운동의 일치운동을 위해 '도지회 지도안'(道支會 指導案)을 작성하
여 도내 각지회에 발송하였다. 이 가운데서 '운동방침'과 '당면문제'만
을 뽑아보면 다음과 같았다.

◇ **운동방침**

(1) 농민문제 : 정치투쟁의 하층 기초적 투쟁으로서 소작쟁의를 적극적
　　　　　　　지지

(2) 노동문제 : 노동쟁의 및 그 조직을 적극적 지지

(3) 어민문제 : 어민이익 및 조직을 적극적 지지

(4) 소상민문제 : 소상민 이익을 옹호

(5) 조직문제 : 투쟁을 통한 대중획득 반(班) 조직

(6) 훈련 및 교양 : 투쟁을 통해서 끊임없이 투쟁테마를 주어 실천과 이
　　　　　　　론의 파악

◇ **당면문제**

(1) 회관 문제

(2) 회비문제(요(要)역설, 중점과 최중관계)

(3) 노동자·농민 교양방침의 건(결론 : 강좌·강습소 설치, 순회문고,
　　강연·토론회 및 적극적으로 노동자·농민 본위의 잡지 기타 서적 발
　　간 추진)

(4) 대두(大豆) 예매 부정(不呈) 반대의 건(콩 놓는 것 반대)

(5) 누에고치 공판조합 조직 촉성

(6) 예심 지연 반대의 건

(7) 학생맹휴의 원인 조사 및 비판의 건

(8) 함흥수리조합 살상사건에 대한 건

(9) 재중국 동포 피살사건에 대한 건

(10) 3총(三總)해금(解禁) 방침에 관한 건

(11) 청년훈련회에 관한 건

(12) 길주 동해면 수리조합 사건에 관한 건

　　신간회 함경북도 지회 연합회는 또한 '청년총동맹 함경북도연맹 사
건'으로 감옥에서 '단신동맹' 중에 있는 33인에게 위로 전보를 보내고,
일제 사법당국의 무성의를 규탄하였다.151)

신간회 함경북도 지회 연합회는 1930년 1월 20일 정기대회를 개최하려 했으나 일제경찰의 '집회금지' 탄압을 당하였다. 연합회가 '간담회' 형식의 모임을 갖는 것도 일제는 '금지' 탄압하였다.[152]

또한 신간회 함경북도 지회 연합회는 종성군 삼봉(三峰)에 지회를 설치하려다가 일제가 국경은 특별법 지역이라는 몰상식한 구실로 '금지'하자, 이 탄압을 당하고 돌아온 특파위원 전창권의 보고를 들은 다음 우선 일제 경찰에 1930년 4월 '항의문'을 발송하였다.[153]

8) 신간회 함경남도 지회 연합회

신간회 함흥지회는 1929년 10월 3일 부장회의에서 신간회 함경남도 지회 연합회 창립대회를 1929년 11월 9일 함흥에서 개최하기로 결정하고, 각 지회에 공문을 발송해서, 대표는 각 지회에서 2명씩 선출해 보내도록 하였다.[154]

그러나 일제 함흥경찰서는 11월 2일 신간회 함경남도 지회 연합회의 집회를 '금지'하는 것이 함경남도 경찰부의 방침이니 절대 허가할 수 없다고 통고해 왔다.[155] 일제의 이 무리한 탄압에 일반은 분개하여, 당일 집행위원회의 결의로 2명의 교섭위원을 일제 경찰에 파견하여 재차 교섭케 하였다.[156]

일제의 거듭된 '집회금지' 탄압으로 '신간회 함경남도지회 연합회'는 공식적 합법단체로서는 설치할 수 없었고, 비공식 간친회 형식으로 '신간회 해소' 때까지 상호 연락하였다.

---

151) 《조선일보》 1929년 12월 2일자, 〈신간함북道聯, 懇親會서 위로 전보〉 참조.
152) 《동아일보》 1930년 1월 25일자, 〈신간함북道聯 간담회까지 금지〉 참조.
153) 《조선일보》 1930년 4월 17일자, 〈종성경찰에 항의문 발송〉 참조.
154) 《조선일보》 1929년 10월 6일자, 〈신간함남지회, 도연합회 소집〉 참조.
155) 《조선일보》 1929년 10월 14일자, 〈함남신간지회 연합회 창립총회 금지〉 참조.
156) 《조선일보》 1929년 12월 2일자, 〈신간함북도연합, 임시대회를 개최〉 참조.

4. 해외의 신간회 지방지회

1) 간도(間島)지회

해외에서 맨 먼저 설립된 신간회 지회는 1927년 4월 28일 설립된 만주지방의 간도지회(間島支會)였다.

간도지방에서는 서울에서 창립된 신간회의 사상과 강령에 찬동하여, 지회 설립의 필요를 절실히 깨달아서 이 지역 유지들인 이경호(李京鎬), 김두식(金斗植), 박경순(朴敬淳), 박윤하(朴潤夏), 윤익선(尹益善), 김규준(金圭俊), 현기호(玄機鎬) 외 30여 명이 신간회 간도지회를 발기하였다. 발기인과 찬성인 40여 명은 1927년 4월 28일 오후 8시 용정(龍井)시내 시천교당에 모여서 최주영(崔周泳)의 사회로 설립대회를 열었다.

창립대회에서는 서울본회에 보내는 '축전'과 '축하문'을 낭독하고, 강령과 규칙을 통과시킨 후 결의사항을 채택했으며, 임원선거까지 마친 뒤에 밤 12시에야 폐회하였다. 설립대회에서 채택된 결의사항과 선출된 임원은 다음과 같았다.[157)

◇ **결의사항**

一. 본 지회의 명칭은 신간회 간도지회라 칭할 것.
一. 본 지회의 구역은 연길(延吉), 화룡(和龍), 왕청(汪淸) 등 간도 일원에 한할 것.
一. 본 지회의 조직은 서무, 재정, 정치문화, 조사연구, 조직선전, 학생부

---

157) 《조선일보》 1927년 5월 11일자, 〈간도에서도 신간회지부 성황리에 창립〉 참조.

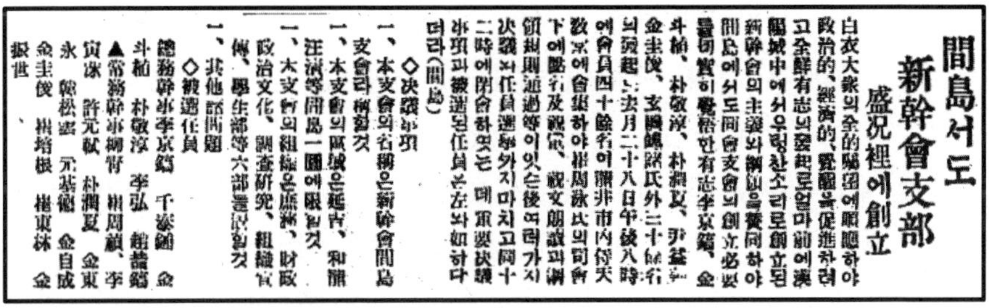

<사진 31> 신간회 간도지회 창립 보도기사(조선일보 1929년 5월 11일자)

등 6부를 둘 것.

一. 기타 제문제

◇ **선출된 임원**

총무간사 : 이경호(李京鎬), 천태종(千泰鍾), 김두식(金斗植), 박경순(朴敬淳), 이홍(李弘), 조철호(趙喆鎬)

상무간사 : 유청(柳靑), 최주정(崔周禎), 이인수(李寅洙), 허원식(許元軾), 박윤하(朴潤夏), 김동영(金東永), 한송운(韓松雲), 원기덕(元基德), 김자성(金自成), 김규준(金圭俊), 최배근(崔培根), 최동림(崔東林), 김진세(金振世)

신간회 간도지회는 설립 후 이주 한국인 권익보호를 위해 여러가지 활동을 했지만, 그 중에서도 특기할 것은 '삼시협정'(三矢協定) 후 만주인들에게 학대받는 이주민들의 참상을 신간회 본회에 일찍 보고하여 '재만동포 옹호운동'을 전국적으로 일으키게 한 일이다.

간도 옥돌골에서 중국인 지주 형전갑(邢殿甲)이란 자가 한국사람 소작인 최창락(崔昌洛)을 폭행하여 살해한 '옥돌골 살인 사건'이 일어났다. 만주의 중국관청 하급관리들은 형전갑을 살인죄로 다스리기는커녕 의생이 진단서를 위조하여 중국인 지주 형전갑은 무죄로 처리하고 도리어 최창락의 처 현성녀(玄姓女)를 4개월간 인치하면서 추행하였다. 이에 격분한 '재용정·국자가(在龍井·局子街) 조선인사회단체협의회'가 신간회 간도지회와 함께 조사원을 파견한 다음, 1927년 9월 12일 용정공회당에서 '용정·국자가(연길) 시민연합대회'를 개최하였다.

이 대회에서 시민들은 ① 중국인 해당관리들의 면직 ② 지주 형전갑 살인죄 처벌 ③ 최창락의 처·유족 보호 ④ 전체 간도 주민대회 소집 ⑤ 신간회 본회에 이 사건을 보고할 것을 결의하였다.158)

이 보고를 받은 신간회 본부는 '삼시협정' 후 더욱 참담해진 만주동포들을 보호하기 위하여 전국적인 대대적 '만주동포 옹호운동'을 일으키게 되었다.

2) 동경지회(東京支會)

서울에서 신간회가 창립된 4일 뒤인 1927년 2월 19일 일본 동경에서는 '재동경 조선인단체 협의회'(在東京 朝鮮人團體協議會)가 결성되어 26개 단체가 참가해서 민족협동전선체의 결성을 추진하였다.159)

드디어 1927년 5월 7일 오전 10시에 동경 와세다대학 스코트홀에서 신간회 동경지회 창립대회가 열렸다. 대회장에는 개회시간 전부터 회원들과 방청인들이 운집하여 입추의 여지없이 대성황을 이루었다. 대회는 오전에 전

<사진 32>   동경지회장
조헌영

진한(錢鎭漢)의 개회사로 개회하여 조헌영(趙憲泳)을 임시의장으로 선출한 후, 국내외 각지 우의단체들이 보내온 축전과 축사를 들었으며,

---

158) 《조선일보》 1927년 9월 21일자, 〈단일당 新幹會에 차 사실을 보고하자, 피해자 처벌과 여론 환기코자, 전간도 주민대회〉 참조.
159) ① 水野直樹, 〈新幹會東京支會について〉, 《朝鮮史叢》 창간호, 1979 참조.
② 金仁德, 〈신간회 東京支會와 在日조선인운동〉, 《한국근현대사연구》 제7집, 1997 참조.

오후에는 각종 의안을 통과시키고 다음과 같이 역원을 선출한 후, '약소민족 해방만세' 3창으로 폐회하였다.160)

◇ 선출된 임원
회장 : 조헌영(趙憲泳)
서무부 : 전진한(錢鎭漢)
재무부 : 윤길현(尹吉鉉)
출판부 : 오희병(吳熙秉)
정치문화부 : 송창렴(宋昌濂)
조사연구부 : 김준성(金俊星)
조직부 : 강소천(姜小泉)
선전부 : 임태호(林泰昊)
간사 : 김황파(金荒波), 최병한(崔炳漢), 장지형(張志衡), 박형채(朴炯琛), 함상훈(咸尚勳), 홍양명(洪陽明), 정헌태(鄭憲台), 유원우(柳元佑), 정익현(鄭益鉉), 안병수(安炳洙), 유영준(劉英俊), 김원석(金源碩), 전부일(全富一), 임종웅(林鍾雄)

신간회 동경지회의 회원수는 1927년 11월경 약 250명이었으며, 1929년 9월 말에는 약 350명으로 증가하였다.161)

신간회 동경지회는 기관지로 《신간신문(新幹新聞)》을 9월 안에 발행하기로 결정하였다. 지회 기관지 발행의 목적은 신간회의 주장과 사명을 널리 선포하는 한편 대중을 이론적으로 지도하기 위한 것이라고 설명되었다. 《신간신문》 발행의 담당자로는 오희병, 한림(韓林), 전진한, 강철(姜徹), 홍양명, 이선근(李瑄根), 이우추(李友秋), 권오익(權五翼), 송창렴, 김상혁(金尚赫), 윤길현, 정덕묵(鄭德黙), 김원석, 전영기

160) 《조선일보》 1927년 5월 15일자, 〈성대히 발회한 신간회 동경지부〉 참조.
161) 水野直樹, 〈新幹會東京支會について〉, 《朝鮮史叢》 창간호, 1979 참조.

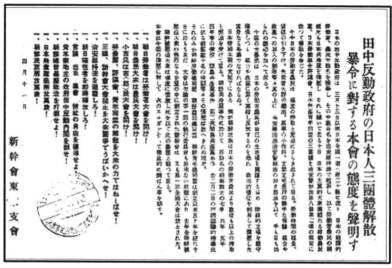

<사진 33> 신간회 동경지회에서 발표한 성명서

(全永琦), 장지형, 이남보(李南甫) 등이 선임되었다.162)

　동경지회의 창립 후 주요활동으로는 ① 반동단체 '민중회' 박멸운동
② 관동대진재 당시 피학살동포 추도회 ③ 조선총독 폭압정치 반대운
동 ④ 조선공산당사건 암흑공판 반대운동 ⑤ '작코' '반제티' 사형처분
반대운동163) ⑥ 중국시찰단 조선대표 파견운동 ⑦ 국치일 기념운동
⑧ 러시아혁명 기념운동 ⑨ 조선인대회 소집 ⑩ 강령개정안 및 정책
안 제의 ⑪ 3총 해금(解禁)운동 등을 전개하였다.164)

---

162) 《조선일보》 1927년 7월 20일자, 〈동경지회, 신간신문 발행〉 참조.
163) 安在鴻, 〈救命運動〉, 《조선일보》 1928년 4월 26일자 〈사설〉, 압수당해 미발
　　행; 《민세안재홍선집》 제1권, pp.278~279 및 《조선일보》 1927년 8월 17일
　　자, 〈신간지회와 재일노총 미국정부에 항의〉 참조. 이 운동은 이태리계 미국
　　인 무정부주의자 작코(Nicoh Sacco)와 반제티(Bartolomeo Vanzetti)가 억압적
　　정부의 폭력과 전쟁에 반대하는 활동을 하다가 살인강도죄로 1920년 미국에
　　서 체포되어 사형선고를 받고 7년전부터 미국 감옥에 투옥되어 있다가 사형
　　집행을 당하게 되자 전 세계에서 석방운동이 일어났다. 신간회 동경지회는
　　재일조선노동총동맹과 연합하여 1927년 8월 8일자로 미국 대통령 쿨리치에게
　　〈항의문〉을 주일미국대사관을 통해 제출하고 석방운동에 참가하였다.

신간회 동경지회는 1927년 9월 17일 재일본 조선노동총동맹, 조선학생학우회, 동경조선노동조합 등과 함께 신간회 동경지회관에서 '조선총독폭압정치반대동맹'(朝鮮總督暴壓政治反對同盟)을 조직하였다.[165] 그후 동경지회는 많은 탄압을 받으면서도 우의단체들과 연합하여 동경에서 일제 식민지 통치를 반대하는 완강한 투쟁을 전개하였다.

신간회 동경지회는 또한 중국 관헌의 재만동포 압박에 대한 항의운동을 1927년 12월부터 재일노동총동맹과 연대하여 열렬하게 전개하고 중국정부 등에도 강력한 항의를 제기하였다.[166]

동경지회는 1928년 1월 28일 간사회에서 '3총(三總)해금'운동에 주력하기로 하여, '3총해금획득동맹'을 적극적으로 후원하는 동시에, 동경지회에서 삐라를 인쇄하여 반포하기로 결의하였다.[167] 이후 1928년을 주로 '3총해금'과 언론·출판·집회·결사의 자유를 쟁취하기 위한 운동에 많은 정력을 투입하였다. 일제는 이러한 활동에서 '삐라'를 뿌렸다는 이유로 이종률(李鍾律) 등 3인을 서울에서 검거하여 박해하였다.[168]

또한 동경지회는 간사회에서 1928년 3월 19일 일제와 만주 군벌이 협조하여 '극동조선인학교' 폐쇄에 대해 항의 활동을 전개하였다. 동경지회는 중국 북경정부, 봉천성(奉天省) 성장, 주일 중국공사 및 일본정부에 항의했으며, '재만동포옹호회'에 격려문을 발송하였다.[169]

동경지회는 1929년 2월 17일 약 7백 명이 참석하여 제3회 정기대회를 개최하였다. 일제가 대회 주도자 10여 명을 검속하는 탄압 경계 속에서도 이 대회에서는 ① 총독정치 압박 반대 ② 원산노동쟁의 응원

---

164) 水野直樹, 〈新幹會東京支會について〉, 《朝鮮史叢》 창간호, 1979 참조.
165) 《조선일보》 1927년 9월 20일자, 〈東京에서 조직된 총독정치○○동맹〉 참조.
166) 《조선일보》 1927년 12월 8일자, 〈신간회와 공동투쟁〉 및 1928년 1월 3일자, 〈東京新支항의, 중국정부에〉 참조.
167) 《조선일보》 1928년 2월 6일자, 〈신간 동경지회 간사회의 결의〉 참조.
168) 《동아일보》 1928년 7월 19일자, 〈동경신간지회원 三씨 돌연 검속〉 참조.
169) 《조선일보》 1928년 3월 25일자, 〈신간 동경지회, 중요안건을 결의〉 참조.

③ 명고옥(名古屋) 상애회(相愛會) 박멸 ④ 3총 해금운동 ⑤ 농민운동 지원 ⑥ 동척(東拓) 기타 일본인 이민 반대 ⑦ 해방운동자 구원 ⑧ 반제국주의 동맹 지지 ⑨ 범태평양 노동조합 지지 등을 결의하였다.[170]

3) 경도(京都)지회

일본 경도에서는 1927년 6월 25일 유학생들과 노동자들을 중심으로 신간회 설립대회가 개최되었다. 이 대회에서 신간회 경도지회가 설립됨과 동시에 다음과 같은 의안이 토의되고 임원이 선출되었다.[171]

◇ 토의된 의안
一. 전민족적 단일당 촉성에 관한 건
一. 전민족적 정세조사기관 설치 촉진에 관한 건
一. 현하 각국 식민정책 조사연구에 관한 건
一. 현하 세계 약소민족 해방운동 조사에 관한 건
一.극동 약속민족회의 개최 촉진에 관한 건
一. 기관지 간행에 관한 건
一. 교육방침에 관한 건
一. 성명서 발표에 관한 건
一. 특별회비 징수에 관한 건

◇ 선출된 임원
회장 : 김혁(金赫)
서무부 : 조용기(趙龍基), 박제환(朴濟煥), 김경희(金庚熙)

---

170) 《조선일보》 1929년 2월 25일자, 〈七백명 참석으로 동경신간지회대회〉 참조.
171) 《조선일보》 1927년 7월 2일자, 〈신간 京都지회, 만장긴장리에 설립〉 및 《동아일보》 1927년 7월 6일자, 〈신간京都지부 설립〉 참조.

4. 해외의 신간회 지방지회 167

재무부 : 문성주(文誠柱), 백동기(白東基), 최경열(崔景烈)

출판부 : 송을수(宋乙秀), 조재홍(曺在洪), 최현수(崔賢洙)

정치조사부 : 곽종열(郭鍾烈), 박준영(朴俊永), 최욱(崔旭)

문화부 : 정순협(鄭純浹), 최정수(崔正洙), 나재균(羅宰均)

선전부 : 김천수(金千洙), 주동혁(朱東爀), 오재구(吳載龜), 이정암(李正嵒)

조직부 : 도범(都範), 한택주(韓澤柱), 한종건(韓鍾建), 백운태(白雲台)

신간회 경도지회는 1927년 8월 22일 '재일본 조선노동총동맹 경도 조선노동합동조합', '노동농민당 경도지부 연합회' 등 단체들과 함께 '조선총독정치비판(朝鮮總督政治批判) 연설회'를 개최하였다. 이 연설회 에는 수천 명의 회중이 모였고 3백여 명의 일제경관의 엄중한 임석경 계 속에서 40여 명의 연사가 등단하여 일제의 식민통치를 통렬히 규 탄하였다. 그러나 일제 경관의 중도 제지로 한 연사도 연설을 다 끝 내지 못하고 중단 당하였다. 결국 일제경찰과 흥분한 청중이 충돌하 여, 연사 가운데 3명과 청중 가운데 40~50명이 검속 당하였다. 일제 는 문구가 불온하다는 구실로 이 대회의 문건 거의 전부를 압수하고 다음과 같은 몇 가지 표어만 남겨두었는데, 그나마 일제 조선총독부 경찰이 또 신문 검열에서 4개 조항을 삭제 게제케 하였다.[172]

①②③④(일제 총독부 경찰 검역 삭제)

⑤ 도일(渡日) 조선노동자 부당 제지에 반대한다.

⑥ 언론·집회·결사·출판의 자유를 요구한다.

⑦ 조선노동자에 대한 경도 각 경찰의 만행을 항의하자.

⑧ 《쌋코》《반제티》양씨의 사형을 절대 반대한다.

⑨ 만국 피압박 민중아, 일치 단결하자.

---

172) 《조선일보》 1927년 8월 27일자, 〈京都의 총독정치 비판도 三百 경관과 대충 돌, 신간지회의 주최로〉 참조.

⑩ 전중(田中) 군벌내각 절대 반대

⑪ 대(對)중국 출병 절대 반대 기타 조선인 사형(私刑) 문제 등

신간회 경도지회는 1927년 12월 11일 제2회 정기대회를 일제 경관 1백여 명의 포위 속에서 회원 130여 명과 방청객 200여 명이 운집한 가운데 성대하게 거행하여, 김창업(金昌業)을 회장으로 선출하고 새 간사진을 편성하였다. 이 대회에서는 의안 18개 가운데 중요한 5개 안건을 삭제당하고, 나머지 안건 토의 중 일제경관이 현장에서 회원 5, 6인을 검거한 결과 장내는 수라장이 되었다.173)

신간회 경도지회는 1928년 2월 6일 '재경도 조선인대표회'를 개최하고, 이어서 '재경도 조선인대회'를 개최하였다. 이 대회에서 '의안 토의'는 시작되자마자 임석 경관의 제지로 설명이 중단되었다. 회중은 바로 '결의'로 들어갔는데, 이 대회의 '결의' 슬로건은 다음과 같았다.174)

① 노동총동맹, 농민총동맹, 청년총동맹의 일체 집회 자유를 획득하자.

② 일체의 언론·집회·출판·결사의 자유를 획득하자.

③ (검열 삭제)

④ 신간회 전국대회에 대한 불법금지에 전민적 항쟁을 집중하자.

⑤ (검열 삭제)

⑥ 노동농민당의 선거전을 적극적으로 후원하자.

⑦ 노동자는 노총(勞總)에, 농민은 농총(農總), 청년의 청총(青總)의 깃발 아래로.

신간회 경도지회는 1929년 1월 26일 제3회 정기대회를 개최하고 ① 원산총파업 노동투쟁 지지 격려전보 발송 ② 노동·농민운동 지지 ③ 재정확립 ④ 근우회 지지 ⑤ 청년운동 지지 ⑥ 형평운동 지지 외 18

---

173) 《동아일보》 1927년 12월 19일자, 〈수백경관 엄계중 京都신간지회〉 참조.
174) 《조선일보》 1928년 2월 17일자, 〈三總해금문제로 京都조선인대회〉 참조.

건을 의결하였다.175)

4) 대판지회(大阪支會)

신간회 대판지회의 설립은 1927년 10월부터 본격적으로 준비되었다.176) 같은 해 10월 29일 오후 7시경부터 대판 시내 조선노동조합 본부사무소에 약 130명의 사회운동자·노동자·학생 등 각층이 모여 오랫동안 여론으로 성숙해가던 '신간회 대판지회'의 준비위원회를 개최하고 다음 사항을 협의 결정하였다.177)

一. 창립대회는 11월 16일 오전에 개최함.
一. 창립 대회에 경성본부로부터 특파원의 파송을 요청할 일.
一. 당일 성대한 기념강연회를 개최할 일.
一. 발회식 비용은 300원으로 정함.
一. 임시사무소는 大阪市 浪速區 稻荷町 2의 959에 둠

드디어 1927년 12월 5일 오후 7시 신간회 대판지회 설립대회를 대판시 천왕사 공회당에서 개최하였다. 그 준비로 수천 장의 포스터와 삐라를 각 방면에 뿌렸다. 대회시간 정각에 회원과 방청객을 합하여 약 3천여 명이 운집한 가운데, 준비위원측 신재용(辛載鎔)의 사회로 개최된 대회에서는 의장 송장복(宋長複), 부의장 남영우(南英祐), 서기장 윤혁제(尹林齊), 서기 김정순(金正純)·김우(金宇) 외에 각 부서 임시집행부원을 선출하였다. 이어서 80여 통의 축전을 낭독하던 도중에 일제 임석경찰은 대만농민조합, 대만문화협회, 기타 북해도, 남북 만주, 상해

---

175) 《동아일보》 1929년 2월 2일자, 〈신간경도지회 정기대회 개최〉 참조.
176) 《조선일보》 1927년 10월 8일자, 〈5만동포사는 대판, 신간지회 준비〉 참조.
177) 《조선일보》 1927년 11월 6일자, 〈사회 각층 망라 大阪신간을 준비〉 참조.

<사진 34> 신간회 대판지회에서 개최하는 조선인대회 안내문

(上海) 등지에서 온 축문 10여 통을 임석했던 압수함과 동시에 서기장 이하 서기까지 전부 검속하였다.

이에 설립대회는 서기를 다시 선거하니, 서기장 김태희(金台熙), 서기 윤동명(尹東鳴)·박영만(朴英滿)이 선출되었다. 축사에 들어가 일본노동농민당 평의회 기타 10여 우의단체대표들이 거의 모두 축사 도중에 검속당하여, 대회는 오후 11시에 폐회하였다. 설립대회에서 피선된 임원과 토의사항은 다음과 같았다.178)

◇ 선출된 임원

회장 : 김시혁(金時赫)

부 회 장 : 김동원(金東源)

총무간사 서무 : 윤혁제(尹赫齊)

정치문화 : 신재용(辛載鎔)

선전 : 송장복(宋長複)

조직 : 홍순일(洪淳一)

출판 : 현길홍(玄吉弘)

---

178) 《조선일보》 1927년 12월 18일자, 〈3천여 청중으로 대판신간회 창립〉 참조.

　　조사연구 : 노선(盧善)

　　재정 : 홍성윤(洪聖允)

　　상무간사 : 김동인(金東仁) 외 13인

　　간사 : 현석헌(玄錫憲) 외 38인

◇ 토의된 안건

一. 조선 xxxxxxxxxx 지지의 건

一. 언론·집회·출판·결사의 자유의 건

一. 반동단체 박멸에 관한 건

一. 고문 철폐에 관한 건

一. 아세아 민족회의의 배격에 관한 건

一. 대중(對中) 비간섭반대동맹 지지의 건

一. 노동농민당 지지의 건

一. xx반대협의회 지지의 건

一. 도일(渡日) 노동자 금지 반대의 건

一. 실업(失業) 반대의 건

一. 청년운동에 관한 건

一. 부인운동에 관한 건

一. 노동운동에 관한 건

一. xx교육정치 xx의 건

一. 반(班) 조직의 건

一. 선전 및 일반 방침의 건

　　신간회 대판지회는 1927년 12월 설립 후 우선 사업으로 중국관헌의
재만동포 구축 정책에 항거하여 조선노동조합, 조선청년동맹, 조선학
우회 등 4개 단체가 연합해서 '재만동포옹호운동'을 전개하였다.

　　그들은 대판조선노동조합회관에서 공동위원회를 열고 다음과 같이

결의하였다.179)

◇ **결의사항**

一. 재만동포 구축에 관한 건

　1. 각 단체는 북경정부, 봉천성장, 길림성장 및 xx정부에 항의문을 발송
　　할 것

　2. 중국민중 및 조선민중에게 (중략-원문) 적극적으로 전개시킬 것

　3. 재대판 조선인대회를 개최하여 옹호방법을 강구할 것

　4. 길림성에서 조직된 '재만동포구축대책강구회'(在滿同胞驅逐對策講究會)
　　에 격문을 발송할 것

二. 동아일보사 주최인 '현대인물 투표' 중지를 해당사에 요구할 것

三. 백광흠(白光欽) 군 추도식을 거행할 것

四. 조선공산당사건 암흑공판 항의문을 발송할 것

◇ **실행위원**

　신재용(辛載鎔), 송장복(宋長複), 안종길(安鍾吉), 위경영(魏京永), 김우섭(金友燮)

　대판지회는 1928년 1월 12일 간사회에서 '재대판청년동맹' 및 '대판조
선노동조합'과 연합하여 '민중대회' 개최건과 당면문제를 토의하였다.180)

　대판지회는 '격문' 살포도 실행하였다. 예컨대 대판지회 간부 윤학
재(尹鶴裁)는 1929년 '조선박람회 개최와 재일 조선노동자 구축(驅逐)
반대'의 선전 격문을 살포하였다.181) 1930년에는 8월 29일 일제의 한
국강점일인 국치일(國恥日)에 대판 시내와 계(堺) 시내에 일본제국주

---

179) 《조선일보》 1927년 12월 22일자, 〈대판에도 4단연합, 역시재만동포옹호론〉
　　참조.
180) 《동아일보》 1928년 1월 18일자, 〈신간大阪지회 간사회의 결의〉 참조.
181) 《조선일보》 1929년 12월 6일자, 〈신간 大阪지회 尹씨 검사국 송치〉 참조.

의를 비판하는 '격문'이 살포되고 벽에 붙여졌다.[182] 뒤에 이것은 대
판지회 회원들이 주도했음이 밝혀졌다.

5) 명고옥(名古屋)지회

일본 명고옥(나고야)에서도 한세복(韓世復)·이영식(李榮植)·공인택(孔
仁澤) 등을 중심으로 지회설립이 추진되다가, 드디어 1929년 1월 16일
오후 7시 30분 명고옥 시내에서 신간회 명고옥지회 준비위원회가 개
최되었다.

준비위원회에서는 일본 애지현 경찰부 이하 각 경찰서의 엄중한 경
계 속에서도 이민한(李玟漢)의 사회로 임시의장에 한세복, 서기에 공
인택·손응호(孫應鎬)를 선출하고, 지회설립대회 일자를 1929년 2월 1
일로 정했으며, 다음과 같이 준비위원을 선출하였다.[183]

> 준비위원 : 한세복(韓世復), 이영식(李榮植), 공인택(孔仁澤), 이병선(李丙
> 琁), 김치목(金致木), 송순학(宋淳學), 남익(南翊), 박춘산(朴春
> 山), 조봉선(趙鳳善), 이의우(李義佑), 손영호(孫永浩), 김병민(金
> 竝珉), 김성규(金聖圭), 박인택(朴仁宅), 이재근(李在根), 강덕수
> (姜德壽), 손응호(孫應鎬), 김석근(金碩根), 이민한(李玟漢)

신간회 명고옥지회 설립대회는 예정대로 1929년 2월 1일 오후 1시
부터 명고옥 청룡사(靑龍寺)에서 일제 정복경관 70여 명의 삼엄한 배
석 감시 아래에서 개최되었다. 이민한의 사회로 공인택의 경과보고가
있은 후 한세복의 국제 정세보고에 들어가자 일제 임석경관에게 중지

---

182) 《조선일보》 1930년 9월 1일자, 〈합방일에 격문 살포, 백여 조선인을 검거〉
참조.
183) 《조선일보》 1929년 1월 26일자, 〈신간 명고옥지회 설립준비위원회〉 참조.

당하였다. 이어서 내빈 축사로 구 노동당 명고옥 지부장이며 당시 애지현 의원 산기상길(山崎常吉, 야마자키 츠네키치)의 축사도 도중에 중단당했다. 이어서 노동당 정치동맹회, 중부 합동노동조합, 부인동맹 대표들의 축사도 일제 임석경관에 의해 중단당하였다.

신간회 동경지회 지회장 박량근(朴亮根)의 열렬한 축사 도중에 일제의 조종을 받는 친일 매국단체 상애회(相愛會) 총무 임덕종(林德宗)이란 자가 일어나 일본말로 방해를 시도하자, 대회 회원들은 퇴장을 명한 후 다음의 사항을 토의하고 지회장과 간사들을 선출하였다.184)

◇ **토의사항**

1. (삭제)
2. 전 조선 남녀아동 의무교육제 확립과 공립보통학교 수업료 면제운동의 건
3. (삭제)
4. 일반노동자 최저임금법 제정운동의 건
5. 일본 무산정당의 적극 지지의 건
6. (삭제)
7. (삭제)
8. 직업별 노동조합 조직 촉성의 건
9. 재일 청년운동 조직체 변경과 재명고옥 청년운동 조직 촉성의 건
10. 부인문제와 근우회지회 설치의 건
11. 노동야학에 관한 건
12. 실업노동자 구제의 건
13. 회원 행동에 관한 건
14. 재명고옥 조선인위로회 개최의 건

---

184) 《조선일보》 1929년 2월 19일자, 〈신간 명고지회 설립대회〉 참조.

15. 본 지회 발회식 및 신춘 간친회 개최의 건

16. 회관 문제의 건. 기타.

◇ **선출된 간부 및 대표회원**

회 장 : 이민한(李玟漢)

부지회장 : (보류)

간사 : 공인택(孔仁澤), 이영식(李榮植), 엄주백(嚴柱伯), 강덕수(姜德壽), 김용환(金容煥), 이인(李仁), 이재근(李在根), 박춘산(朴春山), 김영근(金永根), 신수암(申守岩), 이병선(李丙), 권상필(權相泌), 손응호(孫應鎬), 김용섭(金容燮), 신현덕(申鉉德), 서병준(徐丙駿), 이의우(李義佑), 박상조(朴相祚), 손영호(孫永浩), 남익(南翊), 조봉선(趙鳳善), 권병락(權丙樂), 김병민(金炳珉), 김성규(金聖奎), 김석근(金碩根), 남숭진(南崇鎭), 김성화(金成化), 김중호(金仲浩), 정관조(鄭寬朝)

신간회 명고옥 지회는 설립 후 재일 한국인의 친일폭력단체인 상애회(相愛會)의 습격을 받았다. 1929년 2월 13일 몽둥이를 휴대한 수십 명의 상애회 회원들이 지회 사무실을 습격하여 신간회 명고옥지회의 해산을 강요하다가 지회장 이민한(李玟漢)이 거절하자 지회장을 집단 구타하여, 지회장은 중상을 입고 병원에 실려갔다. 정복한 일제 경찰이 출현했으나 수수방관하며 구경만 하다가 돌아갔다.[185]

이 사건에 대해 신간회 대판지회가 1929년 2월 15일 긴급 총무간사회를 열고 대책을 협의하였다.[186] 국내에서는 《조선일보》가 이 사건을 문제 삼아 〈무지와 폭력〉이라는 사설로 상애회와 일제경찰 태도를

---

185) 《조선일보》 1929년 3월 6일자, 〈신간회 명고옥지회를 상애회서 습격행패〉 참조.

186) 《조선일보》 1929년 2월 22일자, 〈명고옥 신간지회 습격과 대판의 긴급토의〉 참조.

규탄하고 명고옥지회를 옹호하였다.[187]

　신간회 명고옥지회는 1930년 6월 25일 긴급 집행위원회를 열어 ①
일본인 발행《전북일보》의 한국민족 모독사건에 대해 각 사회단체와
연대하여 적극적 응징을 추진하고, ② 노동조합 운동 지원을 결의하
였다.

187)《조선일보》1929년 3월 7일자,〈사설, 무지와 폭력〉참조.

제6장
신간회 중앙본부의 민족운동(Ⅰ)

신간회의 민족운동을 중앙본회와 지방지회로 나누어 그 몇 가지 중
요한 운동만을 간추려 기술하기로 한다.

1. 일본인의 한국인 사형(私刑) 성토와 금지운동

일제가 한국을 강점하여 일본인들이 식민자로서 한국에 들어오자
자기 기업체와 여러 곳에서 한국인들에게 대해 종종 '사형'(私刑)을
가하는 일이 발생하였다.

신간회는 일본인들의 한국인에 대한 '사형' 사건에 극력 항의 규탄
하고 이를 철저하게 금지토록 하여 한국인을 보호하는데 큰 역할을
하였다.

예컨대 1927년 7월 강원도 철원에서 등택(藤澤: 후지자와)이라는
일본인이 한국인 소녀에 사형을 가한 사건이 발생하였다.[1] 신간회 중
앙본부에서는 1927년 7월 5일 상무간사 송내호(宋乃浩)를 파견하여 진
상을 조사하고 가해자 일본인을 고발함과 동시에 이러한 만행의 재발
방지를 강력히 요구하였다.[2] 전국 각 단체에서도 이에 호응하여 일본
인의 '사적 형벌' 엄금과 등택의 사적 형벌을 성토하였다. 일제는 이
를 방해하여 경남 고성에서는 청년연맹이 성토집회를 열고자 한 것을
일제 고성경찰서가 금지조치 하였다.[3]

뒤이어 경북 김천에서도 일본인 태고시(太鼓矢: 다이코야)의 사형
(私刑)사건이 일어났다. 신간회 활동의 전례에 따라 김천 각 사회단체

---

1) 《조선일보》 1927년 7월 7일자, 〈鐵原藤澤의 私刑後報〉 참조.
2) 《조선일보》 1927년 7월 8일자 및 7월 9일자, 〈鐵原藤澤의 私刑후보〉 참조.
3) 《조선일보》 1927년 7월 13일자, 〈藤澤성토금지 경남고성경찰서에서〉 참조.

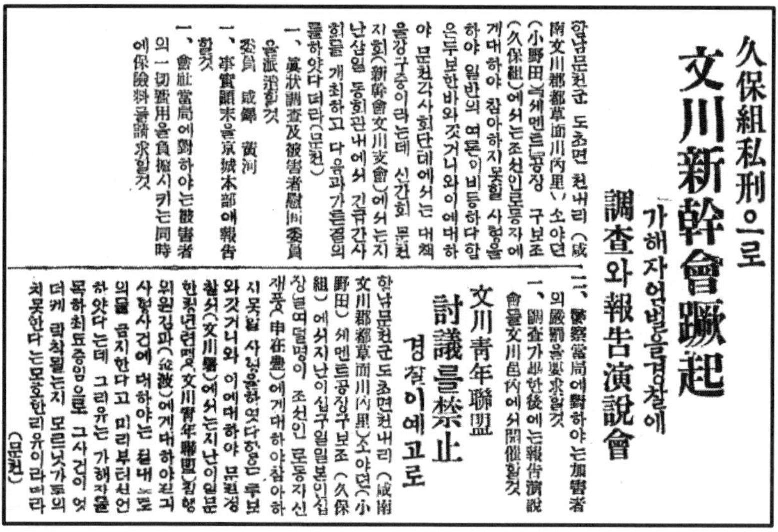
久保組私刑으로
文川新幹會蹶起
가해자엄벌을경찰에
調査와報告演說會

함남문천군 도초면 천내리(咸南文川郡都草面川內里) 소야뎐(小野田)세멘트공장 구보조(久保組)에서는조선인로동자에게대하야 참아하지못할 사형을하야 일반의 여론이비등하다함은두보한바와갓거니와이에대하야 문천각사회단데에서는 대책을강구중이라는데 신간회 문천지회(新幹會文川支會)에서는지난삼일 동회관내에서 긴급간사회를 개최하고 다음과가튼결의를하얏다더라(문천)

一、眞狀調査及被害者慰問委員을派送할것
委員 成歸 黃洞
一、事實顚末을京城本部에報告할것
一、會社當局에對하야는被害者의一切費用을負擔시키는同時에保險料를請求할것
二、警察當局에對하야는加害者의嚴罰을要求할것
一、調査가畢한後에는報告演說會를文川邑內에서開催할것

文川青年聯盟
討議를禁止
경찰이예고로

함남문천군도초면천내리(咸南文川郡都草面川內里)소야뎐(小野田)세멘트공장구보조(久保組)에서지난이십구일일본인십장열여덜명이 조선인 로동자신재풍(申在豊)에게대하야참아하지못할 사형을하엿다함은 루보와갓거니와 이에대하야 문천경찰서(文川署)에서는지난이일문천청년련맹(文川靑年聯盟)집행위원김파(金波)에게대하야전긔사형사건에 대하야는 절대로의론을 금지한다고 미리부터선언하얏다는데 그리유는 가해자를 목하취됴중임으로 그사건이 엇더케 락착될는지 모르닛가害의 처못한다는모호한리유이라더라 (문천)

<사진 35> 문천 신간회 궐기 보도기사(조선일보 1927년 12월 5일자)

가 '일본인 사형사건 대책강구회'를 조직하여 일제 경찰의 방해를 받아가면서도 성토운동을 강력히 전개하였다.[4)]

이어서 1927년 11월 29일 함경남도 문천군 도초면 천내리에 있는 소야전(小野田: 오노다) 시멘트 공장에서 구보조(久保組)의 일본인 십장 18명이 노동자 신재풍(申在豊)에게 사형(私刑)을 가한 사건이 일어났다. 신간회 문천지회에서는 신간회의 방침에 따라 사실 전말을 중앙본회에 보고함과 동시에 1927년 12월 3일 간사회를 개최하여 가해자 처벌을 요구하고 성토운동을 시작하였다.[5)] 문천청년연맹도 이에 호응하여 궐기하였다. 일제 경찰은 당황하여 청년연맹의 이 문제 토의를 금지시켰다.[6)]

일제 경찰은 피해자 한국인 노동자보다도 가해자인 일본인 구보조

4) 《조선일보》 1927년 7월 19일자, 〈김천私刑사건, 시민대회 또 금지〉 참조.
5) 《조선일보》 1927년 12월 5일자, 〈久保組私刑으로 文川신간회 궐기〉 참조.
6) 《조선일보》 1927년 12월 5일자, 〈문천청년연맹, 토의를 금지〉 참조.

를 비호했으나,[7] 각 단체는 연합대회를 개최해서 일본인들의 사형(私刑)을 강력히 규탄하였다. 신간회 원산지회를 비롯하여 인근 각 사회단체에서도 대표를 파견하여 성토대회에 합류하였다.[8] 결국 일제 경찰도 굴복하였고, 가해자들도 사죄하고 배상하였다.

신간회의 일본인 사형(私刑)에 대한 완강하고 단호한 규탄운동으로 일본인 이민자들의 한국인 종업원에 대한 사형은 크게 줄어 신간회 존속기간에는 거의 없어지게 되었다.

2. 지회설립, 조직확대 운동

신간회는 표면에 막연한 강령 3개 항을 제시하고 온건한 행동을 취하면서 창립 후 1년 간은 각 군(郡)별로 지회의 설립에 주력하였고,[9] 부문별로   교육·청년·농민·노동·학생·언론·여성·종교·실업   부문에서 좌우합작에 의한 민족협동조직과 단결의 강화에 총력을 기울였다. 그 결과 1927년 12월에는 지회가 100개를 돌파하는 성과를 얻었으며, 1928년 12월에는 지회 수가 143개, 회원이 2만 명을 돌파하는 큰 성과를 거두었다.[10] 안재홍은 1927년 12월 13일 이에 대하여 다음과 같이 썼다.

현하 조선의 역사적 과정에 있어서 무엇이 가장 긴절한 문제이냐 하면 그는 곧 민족유일전선으로서의 민족유일당의 견실한 결성인 것을 누

---

7) 《조선일보》 1927년 12월 6일자, 〈私刑한 日人을 돌연히 석방〉 참조.
8) 《조선일보》 1927년 12월 15일자, 〈久保私刑사건후보〉 참조.
9) 《조선일보》 1927년 4월 28일자, 〈지부설치에 주력, 신간회 점차 확장〉참조.
10) 경기도경찰부, 《治安槪況》, 1929, p.24 참조.

구도 부인할 수 없을 것이다. … 今春 2월 15일로서 경성에서 창립된 이후 금일까지 약 10개월 동안에 이와 같은 상황에까지 온 것은 그 발전이 자못 급속한 것을 단언할만하다. 하물며 동회(同會)가 성립된 직후인 2·3 양월과 동 4월 말까지는 내부의 정리를 위하여 표면적으로 거의 무위한 상태에 있었고, 5월 이후 지회설치운동이 차차 활동하게 되어, 대략 3일에 1지회의 증식을 보게 되었었고 가을 이후에는 2일에 1지회, 1일 회원증가 40인 내외로, 필경은 3일에 2지회 증식의 속도를 보이게까지 되어서, 금일에 이르렀다 한다. 이 시대적 사명을 띠고 나온 민중지지(萬衆支持)의 신간회가 이만큼이나 급속하게 발전된다는 것은 도리어 당연한 일이다.[11]

신간회의 이러한 지회설치와 민족협동조직체의 급속한 발전은 지회설립운동자에 대한 일제의 구속 등 탄압을 받아 가면서 전개된 것이었다.[12]
신간회 지회 설치의 급속한 발전과 조직화의 큰 성과에 대하여 일제는 그들의 관헌자료에서 다음과 같이 보고하였다.

막연한 강령 3항을 걸어 놓고, 다른 구체적 취지나 목적을 명확하게 하지도 않고, 본부 또한 적극적 행동이 나오는 것을 피하고, 다만 조선 내외에 걸쳐 지회를 설치해 나가는 데 전력을 기울이고, 각 지회의 맹동(盲動)을 경계하여 온건한 태도를 취해 … 놀라운 발전을 해서 명실공히 민족유일당의 결성을 보기에 이르렀으며, 본회가 간혹 지방지회 중에 내홍(內訌)·파쟁(派爭)을 야기시키는 경우가 없지는 않아도 대체로 단결을

---

11) 安在鴻,〈신간회의 급속한 발전 : 지회설치 一百돌파〉,《조선일보》, 1923년 12월 23일자 사설; 안재홍선집간행위원회,《民世安在鴻選集》제1권, pp.248-249.
12) 安在鴻,〈民族唯一黨의 문제〉,《조선일보》, 1927년 8월 7일자 사설; 안재홍선집간행위원회,《民世安在鴻選集》제1권, p.224.

지속하여 상당한 세력을 가지고 있는 것은 지금까지 이러한 종류의 단
체에서 그 예를 찾아볼 수 없었던 점이라 할 것이다.[13]

즉 신간회는 창립 1년 만에 민족주의세력과 사회주의세력을 협동시
켜 조직화해서 완전독립을 목표로 하는 민족세력 총집결에 일단 성공
한 것이었다.

3. 국외 '한국독립유일당촉성회' 대표파견 시도

신간회 중앙본부는 해외에서도 1927년 11월 상해에서 '한국독립유일
당촉성회(韓國獨立唯一黨促成會)'의 결성준비로 각 지역대표 연합회가 열
리게 된다는 소식을 듣고, 지리적으로 유리한 평양지회에 지시하여 안
강현(安康縣)과 연락해서 극비리에 대표 2명을 상해에 파견하여 이 한
국독립유일당촉성회의 준비모임에 참석케 하였다. 그러나 본부 지시를
받고 평양지회에서 선발하여 출발시킨 대표 2명이 일제 경찰에 체포당
하여 이 대표 참가는 실패하였다. 이 사건 이후 일제는 신간회 중앙본
부에 대한 감시와 경계와 탄압을 본격적으로 더욱 강화하였다.[14]

4. 일제 식민지교육반대, 민족교육 요구 학생동맹휴학 지원

신간회 중앙본부는 시종일관 일제 식민지교육을 강력히 반대하고

---

13) 경상북도경찰부, 《高等警察要史》, p.4 및 pp.24-26 참조.
14) 李炳憲, 〈新幹會運動〉, 앞 책 참조.

한국학생들을 위한 민족교육 실시를 강력하게 요구하였다.15)

신간회 창립 시기에 전국 각지에서 일제 식민지 노예교육정책을 비판하고 민족교육 주장의 학생운동과 동맹휴학이 자주 발생하였다. 그러한 학생운동은 ① 조선역사 교육 ② 조선어 시간 연장 ③ 조선인 본위의 교육 ④ 학생회 자치권 허용 ⑤ 일본인 악질교육 배척 등을 주창하였다. 1927년 7월에 일어난 함흥농업학교 동맹휴학사건은 그 사례의 하나였다. 신간회 함흥지회는 3위원을 파견하여 교장에게 학생들의 요구조건의 해결을 촉구하였다.16)

신간회 중앙본부는 일제 식민지교육을 반대하고 한국인 본위의 민족교육을 주장하는 학생 운동을 성원하기 위한 대책을 강구하였다. 이무렵 민족교육을 주장하는 학생들의 동맹휴학운동이 빈발하여 1927년 6·7월 2개월 사이에 남자 중고등보통학교가 12개 학교, 여자고등보통학교가 2개 학교, 농업학교가 3개 학교, 공립보통학교가 11개에 이르렀다.

신간회 중앙본부는 누차 이 문제를 토론하다가, 1927년 7월 20일 위원 9명을 선정하여 학생동맹휴학의 진상을 밝히고 이 문제에 대처하기 위한 특별위원회를 조직하였다. 9명 위원은 다음과 같았다.17)

이관용(李灌鎔), 이옥(李鈺), 김준연(金俊淵), 권태석(權泰錫), 이관구(李寬求), 송내호(宋乃浩), 안재홍(安在鴻), 한위건(韓偉健), 홍명희(洪命憙)

9인 위원회는 1927년 7월 20일 제1차 회의에서 학생동맹휴학에 대한 대책 요령을 결정하였다. 요점은 학생동맹휴학이 일어나면 ① 일반

---

15) 安在鴻, 〈共學實施와 軍事敎練−朝鮮人으로서의 見解와 주장〉, 《조선일보》 1928년 4월 15일자 〈사설〉, 압수당해 미발행; 《민세안재홍선집》 제1권, pp.275~277 참조.
16) 《조선일보》1927년 7월 16일자, 〈咸興農校맹휴사건〉 참조.
17) 《조선일보》1927년 7월 22일자, 〈학생맹체 반발과 신간회의 대책〉 참조.

사회를 향해 '성명서'를 발표하여 여론의 향방을 밝혀주고 동시에 ②
각 학교 당국자에게 '통고문'을 발표하여 반성을 촉구한다는 것이었다.
즉 이 문제에 대하여 신간회 중앙본부는 학생들에게는 단결을 요구하
고,[18] 일반사회에는 학생들의 정당한 요구를 해설해 주는 성명서를
발표하며, 각 학교 당국자에게는 학생들의 요구를 수용하도록 압력을
가하는 '통고문'을 발송한다는 것이었다.

신간회 중앙본부의 이러한 대책은 학생운동이 일제 식민지교육 정
책을 비판하고 한국인 본위의 민족교육을 주창하는 한 동맹휴학까지
도 정당한 것으로 인정하여 신간회가 이를 성원함으로써, 그 후 한국
학생민족운동 발흥과 옹호의 커다란 지원이 되어 주었다.

5. 지방열 단체 비판

신간회 중앙본부는 당시 일부 사회단체들이 전 민족적 단결을 저해
하면서 지역주의와 지방열(地方熱)에 빠져 활동하자 이를 비판하였다.

신간회 중앙본부는 1927년 9월 29일 제3회 정기 간사회를 열고 다
음과 같이 결의하였다.

　一. 지방열 단체 배척의 건
　　　영남친목회(嶺南親睦會), 호남동우회(湖南同友會) 및 오성구락부(五星俱樂
　　　部) 등 지역적 단체는 현하 대중의 절실한 요구인 민족단일단(民族單一
　　　團)의 정신에 배치되므로 철저히 배척함을 결의함.
　一. 지방열 단체 중에 본부 간부로서 단체 유무 조사의 건

---

[18] 安在鴻, 〈學生의 團結〉, 1927년 3월 4일자《조선일보》시평, 압수되어 삭제된
　　평론;《민세안재홍선집》제1권, pp.207~208 참조.

◇ 조사위원

이동욱(李東旭), 송내호(宋乃浩), 명제세(明濟世)[19]

신간회 중앙본부의 이러한 정책과 활동은 신간회의 민족운동이 지방주의·지방열·지역주의를 넘어서서 보편적인 전민족적 민족운동을 지향했음을 잘 증명하는 것이라고 볼 수 있다.[20]

6. 재만동포(在滿同胞) 옹호운동

당시 만주에서는, 1925년 6월 일제 조선총독부 경무국장(三矢宮松)과 만주 봉천성(奉天省) 경찰청장 사이에 소위 '삼시협정(三矢協定)'이란 것을 체결하여 한국인 민족독립운동가들에 대한 만주 장작림(張作霖) 군벌정권의 탄압이 본격화 된 이래, 날이 갈수록 한국인 이주민들에 대한 만주군벌 당국의 박해가 증가하고 있었다.[21]

만주 길림성장(吉林省長)은 1927년 12월 1일을 기하여 관내 각 경찰서에게 ① 중국에 입적하지 아니한 조선인은 금후 15일 이내에 일률적으로 방축(放逐)할 것을 명하여 연말까지는 모두 단행케 하고, ② 조선인의 조선복 착용을 엄금하고 그 착용자에게는 일정의 박해를 가하며, ③ 경찰관의 수하에 있는 천가장(千家長) 백가장(百家長)은 모두 조선인 방축을 철저히 하기로 서약케 하였다.[22] 이의 실행의 사례로

---

19) 《조선일보》 1927년 10월 1일자, 〈신간본부신사회〉 참조.

20) 安在鴻, 〈소위 地方熱團體 문제〉, 《朝鮮之光》 1927년 10월호; 《민세안재홍선집》 제1권, pp.226~233 참조.

21) 安在鴻, 〈滿洲로 가기 전에─流離하는 同胞를 보내며〉, 《조선일보》 1926년 12월 2일자 〈사설〉; 《민세안재홍선집》 제6권, pp.43~45 참조.

22) 《조선일보》 1927년 12월 6일자, 〈사설, 在滿朝鮮人問題에 대한 對策〉 참조.

길림성 쌍양현(雙陽縣)에서는 중국인 지주가 경찰의 강압에 못 이겨 조선농민 9호 40여 명을 마차에 묶어 실어다가 장춘(長春) 길거리에 내려놓은 사건도 발생하였다.23) 또한 길림성에서 구축당한 동포가 매일 40~50명씩 장춘(長春)에 도착하여 추위와 배고픔에 떨었으며,24) 만주경찰의 강박에 못 견딘 30호의 동포가 또 퇴거를 서약하고 눈보라 속에서 장춘을 향하였다.25)

<사진 36> 재만동포 옹호동맹 안재홍 위원장

이러한 사태는 일제의 식민지 수탈에 견디지 못해서 만주에 유이입하여 정착한 약 1백만에 가까운 한국인 이민자에 대한 매우 절박한 위협이었다.

신간회는 이 사태를 알고 1927년 12월 3일 즉각 앞장서서 사태의 심각성을 널리 알림과 동시에 다른 단체들과 연합하여 '재만동포 옹호동맹'(在滿同胞擁護同盟)을 조직하여 대책을 수립 실행하기로 하였다.26)

일본에서도 15개 단체 연합인 '재동경 조선인단체협의회'가 1927년 12월 6일 회의하여 북경정부 기타 기관에 항의문과 성명서를 발송하기로 결의하였다.27)

---

23) 《조선일보》 1927년 12월 4일자, 〈四十同胞를 초개같이 迫逐〉 참조.
24) 《조선일보》 1927년 12월 11일자, 〈驅逐당한 同胞, 每日四五十名 쇄도〉 참조.
25) 《조선일보》 1927년 12월 15일자, 〈强迫에 못 견딘 三十戶, 又復不日退去誓約〉 참조.
26) 安在鴻, 〈在滿同胞擁護同盟〉, 《조선일보》 1927년 12월 11일자, 〈사설〉; 《민세 안재홍선집》 제1권, pp.245~247 참조.

신간회가 중심이 되어 1927년 12월 9일 오후 7시 조선교육회관에서 각 사회단체 대표들 70여 명이 모여, 송내호의 사회로 재만동포의 상태에 대한 안재홍·신석우의 보고를 들은 뒤에 '재만동포옹호동맹'을 창립하였다. '재만동포옹호동맹' 집행위원의 구성은 다음과 같았다.[28]

◇ 위 원 장 : 안재홍(安在鴻)
◇ 상무위원 : 박동완(朴東完), 장두현(張斗鉉), 민태원(閔泰瑗), 윤치호(尹致昊), 양재창(梁在昶), 송진우(宋鎭禹), 이영(李英), 이관용(李灌鎔), 신석우(申錫雨), 이승복(李昇馥), 박상규(朴商圭), 이강원(李崗遠)
◇ 위원 : 이낙영(李樂永), 홍명희(洪命憙), 박형병(朴衡秉), 박의양(朴儀陽), 권숙범(權肅範), 김동혁(金東赫), 서정석(徐鄭晳), 서세충(徐世忠), 명제세(明濟世), 김응집(金應集), 최익환(崔益煥), 김기전(金起田), 박완(朴浣), 유각경(俞珏卿), 유영준(劉英俊), 송내호(宋乃浩), 이운혁(李雲赫), 허헌(許憲), 임서봉(林瑞鳳), 장자일(張子一), 유진태(俞鎭泰), 김탁원(金鐸遠), 정헌태(鄭憲台), 김성수(金性洙), 최원순(崔元淳), 이상협(李相協), 한국종(韓國鍾), 김병로(金炳魯), 이강현(李康賢), 박승직(朴承稷)

재만동포옹호동맹 중앙집행위원회 제1회 회의에서는 '성명서'를 발표하여 각계 사회단체의 궐기를 호소함과 동시에 적당한 인원을 시급히 만주에 파견하여 만주에서 구축되는 동포의 상황실태를 조사해서 필요한 대책을 실행키로 하였다.[29] 또한 신석우·이관용·유영준을 서울에 있는 중국영사관, 국민당지부, 화상(華商)총회 등에 보내어 이 문

27) 《조선일보》 1927년 12월 12일자, 〈在東京五十團體聯合, 北京政府 기타에 抗議〉 참조.
28) 《조선일보》 1927년 12월 12일자, 〈同胞驅逐과 擁護運動〉 참조.
29) 安在鴻, 〈在滿同胞의 諸對策〉, 《조선일보》 1928년 1월 10일~13일자, 〈사설〉; 《민세안재홍선집》 제1권, pp.255~261 참조.

제에 대한 한국민족의 태도를 통고하였다. 이 때 발표한 '성명서'의
결의문은 다음과 같았다.

　一. 본 동맹은 목하 급박한 경우에 빠진 재만동포의 이익을 적극적으로 옹
　　　호할 것을 목적으로 함.

　二. 우를 관철하기 위하여 전조선 각층의 각 단체 및 각 유지인사는 본 동
　　　맹에 가맹 협력하기를 촉구함.

　三. 본 동맹의 목적을 실현함에는 조선민족과 중국민족의 우의를 존중히
　　　하고 평화적 수단을 취하는 것이 필요하므로, 우리는 일반 민중의 민족
　　　적 적개심을 선동하여 일시적 흥분으로 조선 내 거류하는 중국인의 생
　　　명과 재산에 위험을 미치게 하는 것은 불가함을 인정함.[30]

＜사진 37＞ 재만동포옹호동맹을 적극 지원키로
결의한 경성지회

신간회 중앙본부가 중
심이 된 '재만동포옹호동
맹'의 성명과 호소는 즉각
광범위한 호응을 불러일
으켰다. 신간회 경성(서
울)지회의 적극 후원 결
의를 비롯하여[31] 전국 각
지의 지회에서 적극적 호
응이 일어났다.

신간회 대구지회에서는
1927년 12월 9일 중국영
사에게 '항의문'을, 중국인

<hr>

30) 《조선일보》 1927년 12월 12일자, 〈聲明書〉.
31) 《조선일보》 1927년 12월 12일자, 〈新幹京城支會大會, 同胞擁護同盟 積極後援決
　　議〉 참조.

상회에게는 '경고문'을 발송하기로 의결하고, 중국 관헌의 재만동포 폭압사건의 내용을 조사 인쇄하여 대구시내에 배포하였다.

충남 공주에서는 신간회 공주지회를 중심으로 13개 단체가 연합하여 항의 시위를 전개하다가 일제 경찰의 탄압으로 해산되자 중국영사에게 항의하려고 대표를 서울에 보내었다.

평북 안주에서도 신간회 안주지회를 중심으로 9개 단체가 연합하여 조선총독부, 일본정부 외무성, 중국정부, 만주 각 성장 봉천총영사관 등 관계당국에 경고문을 발송하였다.[32]

평양에서도 1927년 12월 12일 23개 단체가 연합하여 평양의 '재만동포옹호동맹'을 결성하고 재경 중국영사관, 북경정부, 길림성 당국 기타 관계 관헌에게 항의문을 발송하였다. 경남 진주에서도 11개 단체가 연합하여 12월 11일 '재만동포옹호동맹'을 발기하고, 12월 14일 '시민대회'를 개최하기로 결의하였다.[33]

이 밖에도 약 10일 사이에 합천, 인천, 태인, 줄포, 광주, 나주, 천안, 강계, 강경, 울산, 사천, 홍산, 남원, 마산, 구례, 안성, 재령, 성주, 밀양, 이리, 온양, 서산, 웅기, 안악, 고창, 청주, 고성, 해주, 남원, 진천, 수원, 선천, 괴산, 당진, 부산, 능주, 장성, 상주, 영천, 북청, 무장, 목포, 송화, 정읍, 개성, 웅기, 황주, 용천, 군산, 겸이포, 벌교, 천안, 목포, 함양, 곡성, 충주, 동창포, 안성, 진남포, 포항, 성진, 서천, 하교, 서산, 경기도 광주, 길주, 영광, 법성포, 장흥, 삼천포, 용암포 등지에서 '재만동포 옹호동맹'이 결성되었다.

신간회 중앙본부가 서울에서 '재만동포 옹호동맹' 운동의 횃불을 들자 삽시간에 이 운동은 전국에 번져 퍼지기 시작한 것이다.

일제 경찰은 '재만동포 옹호운동'이 지방에 파급되기 시작하자마자 이 운동을 중지시키려고 탄압하기 시작하였다.[34]

---

32) 《조선일보》 1927년 12월 13일자, 〈同胞驅逐과 擁護運動〉 참조.
33) 《조선일보》 1927년 12월 14일자, 〈十四日에 市民大會, 진주의 대책〉 참조.

中國官憲暴壓은
新幹會와 共同鬪爭
追頭한 在滿同胞의 危機와
在東朝鮮勞働總決議

<사진 38> 신간회와 공동투쟁 보도기사
(조선일보 1927년 12월 8일자)

일제 경찰의 '재만동포 옹호운동' 중지 탄압과 연설 금지, 체포·구속은 전국 각지에서 자행되었다.

전북 남원에서는 신간회 남원지회를 중심으로 '위문금' '의연금' 모집에 착수하였다.[35] 이어서 겸이포, 인천, 영천, 장흥, 성진을 비롯하여 여러 곳에서 굶주림과 추위에 떠는 재만동포에게 보낼 '의연금' '구제금' 모금운동이 일어났다.

'재만동포 옹호운동'은 상해의 독립운동계에도 파급되었다. 상해에서는 1927년 12월 24일 '동포대회'를 대대적으로 개최하고, 김두봉, 조소앙, 조완구의 연설을 들은 다음, '7개 단체대표 연석회'의 결의안을 만장일치로 가결한 뒤 '재만동포사건 전문위원' 15명을 아래와 같이 선정하고 각 부서를 결정했으며, 즉석에서 '의연금'을 모집하였다.[36]

◇ 전문위원 : 안창호(安昌浩), 이동녕(李東寧), 김두봉(金枓奉), 조소앙(趙素昻), 진덕삼(陳德三), 김명준(金明濬), 조완구(趙琬九), 차리석(車利錫), 최석순(崔錫淳), 이○수(李○洙), 김빈(金彬), ○장성

---

34) 《조선일보》 1927년 12월 13일자, 〈羅州에서 八名檢束, 연설하다가〉 참조.
35) 《조선일보》1927년 12월 14일자, 〈南原에서는 慰問金 모집에 착수〉 참조.
36) 《조선일보》1928년 1월 5일자, 〈上海에 同胞大會〉 참조.

(○長城), 김기진(金基鎭), 황의춘(黃義春), 이유필(李裕弼)

◇ 서무부 주임 : 안창호, 부원 : 김명준, 김기진, ○장성, 이동녕

◇ 선전부 주임 : 조완구, 부원 : 조소앙, 김두봉, 이유필, 황의춘

◇ 조사부 주임 : 진덕삼, 부원 : 이○수, 최석순, 김빈, 차리석

재만동포 옹호운동이 파급되어 나감에 따라 지방 각지에서 중국인 화교들에 대한 적개심이 증대되어 갔다. 장성의 시민대회에서는 일찍 중국문화 배척을 결의하기도 하였다.

신간회는 1927년 12월 11일 총무간사회를 열고 "우리는 조선내 거류 중국인에게 대하여 보복적 수단을 취함은 불가하다고 인정하므로 지방지회에 지령하여 거류 중국인의 생명·재산에 위해가 미치지 않도록 활동할 일"37)을 결정하였다.

'재만동포 옹호동맹'은 긴급히 12월 15일 정견을 발표하여, 문제를 "중국관헌과 우의적 평화적으로 해결할 것이오 결코 탈선적 행동을 하지 말도록 할 일"이라고 촉구하였다.38) 이에 신간회 활동에 의해 중국인에 대한 보복은 엄금 자제되었다.

한편 서울의 중국인들은 1927년 12월 10일 제1차 '화상총회'(華商總會)를 개최하고 '재만조선인을 구축하지 말아달라'는 청원서를 본국 정부에 발송했으며, 조선각계에는 양민족 우의를 강조하는 성명서를 발송하였다.39) 또한 서울의 중국인들은 12월 13일 제2차 화교대회(華僑大會)를 열고, 재만조선인 구축 반대의 청원을 재확인함과 동시에 본국 정부의 재만조선인 구축에 대단히 유감이라는 뜻을 발표하였다.40) 또한 평양에서도 1927년 12월 16일 평양화교들이 '재만조선인

---

37) 《조선일보》1927년 12월 12일자, 〈居留中國人에 報復迫害不可, 新幹會 태도 결정〉 참조.

38) 《조선일보》1927년 12월 16일자, 〈民衆은 自重하야 脫線行動을 말라〉 참조.

39) 《조선일보》1927년 12월 12일자, 〈在京華商總會,本國請願〉 참조.

40) 《조선일보》1927년 12월 15일자, 〈第二次 華僑大會〉 참조.

<사진 39> 전만주조선인대회 보도기사(조선일보 1927년 12월 18일자)

축출을 중지해달라'는 항의서를 길림성장에게 발송하였다.[41]

또한 특기할 것은 만주벌판에서 쫓겨날 처지에 떨고 있는 소년 소
녀들의 형편을 살피어 반드시 이들을 옹호할 필요를 절감하고, 서울에
서 1927년 12월 16일 '재만소년동포옹호동맹'(在滿少年同胞擁護同盟)이
발기되었다는 사실이다. 발기인은 방정환(方定煥) 등 14명이었으며, 참
가단체는 '조선소년문예연맹' 등 6개 단체였다.[42]

---

41)《조선일보》1927년 12월 18일자,〈平壤華僑도 吉林省長에 抗議〉참조.

42)《조선일보》1927년 12월 18일자,〈어린이를 위하자는 在滿少年同胞擁護同盟發

사면초가에 빠진 만주군벌의 길림성 당국은 마침내 한국민족의 재만동포옹호운동에 굴복하였다.

만주 길림성에 거주하는 한국인으로 조직된 한교구축문제대책강구회 후원회(韓國驅逐問題對策講究會 後援會)에서는 손정도(孫貞道) 등 유수한 인물 다수가 길림성장과 엄중한 담판을 개시해 온 결과 1927년 12월 17일 "길림성 내에 재주하는 모든 조선인은 앞으로 6개월 이내에 모두 중국 국적에 귀화시키기로 하고 이전의 구축령(驅逐令)은 그 관내에서 취고(取消)함"이라는 공언을 얻게 되었다.[43] 만주 군벌정권 길림성장의 한국인 구축령이 일단 취소된 것이었다.

이것은 신간회가 중심이 되어 전민족적으로 전개한 '재만동포 옹호 운동'의 대승리였다.

이와 거의 동시에 1927년 12월 18일 오후 2시에 오랫동안 준비되어 오던 '봉천조선인대회'(奉天朝鮮人大會)가 개최되었다. 이 대회에서는 만주 군벌정권의 조선인 구축정책을 규탄하고 다음의 세 가지 사항을 결의하였다.[44]

> 一. 중국 관민의 구축 수단이 여하히 가혹할지라도 우리들은 퇴거치 말고 결사적 대항을 할 일.
> 二. 중국 관헌의 의견을 청취하는 동시에 아등(我等)의 의사를 표명할 일.
> 三. 중국 각 단체의 여론을 환기할 일.

물론 이것으로 재만동포 구축문제가 모두 해결된 것은 아니었다. 그러나 일단 6개월의 시간을 가진 뒤에 양측이 합리적으로 문제를 해

起〉 참조.
43) 《조선일보》 1927년 12월 19일자, 〈吉林省內朝鮮人은 六個月內 入籍實績, 同省 驅逐令取消決定〉 참조.
44) 《조선일보》 1927년 12월 21일자, 〈中國官憲壓迫이 심하면 全部 國籍을 脫離, 奉天에서 열린 朝鮮人大會〉 참조.

결하기 위한 여유를 갖게 된 것이었다. 신간회 본부는 또 1929년 8월 '재만동포 피살사건 대책결의'를 하여 만주에 거주하는 동포들을 보호하기 위한 활동을 전개하였다.[45]

신간회 본부는 그 뒤에도 재만동포 옹호에 진력하였다.[46] 1929년 9월 5일부터 개최된 중앙상무집행위원회에서 상세한 만주동포 피해 조사를 위해 신간회에서 특파원을 파견하기로 의결하였다.[47]

또한 신간회 중앙본부는 1930년 9월 17일 이극노(李克魯)를 만주에 파견하여 재만동포의 문제를 조사하고 위로하게 파견하였다.[48]

신간회의 재만동포 옹호운동은 신간회 민족운동의 역사에 영구히 기록되어야 할 큰 업적이었다.

7. 농민운동 지원과 하의도(荷衣島) 소작쟁의 등 지원

신간회 중앙본부는 농민들의 정당한 소작쟁의는 힘있는 대로 열심히 지원하였다.

예컨대 1928년 3월 전라남도 하의도(荷衣島)에서 소작쟁의가 일어나자 신간회 중앙본부는 '특파원'을 파견하여 진상을 조사하고 이를 성원하였다.[49]

또한 예컨대 경기도 안성군에서 자연재해가 극심하여 흉년이 들자

45) 朴明煥, 〈新幹會回顧記〉, 《신동아》 1936년 4월호 참조.
46) 安在鴻, 〈在外 朝鮮人의 國際的 地位〉, 《조선일보》 1929년 9월 10일자 〈사설〉; 《민세안재홍선집》 제6권, pp.129~131 참조.
47) 《조선일보》 1929년 9월 12일자, 〈在滿同胞피해조사로 신간회에서 특파〉 참조.
48) 《조선일보》 소화5년, 9월 29일자, 〈조사위문차 李克魯씨 파견, 신간회 본부에서〉 참조.
49) 《조선일보》 1928년 3월 29일자, 〈荷衣島소작쟁의〉 참조.

신간회 안성지회에서 지주들이 소작료를 강박 징수하는 것을 방어하기 위해 자연재해의 상태를 철저히 조사해서 각 지주에게 통지하고 소작료의 감면을 요구하였다.[50]

신간회는 당시 한국인의 83퍼센트를 차지하는 농민들의 비중과 비참한 처지를 강조하여 지적하고, 농민에 대한 한글 교양교육과 소작농민들의 경작권의 철저한 보호가 신간회의 첫째와 둘째 당면 과제임을 밝히면서,[51] 농민들의 정당한 소작쟁의를 힘껏 지원하였다. 신간회의 이러한 정책과 활동은 당시 불우한 처지의 한국 소작농들과 농민운동에 큰 성원이 되어 주었다.

8. 어민들의 권익 옹호운동

신간회는 1928년 부산에서 일본인 선주와 한국인 어민 사이에 분쟁이 일어나자 중앙본부에서 이승복, 조헌영 등 조사단을 파견해서 진상을 조사하고 한국인 어민들의 권익을 옹호하도록 하였다. 조사결과 일본인 선주와 일본인 어민들이 한국인 어민들에게 몫을 주지 않아서 일어난 사건이었으므로, 신간회가 강력히 개입하여 한국인 어민들의 몫을 찾아 주고 한국인 어민들에게 유리하게 사건을 해결하였다.[52]

신간회 중앙본부의 지원으로 함경도 단천지회 여해(汝海) 분회에서도 어민의 권익 수호를 위한 어민운동을 결의하였다.[53]

신간회 중앙본부가 서울에 설치되어 한반도 해안과 섬들의 빈한한

---

50) 《조선일보》 1929년 10월 14일자, 〈흉년 소작인을 위해〉 참조.
51) 安在鴻, 〈實際運動의 당면과제—新幹會는 무엇을 할까〉, 《조선일보》 1928년 3월 27일자 사설; 《민세안재홍선집》 제1권, pp.270~274 참조.
52) 李炳憲, 〈新幹會運動〉, 《신동아》 1969년 8월호 참조.
53) 《조선일보》 1930년 6월 14일자, 〈汝海신간분회〉 참조.

한국 어민들에 대한 일본인 선주들의 수탈과 학대를 감시하며 성원하고 있다는 사실만으로도 한국 어민들은 큰 격려와 용기를 얻고 있었다.

9. 수재민 구호운동

신간회 중앙본부는 1928년 9월 함경도 지방에서 대홍수가 일어나서 수재민이 다수 발생하자 이에 대한 구호사업을 활발하게 전개하였다. 당시 함경도 지방의 수재는 매우 커서 인명 피해가 1,400명, 가옥 피해가 3만 7천여 동에 달했으며, 특히 함흥(咸興)·홍원(洪源)·북청(北靑)·신흥(新興) 지방의 피해는 극심하였다. 신간회 중앙본부는 1928년 9월 이원혁을 긴급히 현지에 파견하여 수재상황을 조사·파악하는 한편, 중앙의 각 신문사와 종교단체를 동원하여 식량·의복·의연금 등을 모집하여 구호활동을 전개하였다.[54]

전국의 신간회 지회들이 신간회 중앙본부의 호소에 호응해서 '수해 의연금'을 모금한 결과 거액의 의연금이 중앙본부와 신문사를 거쳐 '관북수재구제회'에 보내졌다. 이 의연금은 수재민들에게 배분되어 수재민 동포를 구제하는 큰 성과를 내었다.[55]

일제는 이것을 총독부 당국이 할 일이지 신간회가 하는 것은 불법 행위라고 탄압하였다. 그러나 신간회는 수재민 구호운동이 우리민족을 우리 힘으로 돕는 당연한 운동이라며 일제의 압력을 거부하고 수재민 구호운동을 광범위하게 전개하였다.[56]

54) 《조선일보》 1928년 10월 27~30일, 〈新幹會水害義損〉 참조.
55) 《조선일보》 1928년 12월 4일자, 〈신간회의 수재의연, 관북수재구제회로〉 참조.
56) 李源赫, 〈新幹會의 조직과 투쟁〉, 《思想界》 1960년 8월호; 李炳憲, 〈新幹會運動〉, 《신동아》 1969년 8월호 참조.

신간회는 그 이후에도 각 지방에서 수재민 등 재난을 입은 동포가 발생할 때마다 구호사업운동을 전개하였다.

10. 동척(東拓)의 한국농민 수탈 및 일본인 동척 이민 폭행 규탄

일제의 동양척식(東洋拓植)주식회사는 악질적 회사지주로서 기회만 있으면 소작료를 인상하고 소작조건을 악화시켜 한국인 소작농을 착취하였다.[57] 이것은 동척(東拓)의 소작지에서는 전국적으로 자행되었다.[58]

신간회 중앙본부와 지방지회들은 동척의 한국 소작농 수탈을 기회 있을 때마다 완강하게 규탄하였다.[59] 예컨대, 경기도 개성에서 동척이 한국 소작농과 1926년 소작계약 체결 때의 소작료율을 1928년에 50퍼센트 인상하려 하자, 신간회 개성지회는 신간회 중앙본부와 긴밀히 연락하면서 다른 사회단체들과 함께 진상조사위원을 파견하여 이 문제를 조사하고 동척 소작료 인상 폭리에 대한 반대투쟁에 궐기하였다.[60]

또한 동척의 일본인 이민들이 한국농민들에게 폭행을 가하는 일이 빈발하자, 신간회는 이를 규탄하고 한국 농민들을 보호하는데 앞장섰다. 예컨대, 경기도 안성군 보개면 가사리에서 1929년 6월 동척의 일본인 이민 산보구(山保久: 야마호 히사시)라는 자가 남의 논에 댈 봇

---

57) 《조선일보》 1929년 11월 18일자, 〈昌原東拓에서 小作料 暴徵〉 및 11월 23일자 〈東拓의 非行을 지주회에 진정, 東拓 小作人들이〉 참조.

58) 安在鴻, 〈다시 東拓에 대하여〉, 《조선일보》 1924년 11월 12일자, 〈사설〉, 압수당해 미발행; 《민세안재홍선집》 제1권, pp.78~80 참조.

59) 安在鴻, 〈간과할 수 없는 東拓의 횡포—기괴한 社會相의 일면〉, 《조선일보》 1925년 2월 5일자 〈사설〉; 《민세안재홍선집》 제6권, pp.22~25 참조.

60) 《조선일보》 1928년 3월 30일자, 〈賭租五十割引上한 東拓의 無前暴擧로 開城各團體奮起〉 참조.

물을 제 논에 도둑질하여 대는 것을 말린다고 그곳 김씨집 머슴 안진택(安鎭宅)을 곤봉으로 무수히 안타하여 큰 부상을 입혔다. 안진택이 그 일본인을 안성경찰서에 고소하자, 일제의 조종을 받은 면장·리장 등 십여 명이 안진택을 방문하여 돈 45원을 주고 고소를 취하시켰다. 그러자 동척 이민 산보구가 머슴 안진택을 그 동리에서 추방하였다. 안성청년회에서 이에 항의하려하자 일제 안성경찰서에서 이를 금지시켰다. 안진택은 돈을 다 써도 부상은 낫지 않고 당장 생활방도가 막연하게 된 참담한 처지에 떨어지게 되었다.

이를 알게 된 신간회는 안성지회로 하여금 서울로 보내 세브란스병원에 입원시키도록 하고, 안성지회가 앞장서서 치료비 및 위자료 청구소송을 도와주어서 박해받는 한국 농민 머슴을 보호하였다.[61]

비단 동척 뿐만 아니라 일본인 흥업회사(興業會社) 등 일본회사 지주들의 한국 소작농민 수탈과 억압이 일제경찰의 엄호를 받으며 도처에서 자행되었다.[62] 막강한 권력과 일제경찰의 엄호를 받는 일본인 회사지주에 대한 비판운동과 한국 소작농 권익보호운동은 신간회가 조직되어 있었기 때문에 큰 격려와 지원을 받을 수 있었다.

11. 전국순회 강연운동

신간회 중앙본부는 1928년 7월부터 전국 각 지역에 대한 지방순회

---

61) 《조선일보》 1929년 7월 19일자, 〈東拓移民暴行사건, 新幹會서 入院을 알선〉 참조.
62) 安在鴻, ① 〈珍島事件에 대하여〉, 《조선일보》 1924년 12월 7일자 사설, 압수당해 미발행; 《민세안재홍선집》 제1권, pp.81~83; ② 〈當局者에게 與함-珍島事件과 言論壓迫〉, 《조선일보》 1924년 12월 8일자 사설, 압수당해 미발행; 《민세안재홍선집》 제1권, pp.84~87 참조.

<사진 40> 신간회 경성지회에서 개최한 대강연회 광경(조선일보 1929년 9월 9일자)

강연을 시작하였다.[63] 처음 경기도 지방은 안재홍과 조병옥, 평안도지방은 다시 안재홍과 이병헌, 함경도 지방은 이종린과 이병헌, 충청도와 전라도 지방은 이승복, 강원도 지방은 조헌영, 인천 지역은 정칠성과 박호진, 경상도 지방은 다시 안재홍과 조병옥, 이 밖에 윤보선(尹潽善)·이원혁·권태석 등이 지방순회강연에 나갔다. 권태석·안재홍·이병헌 등 다수의 연사들이 강연내용 때문에 구속되기도 하였다.[64]

신간회의 전국 각 지방 순회강연내용의 한 예를 들어 보면, 일제 관헌자료는 안재홍(安在鴻)이 신간회 상주지회 설립 기념강연회에서 행한 강연내용을 다음과 같이 인용하면서 '논봉(論鋒)이 예리하고 조선통치의 근본을 찌르고 있다'고 평하였다.

　　1919년의 독립운동은 우선은 실패로 끝났다고 볼 수 있을는지 모르나

---

63) 《동아일보》 1929년 7월 7일자, 〈신간중앙위원회 중요사항 결정〉 참조.
64) 李源赫, 〈新幹會의 조직과 투쟁〉, 《思想界》 1960년 8월호; 李炳憲, 〈新幹會運動〉, 《신동아》 1960년 8월호 참조.

정신적으로 우리 민족에게 준 교훈은 다대하다. … 장차 전민족의 단결
로써 실제 행동을 취할 필요가 있다. … 오늘과 같은 교육제도는 모두
일본인 위주이며 조선민족의 정신을 소멸시키는 것이므로 조선인에게는
조선인을 위한 교육을 시켜야 할 것이며, … 산업교통의 제정책을 보면
거의가 일본인 위주로 수립되고 있으며 우리 조선인을 이롭게 하는 바
하나도 없을 뿐더러 도리어 우리들을 멸망으로 이끌어가고 있다.[65]

신간회 중앙본부는 1929년 7월에 주요사업의 하나로 전국 지방순회
강연을 계속하였다. 예컨대 제1대로 교육부장 조병옥(趙炳玉)이 1929
년 7월 24일 서울역을 출발하여 호남지방을 약 4주일간 순회하면서
특별 순회강연을 하여 신간회의 이념과 정신을 선전하고 지회 활동을
격려 강화하였다.[66]

또 예컨대, 제2대로 1929년 8월 15일 중앙상무집행위원 안철수(安喆
洙)를 영남지방에, 박문희(朴文熺)를 주로 관동지방과 영남 일부에 파
견하여 4주간 각지에서 다음과 같이 순회강연을 하였다.[67]

◇ 안철수 … 김천, 상주, 예천, 영주, 봉화, 안동, 의성, 군위, 신녕, 경주,
　　　　　하양, 영천, 경산, 칠곡, 선산
◇ 박문희 … 고성, 양양, 강릉, 삼척, 울진, 양산, 동래, 기장, 부산,
　　　　　김해, 청도, 대구, 고령

신간회 중앙본부의 전국 각 지방 순회강연의 내용은, 일제가 평가
보고한 안재홍의 강연내용에서 볼 수 있는 바와 같이, 완전독립을 위
한 민족운동을 고취하고 일제 식민지 정책을 비판하면서, 신간회의 이

---

65) 慶尙北道警察部, 《高等警察要史》, pp.50~51.
66) 《조선일보》 1929년 7월 26일자, 〈신간회 지방순회〉 참조.
67) 《조선일보》 1929년 8월 15일자, 〈신간회 지방순회 계속〉 참조.

념과 민족운동노선을 해설·실천하도록 고취한 것임을 알 수 있다.

12. 태평양문제연구회의 참가 반대운동

일제는 이 무렵에 남태평양 방면으로의 침략을 강화하기 위한 준비의 하나로 1928년 8월 일본 경도(京都 ; 쿄오또오)에서 '태평양문제연구회의(太平洋問題硏究會議)'를 개최하기로 하고 여기에 '조선대표'도 참가시키기로 하였다.

신간회는 이러한 친일적 침략적 국제회의에 조선대표의 참가를 강력히 반대하였다.

특히 신간회 경성(서울)지회는 1929년 8월 24일 조병옥 위원장이 앞장서서 '범태평양회'의 조선지부 회원에게 탈퇴를 권고하고, 신간회원은 앞으로 그러한 친일적 국제회의에 출석코자 할 때는 사전에 신간회의 결재를 받도록 결의하였다.[68]

신간회 제7회 중앙상무위원회는 갑산 화전민사건 대책을 결의한 후 이어서 태평양문제연구회의 등 일제가 조종하면서 일제의 대외침략을 고취하는 불순한 단체에의 한국인대표의 참석을 반대하기로 결정하고, ① 동회에서의 한국인 회원 탈퇴 권고 ② 각 방면에의 반대결의문 송치 ③ 동회 본부에 반대성명서 송치 ④ 사건조사전말서 발표 ⑤ 금후 이러한 성질의 단체에의 한국인 참석의 일체 반대를 결의하였다.[69]

일제 종로경찰서는 가장 강경한 반대운동을 전개한 신간회 서울지회집행위원장 조병옥에게 경고문을 보내어 왔다.[70]

---

68) 《조선일보》 1929년 8월 26일자, 〈汎太平洋會議가 중요의안을 결의〉 참조.
69) 《동아일보》 1929년 8월 9일자, 〈六.七양일간 계속 신간본부위원회〉 참조.
70) 《동아일보》 1929년 8월 28일자, 〈조위원장을 초치, 신간京支에 경고〉 참조.

이에 대하여 조병옥은 "신간회 운동은 조선대중을 훈련·조직하여 우리의 복리 증진에 당할 세력을 조성코자 하는 바요, 그 세력의 작용은 다만 역사에 맡기고자 하는 바이다. 본 지회는 이 견지에서 정책을 수립할 터이므로 나는 사회문제에 대한 금후 태도를 예기적으로 보증할 수 없음을 유감으로 생각한다[71]고 항변 의사를 발표하였다.

---

[71] 《동아일보》 1929년 9월 2일자, 〈사회문제에 대한 태도, 예기적 보증 불능〉 참조.

제7장
신간회 중앙본부의 민족운동(Ⅱ)

13. 원산 총파업과 노동운동 지원

  신간회 중앙본부는 전국 각지에서 일제에 대항하는 한국인 노동운동과 노동자파업이 일어나면 적극적으로 이를 옹호하고 지원하였다.

  신간회 중앙본부는 1929년 1월 함경남도 원산에서 노동자들의 '원산총파업(元山總罷業)'이 일어나자 신간회 원산지회로 하여금 이를 적극 지원하도록 하는 한편, 본부에서도 변호사협회 회장 이인(李仁)을 원산에 파견하여 노동자들의 권익을 옹호케 하였다.

  신간회 원산지회는 적극적으로 '원산총파업'에 개입하여 한국노동자들의 권익을 옹호했으며, 인천으로부터 온 일제의 국수회원(國粹會員)의 퇴거를 요구하다가 간부들이 체포당하기도 하였다. 신간회 인천지회도 일제가 인천에서 노동자들을 모집하여 원산에 보내려는 활동을 저지하기 위해 활동하다가 간부들이 연행되어 구류처분을 받았다.

  전국 각지의 신간회 지회들은 원산노동자들에게 전보를 보내어 원산총파업을 성원하였다.[1] 신간회 경기도 광주 지회장 석혜환(石惠煥)은 1929년 2월 20일 원사총파업 노동쟁의단 격려 격문을 발송했다는 이유로 광주경찰서에 인치되어 10일간 구류처분을 받기도 하였다.[2] 또한 지회별로 '동정금'(격려금)을 모금해 보내기도 하였다.[3] 많은 지회들이 원산 노동총파업 지지를 결의했으며,[4] 지지 격려 전보문을 발

---

[1] 姜東鎭, 〈元山總罷業에 대한 고찰 : 주로 그 민족독립운동으로서의 성격을 중심으로〉, 《학술지》 제12집(1971); 김경일, 〈1929년 원산총파업에 대하여〉, 《創作과批評》, 1989년 봄호; 유현, 〈1929년 원산총파업 연구〉, 《韓國社會史研究會論文集》 제19집(1990) 참조.
[2] 《조선일보》 1929년 2월 22일자, 〈廣州신간회지회장, 격문으로 拘留〉 참조.
[3] 《조선일보》 1929년 2월 13일자, 〈쟁의단에 동정〉 참조.

송하기도 하였다.5)

1929년 '원산총파업'의 성과의 배경에는 신간회의 옹호와 지원이 큰 격려와 용기를 주었음을 주목할 필요가 있다.

그 이후에도 신간회는 전국 각지에서 한국인 노동자들의 노동운동이 일어날 때마다 이를 지지 성원하였다.

14. 함남 수력발전소 매립지구 토지보상운동

신간회 중앙본부는 지방의 취약한 한국농민들이 강대한 일제 권력과 자본에게 부당한 수탈과 억압을 당한 경우를 발견할 때에는 힘껏 한국농민들을 지원하였다.

일제는 이 무렵에 함경남도에 장진발전소와 부전발전소 등 수력발전소의 댐을 만들면서 매몰지구의 농민들에게 매몰된 토지에 대한 보상도 제대로 해주지 않고 한국 농민들을 무조건 먼저 축출하는 만행을 자행하였다.

신간회 중앙본부는 김병로를 대표로 하는 조사단을 현지에 파견하여 농민들의 참상을 조사한 후, 일제 총독부에게 농민들에 대한 토지보상과 생활안정대책을 강력하게 요구하였다. 그 결과 신간회의 요구조건이 모두 관철되지는 못했지만, 주민들의 단계적 이주, 매몰토지에 대한 부분적 보상 등 당시로서는 큰 승리를 쟁취하였다.6) 이 이후에도 신간회는 농민들의 권익보호 운동을 기회 있을 때마다 적극 지원하였다.

4) 《조선일보》 1929년 2월 22일자, 〈신간창원지회〉 참조.
5) 《조선일보》 1929년 2월 11일자, 〈신간청주지회〉 참조.
6) 李源赫, 〈新幹會의 조직과 투쟁〉, 《思想界》 1960년 8월호 참조.

15. 화전민 권익 옹호와 갑산 화전민 방화 방축사건에 대한 항쟁

신간회 중앙본부는 일제에게 수탈당하고 탄압당한 화전민 권익 옹호에도 선두에서 적극적으로 활동하였다.

함경북도 갑산군 보혜면에서는 일제경찰관 11명과 영림서원 6명 등 17명의 일단이 1929년 6월 삼림 보호를 구실로 화전민 가옥 86호를 방화하거나 부셔서 화전민을 방축한 사건이 발생하였다. 일제 경찰과 영림서는 보혜면 펑펑물〔瀑布洞〕에서 6월 16일부터 18일까지 3일 동안에 화전민 가옥 63호에 방화하고 3호를 파괴했으며, 대송가동(大宋哥洞)에서는 6월 18일부터 19일까지 10호에 방화하고 4호를 파괴하였다. 즉 모두 73호를 불태우고 13호를 파괴해서 모두 86호를 소실 파괴시킨 것이었다.[7] 이들은 대부분 작년 수재를 입어 살길을 잃자 이 지역에 들어가 화전민이 된 농민들이었는데, 1호에 2가구가 들어 있어 피해 화전민은 800여 명에 달하였다. 이것은 일제 당국이 자행한 참으로 비인도적 만행이었다.

신간회 중앙본부는 이 사실을 알게 되자 중앙집행위원회를 소집하여 대책을 강구하는 동시에, 특히 조사위원회를 설치하여 활동키로 하였다.[8] 뒤이어 신간회 북청지회를 비롯하여 사회단체들도 1929년 7월 10일 청년회관에 모여 이 문제를 토의하고 분기하였다.[9]

신간회 중앙본부는 김병로(金炳魯)를 진상조사위원으로 갑산 현장에

---

7) 《조선일보》 1929년 7월 16일자, 〈火田民家 放火로 陳情員又上京〉 및 7월일자 〈瀑布洞과 宋哥洞, 소실호수만 73〉 참조.
8) 《조선일보》 1929년 7월 13일자, 〈火田民家 放火와 新幹會 奮起〉 참조.
9) 《조선일보》 1929년 7월 15일자, 〈北青각단체, 奮起하여 토의〉 참조.

특파함과 동시에, 전민족적 항의운동을 일으키기 위하여 1929년 7월
17일 서울에서 각계 대표를 망라하여 '화전민충화사건 대책강구회'(火
田民衝火事件 對策講究會)를 조직해서 임시사무소를 신간회 경성지회 안
에 두기로 하였다. 이때 피선된 27명의 위원들은 다음과 같았다.[10]

> 김병로(金炳魯), 이원혁(李源赫), 황상규(黃尙奎), 이관용(李灌鎔), 박희도(朴
> 熙道), 박완(朴浣), 조기간(趙基栞), 이항발(李恒發), 서정희(徐廷禧), 정종명
> (鄭鍾鳴), 이동환(李東煥), 차재정(車載貞), 이주연(李周淵), 이석(李奭), 김상
> 진(金商震), 김진국(金振國), 이재훈(李載勳),, 최춘(崔椿), 유인원(柳寅元), 한
> 인봉(韓仁鳳), 윤충식(尹忠植), 김동일(金東日), 권상노(權相老), 심치녕(沈致
> 寧), 안재홍(安在鴻), 주요한(朱耀翰), 민태원(閔泰瑗)

일제는 이 움직임에 당황하여 대책강구회의 집회를 일체 '금지'하고
조사원 파견도 '금지'하는 탄압을 가하였다.[11] 《조선일보》가 특파원을
파견하여 취재해 온 현장보고도 1회가 나가자 바로 '보도금지' 조치를
내려 보도 중단시켰다.[12] 일제는 신간회 지방지회의 화전민 문제 대
책활동도 모두 '금지' 탄압하였다.[13]

신간회 중앙본부는 일제의 탄압이 극심했으나 특파된 조사위원 김
병로가 7월 27일 돌아오자 7월 28일 긴급하게 중앙상무집행위원회를
열고, 김병로 조사위원의 진상조사보고를 들은 후 다음과 같이 결의하
였다.[14]

---

10) 《조선일보》 1929년 7월 20일자, 〈火田民衝火事件 대책강구회 성립〉 참조.
11) 《조선일보》 1929년 7월 21일자, 〈화전민방화 대책회로는 一切행동을 제한〉
    참조.
12) 《조선일보》 1929년 7월 27일자, 〈火災로 모인 화전민, 방화로 위협 驅逐, 甲
    山事件踏査記(1)〉 참조.
13) 《조선일보》 1929년 7월 28일자, 〈화전민문제 대책위원회 금지〉 참조.
14) 《조선일보》 1929년 7월 29일자, 〈보고연설회와 책임당국에 항의, 화전민사건
    과 신간회 결의〉 참조.

火田民家放火와
新幹會奮起
인도상그대로있을수업다
總督府에抗議準備

함경북도 갑산군보혜면 대평리
(咸北甲山郡普惠面大坪里)광면
에서 화전(火田)을방작하야 그
는 당국에서도 그사건내용의 작
날그날의 생명을제유하야 (親睦)
처민(細民)들도다시구소에속하는 관전
하고가 명령서다하야 (親睦)
하야 그가오. 신여 어에충화...

一. 진상조사보고서의 작성 발표.

一. 7월 29일 하오 8시부터 종로 중앙청년회관에서 진상조사보고 연설회를 개최

一. 피해민 구제와 책임당국에 대한 항의는 다음 중앙상무위원회에서 결정.

그러나 일제는 진상조사보고 연설회를 '금지'하여 모임을 가질 수가 없었고, 진상보고 요지만 조선일보 등에 간단히 요약해 보도하였다.15)

<사진 41> 신간회 분기 보도 기사(조선일보 1929년 7월 13일자)

신간회 중앙본부는 1929년 8월 5~6일 이틀 동안 제7회 중앙상무위원회를 열고, '갑산화전민사건' 대책으로서 ① 진상보고서의 긴급발표, ② 김병로·황상규·이관용 등 3인을 항의위원으로 선출하여 일제 조선총독부에 항의토록 하였다. 또한 ① 방화구축에 대한 질문 ② 피해화전민에 현경작지(現耕作地) 배여(配與) ③ 소실가옥·가구·양식에 대한 손해배상 ④ 직접책임자의 처벌 ⑤ 5백여 만 화전민에 대한 금후의 주의 관심을 요구하기로 결의하여,16) 이를 실행해서 큰 성과를 내었다.17)

신간회 중앙본부는 또한 1929년 8월 21일 상무집행위원회를 열어 일제

---

15) 《조선일보》 1929년 7월 15일자, 〈갑산화전민사건상보〉 참조.
16) 《동아일보》 1929년 8월 9일자, 〈六·七양일간 계속 신간본부위원회〉 참조.
17) 朴明煥, 〈新幹會回顧記〉, 《신동아》 1936년 4월호 참조.

<사진 42> 갑산 화전민 사건 보도 기사(《조선일보》 1929년 9월 1일자)

총독에게 보내는 '항의 문'을 통과시켰다.[18]

신간회 중앙본부는 중앙집행위원 김병로와 경성지회장 조병옥 양 인을 총독부에 파견하 여 항의문을 직접 면회 하여 전달하고 엄중 항 의하려했으나, 총독 재 등(齋藤, 사이토)은 아 직 부임하지 않았고 정 무총감 아옥(兒玉, 고다 마)은 면회를 거절했으

므로 비서관에게 다음과 같은 엄중한 항의문을 교부했는바, 항의문의 내용은 다음과 같았다.[19]

항의문

본 회는 함남 갑산군 보혜면 대평리 화전민사건에 대하여 7월 18일 본회 중앙집행위원 김병로씨를 사건 발생지에 특파하여 별지 조사서와 같은 사건진상을 알게 된 바, 당국자의 이러한 잔인한 행동은 인도상 도저히 묵과할 수 없는 일이며, 이 사건에 대한 대책강구회를 압박하 고 진상의 발표를 방해함에 이르러서는 조선인의 생존을 XX하는 행동 으로 밖에는 볼 수 없는 것으로 인정함.

---

18) 《조선일보》 1929년 8월 24일자, 〈신간회본부 상무위원회〉 참조.
19) 《조선일보》 1929년 9월 1일자, 〈갑산화전민 사건으로 총독부에 엄중 항의, 신간회 본부에서〉 참조.

기아에 우는 박해화전민의 학대된 생명을 위하여 만곡(萬斛)의 동정을 불감(不堪)하는 동시에 백여 만 화전민의 장래를 상급(相及)할 때 한심과 의분을 금키 어려우므로, 이에 별지 진상조사서를 첨부하여 당국의 언어 ○○한 조치에 엄중 항의하는 동시, 좌기 사항의 실행을 요구함.

좌기

一. 피해화전민의 현경작지 보존.

一. 소실가옥, 가구, 양식에 대한 손해배상

一. 방화·구축에 대한 직접 책임자 처벌.

一. 금후 화전민의 안전보장

1929년 8월 31일

신간회 중앙집행위원장 허헌(許憲)

조선총독 재등실(齋藤實) 전(殿)

신간회 중앙본부의 일제 만행으로 참담한 처지에 빠진 동포들의 구휼활동은 이 시기 한국농민들의 민족운동과 권익보호에 매우 큰 격려를 주었다.

뿐만 아니라 그 후 신간회 각 지회에서 화전민 실태를 조사하여 그 권익을 지켜주는 운동을 계속케 하는 분수령이 되었다.[20]

---

20)《조선일보》1928년 4월 1일자, 〈성진지회에서 明川화전민 조사〉참조.

16. '밀러'박사 연설회 개최

신간회 중앙본부는 1929년 8월 미국 오하이오 주립대학의 '약소민족 연구'에 큰 관심을 가진 사회학 교수 '밀러' 박사가 서울을 방문하게 되자, 한기악(韓基岳)·민태원(閔泰瑗)·허헌·조병옥·정칠성(丁七星)·주요한 등이 준비위원이 되어 8월 27일 신간회 경성지회·근우회·조선일보·동아일보·시대일보 등과 합동으로 환영회와 학술 '강연회'를 일제 경찰단의 임석 감시 속에서 개최하게 되었다.[21]

밀러 박사는[22] "조선사정을 조사하기 위하여 십여 일 전 조선에 와

---

21) 《동아일보》 1929년 8월 29일자, 〈弱少民族의 恩人 밀러 博士講演會〉 참조.

22) 밀러(Herbert Adolphus Miller, 1875~1951)는 스웨덴계 미국인으로서 다트머스(Dartmouth) 대학을 졸업하고 하버드(Harvard) 대학원에서 사회학 석사와 박사를 받은 후, 미시건(Michigan) 대학에서 사회학 조교수로 학자생활을 시작하였다. 그는 1924~1931년 오하이오 주립대학 사회학 교수로 있을 때, 일제 지배하의 한국민족의 상태에 대한 현지조사차 한국을 방문했었다. 밀러는 1929~30년 중국의 연경(북경) 대학, 중국·인도·시리아의 대학에서 강의를 담당하면서 식민지상태의 약소민족을 연구하였다. 주요저서로는 《학교와 이민(*The School and the Immigrant*)》(1916), 《이식된 구세계 특성(*Old World Traits Transplanted*)》(1921, Robert E. Park와 공저), 《인종·민족·계급(*Races, Nations and Classes*)》(1924), 《내일의 시작(*The Beginnings of Tomorrow*)》(1933) 등과 이밖에 사회문제와 민족문제에 대한 다수의 논문이 있다. 그는 세계평화 교란자로서의 제국주의에 대한 매우 비판적 견해와 피지배 약소민족의 해방독립을 적극 지지하는 견해를 가진 당시 매우 드문 사회학자였다. 밀러 박사는 제1차 세계대전 기간에 미국에서 '중부유럽연맹' 창립과 '체코슬로바키아 독립선언'에 적극 참가하고, 제1차 세계대전 후에 체코 대통령 마사리크(Masaryk)와 폴란드 초대 대통령 파데레프스키(Ignace Paderewski)와 공동활동하였다. 그는 윌슨 미국 대통령의 '민족자결주의' 정책에도 자문했으며, '한국독립'도 적극 지지하였다. 밀러 교수는 그의 저서 《내일의 시작》 제9장으로 '한국의 경우'(The case of Korea)의 독립章을 설정하여, 한국은 일본이 일본문화의 대부분을 얻어 온 일본보다 역사가 오래된 민족인데, 일본 제국주의가 유럽 제국주의를 모방하여 침략 점령한 첫 번째 나라라고

<사진 43> 밀러 박사 강연회(동아일보 1929년 8월 29일 자) 아래는 밀러(Herbert Adolphus Miller) 박사,

서 서울에 체류 중이었던 바, 그는 사회학자로서 약소민족(弱少民族) 문제에 많은 흥미를 가지고 일찍이 조선인에게 대하여도 적지 않은 공헌과 공적이 있는 것은 이미 다 아는 바인데 수일 후 고국에 돌아가겠으므로,"23) 신간회 본부와 경성지회는 공동으로 '밀러박사 강연회'를 개최하게 된 것이었다. 강연의 제목은 '세계평화의 화인(禍因)'이었다.

밀러 교수는 조선민족은 일본보다 오랜 역사와 독자적 언어를 가졌을 뿐 아니라 종래 일본문화와 지식의 대부분을 낳아 전수해 준 사실을 알고 있는 자부

설명하였다. 그는 일본이 1910년 이래 한국인을 일본인화하려는 식민정책을 강행하고 있으나, 한국인들은 이를 거부하여 한국인들의 독립을 위한 민족주의 운동(nationalist movement)이 국내 전민족을 망라하고 있을 뿐 아니라, 만주에서도 파급되어 일어나고 있다고 강조하였다. 그는 한국인들의 독립을 위한 민족운동이 중국인들의 일본에 대한 저항운동까지도 고취하고 있는데, 이것은 마치 아일랜드의 독립투쟁이 인도의 민족운동을 고취하고 있는 것과 유사하다고 지적하고, 한국민족의 독립을 위한 민족운동의 정당성을 적극 옹호 설명하였다.

23) 《조선일보》 1929년 8월 27일자, 〈米國社會學者 世界平和로 講演〉

심을 가진 사람들이기 때문에 일본이 유럽 제국주의를 모방하여 한국
을 점령하고 동화시키려 해도 결코 성공할 수 없으므로 독립을 승인
하는 것이 현명하다는 평소의 판단과 생각을 갖고 있었다.[24]

천도교 기념관에서 1929년 8월 27일 오후 7시 반 조병옥의 사회와
소개로 시작된 강연회에서 '밀러'교수가 강연 모두에 "나는 이때껏,
경찰관에게 포위되어 강연한 법이 없었다"고 준엄한 학자적 양심으로
일제를 꾸짖자, 임석한 일제 경관은 강연을 중단시켰다.[25] 주최측의
간청으로 속개된 강연의 본론에서 그는 사회학적으로 현재 세계의 최
대문제는 강대민족에게 부속된 약소민족이 어떻게 하면 평화롭게 공
존공영할 수 있을까 하는데 있다고 말한 후, 각 민족간의 우열의 존
재를 전제하는 것은 정치적 관찰법이고, 모든 민족간의 우열의 존재를
전제하지 않고 평등하다고 전제하는 것이 과학적 관찰법이라고 설명
하였다. 그는 국제적 협동주의가 자국민중심주의를 대신해야 하며, 모
든 사회는 변동하므로 자급자족경제가 자본주의 경제로 변동할 수 있
는 것과 같이 한때 낙후된 사회도 성원들이 각성하여 낡은 습관과 관
념을 고치고 노력하면 부강하고 발전된 사회가 되는 것이라고 강조하
였다.[26] 그 사례로 영국의 식민지였던 미국의 독립투쟁사를 이야기하
면서 미국은 자유(自由)와 평화(平和)를 건국이념으로 독립했으며, 한
국민족도 앞날을 위해 실력을 배양하고 자유정신으로 무장해야 한다
고 역설하였다. 통역이 체코에 대한 설명을 요청하자 밀러 교수는 체
코에서 전민족을 훈련 교육시킨 체육회를 설명하면서, 제1차 세계대전
의 결과 유럽 지도가 변하게 되었고 체코 공화국은 훌륭한 대통령 마
사리크(Masaryk)와 함께 잘 발전하고 있다고 강연하였다. 바로 이때

---

24) Herbert A. Miller, *The Beginnings of Tomorrow*, D.C. Heath and Co.,
   Boston, 1933, pp.149~162 참조.
25) 《동아일보》 1929년 8월 29일자, 〈"나는 成功이다", 밀러 博士의 朝鮮印象〉 참조.
26) 《동아일보》, 1929년 8월 27일자 〈世界平和의 禍因은 習慣觀念의 固持, 몇 십
   년 후에는 딴 경제조직으로, 밀러박사 講演要旨〉 참조.

임석 일본 경찰이 "중지"하고 소리쳤다고 밀러 교수는 그의 저서에서 기록하였다.[27]

그러나 강연은 거의 끝난 때여서 밀러 박사는 "나는 성공하였다"는 격동의 말로 끝내고 내려 왔는바,[28] 이 강연은 청중들에게 열광적 환영을 받고 깊은 감명을 주어 소기의 성과를 얻었다.[29]

17. 언론·출판·집회·결사 탄압 규탄운동

言論壓迫糾彈∥
演說會又禁止
종로서로부터 또금지해
總督府當局에 質問

신간회본부(新幹會本部)주최로 지를금지하기로 대연설회(大演說會)를 사일로 밀려서 열기로 하였다는 즉시 종로경찰서에서 신간회에서 는 종로서로부터 또다시 함 이 言論壓迫糾彈의 줄로 출발하려함에따라

<사진 44> 연설회 금지 보도기사(동아일보 1929년 8월 5일)

신간회는 "언론·집회·결사·출판의 자유의 획득 및 그를 위한 운동"[30]을 신간회 실제운동의 가장 중요한 당면과제의 하나로 정하여 추진하였다.

신간회 중앙본부는 1929년 7월 28일 갑산 화전민사건에 대한 진상보고 연설회를 개최하기로 했다가 일제의 탄압으로 집회금지를 당하자, 이것은 부당한 언론탄압이라고 결론짓고 8월 4일 천도교기념회관에서 김병로·황상규·안철수·이주연 등을 연사로 하는 '언론압박규탄연설회(言論壓迫糾彈演說會)'를 개최하기로 결

---

27) Herbert A. Miller, *The Beginnings of Tomorrow*, pp.160~161, 각주(1) 참조.
28) 《동아일보》 1929년 8월 29일자, 〈"나는 成功이다", 밀러 博士의 朝鮮印象〉 참조.
29) 李炳憲, 〈新幹會운동〉, 《신동아》 1969년 4월호 및 朴明煥, 〈新幹會회고기〉, 《신동아》 1969년 4월호 참조.
30) 安在鴻, 〈實際運動의 當面問題─新幹會는 무엇을 할까〉, 《조선일보》 1928년 3월 27일자 〈사설〉; 《민세안재홍선집》 제1권, p.272.

의하였다.[31]

그러나 일제 경찰은 이것도 집회금지로 불허했으므로, 신간회 중앙본부는 이것을 심각한 언론·집회의 탄압이라고 성토하고 일제 조선총독부에 직접 항의하였다.[32]

또한 신간회 중앙본부는 9월에도 일제의 연이은 집회금지 방법에 의한 탄압을 성토하고 '집회탄압대책(集會彈壓對策)'을 결의하였다.[33]

신간회 중앙본부의 일제의 언론·출판·집회·결사의 자유에 대한 탄압에 대한 저항운동의 영향으로 전국에서 신간회 지회들이 일제의 언론·집회·결사의 자유 탄압에 항의하는 규탄운동이 널리 확산되었다.

18. 재일본 한국인 노동자송환 항의운동

일제는 1929년 대공황의 영향으로 경기가 후퇴하고 일본인 노동자의 실업률이 증가하자 동경에서 취업하고 있는 한국인노동자를 한국으로 송환시키려고 하였다.

신간회 중앙본부는 이것이 일제의 한국인노동자에 대한 생존권박탈 만행이므로 1929년 9월 17일 이에 대한 항의운동을 결의하고 일본수상·내상(內相)·동경시장 등에게 항의 전문을 발송하였다.[34] 신간회 중앙본부는 특파원을 동경에 파견하여 한국인 노동자 송환정책 철회를 요구하기로 하였다.[35]

---

31) 朴明煥, 〈新幹會回顧記〉,《신동아》1969년 4월호.
32)《동아일보》1929년 8월 9일자, 〈六.七양일간 계속 신간본부위원회〉 참조.
33)《동아일보》1929년 9월 7일자, 〈무리한 경찰두전, 은인두 정두문제, 신간회에서 대책강구 중〉 및 朴明煥, 〈新幹會回顧記〉,《신동아》1936년 4월호 참조.
34)《조선일보》1929년 9월 18일자, 〈동경조선인송환에 신간회 엄중 항의〉 참조.
35)《조선일보》1929년 9월 21일자, 〈노동자 송환문제, 신간회에서 특파 교섭〉

신간회 중앙본부는 또한 동경지회에 대하여 '한국인노동자송환사건
(韓國人勞動者送還事件)'에 대하여 조사 보고할 것을 지시하였다.[36]

19.《신간(新幹)》잡지의 간행 추진

신간회 중앙본부는 기관지로서 잡지《신간(新幹)》을 발행하려고 오
랫동안 준비하였다. 신간회는 드디어 준비를 모두 마치고 1929년 11
월 22일 총독부에 발행 허가를 원고의 일부와 함께 출원하였다.

일제는 1929년 12월 2일《신간》잡지의 발행을 '불허가'로 판정하여
신간회 중앙본부에 통지하였다.[37] 이 때문에 오랫동안 준비한 신간회
의 잡지《신간》의 간행은 중단되었다.

신간회가 방대한 전국 조직을 갖추고서도 '기관잡지'를 발행하지 못
한 것은 전적으로 일제의 '발행불허가' 탄압 때문이었다.

20. 광주 학생독립운동 옹호.지원활동

광주에서 1929년 11월 3일 학생독립운동이 일어나자 신간회 광주지
회는 즉각 이를 중앙본부에 보고하였고, 이튿날 광주 학생운동 봉기에
깊이 관여한 신간회 광주지회 상무간사 장석천(張錫千)이 변장하고 급

참조.
36) 朴明煥,〈新幹會回顧記〉,《신동아》1936년 4월호; 水野直樹,〈新幹會東京支會の
　　活動について〉,《近代朝鮮の社會と思想》참조.
37)《동아일보》1929년 12월 8일자,〈신간기관지 돌연 불허가〉및《조선일보》
　　1929년 12월 8일자,〈新幹, 不許可로 대책 강구 중〉참조.

거 상경하여 신간회 본부를 방문해서 광주 학생독립운동의 동기와 내용을 상세히 보고하였다.

신간회 중앙본부는 11월 5일 중앙상무위원회를 열고 광주학생독립운동의 진상조사와 성원을 위해 중앙집행위원장 허헌, 재정부장 김병로, 서무부장 황상규를 광주로 파견하기로 결정하였다.[38] 이들은 준비를 갖춘 후 11월 9일 광주로 출발하였다.[39]

또한 신간회 중앙본부는 장성지회, 나주지회, 광주지회에 대하여 전보로써 광주에 집합하여 본부에서 파견된 조사단과 공동활동을 하도록 지시하였다.

신간회 중앙본부는 또한 상경한 광주지회 상무위원 장석천에게 서울시내 각 학교 안에 조직된 비밀독서회의 간부들을 소집하여 '광주학생운동'의 진상과 경과를 상세히 설명 전달해 주고 한국인 학생으로서 취할 태도와 계획을 독서회 간부들에게 일임하도록 하였다.[40]

허헌·김병로·황상규 등 신간회 중앙본부조사단은 일제 경찰의 삼엄한 감시를 받으면서 광주서중학교 일본인 교장, 광주경찰서장, 일본인 검사장 등을 만나서 한국학생들만을 처벌하는 문제에 대하여 그들에게 강력하게 항의하고, 진상을 조사한 후 11월 12일 상경하였다.[41] 이에 신간회 본부는 즉시 긴급상무위원회를 열어 '광주학생사건보고 대강연회'를 개최하기로 하고 선전전단을 살포했으나, 일제 경찰의 금압으로 강연회를 열지 못하였다.

신간회 중앙본부는 이에 대한 항의까지 겸하여 '언론압박탄핵대연설회'를 개최하려 했으나 이 집회도 일제 경찰의 금압으로 개최가 불가능하였다.

38) 《조선일보》 1929년 11월 10일자, 〈광주학생사건으로 신간회 三氏 특파〉 참조.
39) 《동아일보》 1929년 11월 10일자, 〈신간회긴급히의, 위원장 등 특파〉 참조.
40) 趙炳玉, 《나의 回顧錄》, 민음사, 1959, p.109 참조.
41) 《동아일보》 1929년 11월 13일자 참조 및 《조선일보》 1929년 11월 13일자, 〈신간회의 三氏 十二日朝 귀경〉 참조.

이에 신간회 중앙본부는 일제 광주검사국의 한국인 학생들에 대한 부당한 조치와 일제 경찰의 '광주학생사건보고 대연설회' 개최에 가한 무리한 압박을 규탄하는 〈항의서〉를 일제 총독에게 제출하고 면담을 하였다. 그러나 일제 총독은 아직 광주학생사건에 대한 보고를 들은 바 없으니 자세한 보고를 들은 다음에 처리하겠다고 응답하고 그 뒤에도 계속 압박만 가하였다. 이에 신간회 본부는 더욱 적극적으로 학생독립운동을 확산시키기로 하였다.[42]

21. 민중대회 운동과 전국 학생독립운동의 지원

신간회 중앙본부는 광주학생독립운동을 더욱 확산시키고 전국적 민중독립시위운동으로 발전시키기 위하여 '민중대회'(民衆大會)를 개최하기로 결정하였다. '민중대회'운동은 허헌·홍명희·조병옥·권동진·한용운·김항규·이원혁·이관용 등이 중심이 되어 추진시켜 나갔다.[43]

신간회 중앙본부는 '민중선언서'(民衆宣言書)를 발표하고, 12월 14일 안국동 네거리를 중심으로 다음과 같이 '민중대회'를 개최하기로 결의하였다.[44]

(1) 민중대회를 개최할 것

(2) 시위운동을 할 것

(3) 다음과 같은 표어로서 민족적 여론을 환기할 것

---

42) 趙芝薰, 〈韓國民族運動史〉, 《韓國文化史大系》 I; 鄭世鉉, 《抗日學生民族運動史研究》, 1975 참조; 李源赫, 〈新幹會의 조직과 투쟁〉, 《思想界》 1960년 8월호; 李炳憲, 〈新幹會運動〉, 《신동아》 1969년 8월호 참조.

43) 《조선일보》 1930년 9월 10일자, 〈民衆大會事件 예심결정서 전문〉 참조.

44) 《조선일보》 1930년 9월 7일자, 〈七항목의 슬로간, 十二인이 결의 서명〉 참조.

㉠ 광주사건의 정체를 폭로하자

㉡ 경찰의 학교유린을 배격하자

㉢ 포악한 경찰정치에 항쟁하자

그리고 격문으로서 "내(來)하라! 투(鬪)하라! 형제여! 자매여! 광주대연설회(光州大演說會)", "아등(我等)의 자질(子姪)이 회생되는 것을 묵시(默視)키 불능하다"를 만들어 채택해서 결의문을 각 지회들에 우송하였다.[45]

일제 경찰은 서울 학생들이 12월 9일 궐기하자 신간회 중앙본부를 찾아와서 '민중대회'운동의 중지를 요구하였다. 신간회 본부는 이를 거부하고, 예정대로 '민중대회'를 개최하기로 하여 일제 경찰의 방해를 물리치려고 이를 분산시켜서 추진키로 하였다. 안국동 네거리 '민중대회'는 조병옥과 이병헌이 담당하고, 종로 네거리는 안재홍과 박호진(朴昊辰), 단성사 앞은 이원혁과 정칠성, 용산·영등포 방면은 인원배치를 못했으며, 인천은 김충환(金充煥), 평양은 조만식이 담당하기로 하고, 기타 지방은 각 지회에서 맡아 '민중대회'를 열기로 하였다.[46]

그러나 일제는 '민중대회'가 개최되기 하루 전에 신간회 중앙본부를 포위하여 급습하고, 대회 추진에 열중하던 권동진·조병옥·허헌·홍명희·김병로·이관용·이원혁 등 44명의 간부와 회원을 체포했으며, 이 밖에도 민중대회를 연락받은 근우회·조선청년동맹·조선노동총동맹 관계 인사 47명 등 모두 91명을 검거하였다.

이와 같은 시간에 신간회 중앙본부 간사이며 격문 인쇄책임을 맡은 김무삼(金武森)은 인사동 조선극장에서 극비리에 인쇄한 전단과 격문의 살포를 감행하였다. 그는 살포 직후 일제경찰에 체포당하였다.[47]

---

45) 국사편찬위원회, 《한국독립운동사: 자료편 제5권》, pp.202~206 참조.

46) 李曾復, 〈新幹會小史〉5, 《한국일보》 1958년 8월 11일자; 李炳憲, 〈新幹會運動〉, 《신동아》 1969년 8월호 참조.

<사진 45> 민중대회와 관련하여 일본 경찰로부터 탄압받는 신간회 본부와 지회(조선일보 1930년 8월 1일자)

이 때문에 '민중대회' 그 자체는 무산되었으나, 신간회 활동의 효과는 상당히 컸다. 무엇보다도 서울 시내의 학생들이 '민중대회'가 좌절당했다는 소식을 듣고 궐기하기 시작하여 서울은 물론 적국 각 지방으로 학생독립운동이 급속히 확산되었다. '민중대회'는 개최 하루 전에 저지당했으나, 이 운동은 학생독립운동의 전국적 확산에 크게 기여한 것이었다.[48]

일제는 '민중대회' 사건의 주모자라 하여 허헌(許憲), 홍명희(洪命憙), 이관용(李灌鎔), 조병옥(趙炳玉), 이원혁(李源赫), 김무삼(金武森) 등 6인을 기소하고, 신간회 본부와 간부들의 가택 수색까지 하면서 억지 요건을 꾸며 실형을 구형하였다.[49]

일제의 잔혹한 심문으로 허헌, 이관용, 홍명희, 김무삼 등 4명은 옥중에서 병을 얻어 병감에서 신음하였다.[50]

47) 《조선일보》 1931년 5월 17일자 및 5월 18일자, 〈민중대회사건 판결문 全文 (1~2)〉 참조.
48) 李源赫, 〈新幹會의 조직과 투쟁〉, 《思想界》 1960년 8월호; 趙芝薰, 〈한국민족운동사〉, 《韓國文化史大系》Ⅰ 참조.
49) 《동아일보》 1930년 8월 1일자, 〈신간本支部수색은 민중대회사건관계〉 및 《조선일보》 1930년 8월 1일자, 〈신간本支部수색은 민중대회사건 관계〉 참조.
50) 《조선일보》 1930년 11월 26일자, 〈민중대회 사건의 피고 四명이 위독〉 참조.

<사진 46> 민중대회로 구속당했다 나온 신간회 간부들(1932)

일제는 재판을 오래 끌다가 1931년 4월 24일 모두 징역형으로서 허헌(1년 반), 홍명희(1년 반), 이관용(1년 반), 조병옥(1년 4개월), 이원혁(1년 4개월), 김무삼(1년 4개월)에게 실형을 언도하였다.[51]

광주학생운동이 전국 학생독립운동으로 크게 발전하여 한국민족 독립운동을 크게 고양시키고 일제 식민지통치에 심대한 타격을 준 배경에는 신간회의 헌신적 애국활동이 있었다. 특히 신간회 중앙본부가 긴급히 설치한 신간회 '학생부'가 학생 독립운동의 고양과 확산에 크게 활동하였다.[52]

---

51) 《조선일보》 1931년 4월 25일자, 〈허헌 등 六인, 민중대회사건 판결〉 참조.
52) 李文遠, 〈신간회의 활동〉, 《한국민족운동과 신간회》(조선일보사편, 신간회 창립 60주년 기념학술회의 논문집), 1987 참조.

22. 청년동맹과의 연합활동과 지원

신간회는 민족주의 독립운동노선과 사회주의 독립운동노선의 민족협동전선체였기 때문에 다른 여러 사회단체들 가운데서도 특히 조선청년총동맹과의 연합활동을 빈번히 실행하였다. 조선청년총동맹도 청년들의 민족협동전선체였기 때문이었다.

신간회가 다른 사회단체의 참가를 호소할 때에는 조선청년총동맹은 즉시 이에 응하여 연합활동을 했으며, 한편 조선청년총동맹의 활동 뒤에는 괴산의 예와 같이 언제나 신간회의 성원과 후원이 있는 것이 보통이었다.[53]

심지어 경기도 수원 오산에서와 같이 신간회 지회와 조선청년총동맹 지회가 '연합회관'을 설립하는 일도 있었다.[54] 함경북도 길주에서도 신간회 지회와 길주청년동맹이 '합동회관'을 설립하였다.[55] 신간회 남원지회도 1928년 3월 30일 남원청년동맹과 '연합회관' 건립을 결의하였다.[56]

일제가 신간회 제1회 전국대회를 '금지'하자, 마산청년동맹은 긴급히 상무위원회를 열어 신간회 중앙본부에 '격려문'을 발송하는 동시에, 일제총독부에 '항의'하는 한편, 일제의 언론·집회의 자유 압박에 대한 '탄핵연설회' 개최를 결의하였다.[57]

---

53) 《조선일보》 1928년 1월 31일자, 〈槐山支會 총무간사회〉 참조.
54) 《조선일보》 1929년 8월 9일자, 〈新幹靑盟聯合會館 건축期成〉 및 8월 19일자, 〈新幹과 靑盟, 聯合會館건축기성위원회〉 참조.
55) 《조선일보》 1928년 1월 19일자, 〈신간.청맹 합동회관 기성〉 참조.
56) 《조선일보》 1928년 4월 3일자, 〈남원지회 간사회〉 참조.
57) 《조선일보》 1928년 2월 9일자, 〈마산靑盟에서 신간회에 격려문, 탄핵연설회

또한 신간회 중앙본부 간부 박래홍이 흉한에게 피살되었을 때, 신간회 중앙본부와 천도교청년동맹이 '연합장'을 거행하였다.[58]

신간회 존속기간에 조선청년총동맹의 활동이 왕성했던 것은 신간회와 조선청년총동맹의 연합활동과 상호지원도 하나의 요인이었다고 볼 수 있다.[59]

여러 가지 민족운동 가운데 일제가 신간회 회원과 조선청년총동맹 연맹원을 동시에 수색하거나,[60] 구속하는 경우도 많았던 것은 신간회의 청년동맹과의 연합활동과 지원 때문이었다고 볼 수 있다.[61]

신간회와 조선청년총동맹의 공고한 협동전선은 두 민족협동전선체의 민족운동의 활발한 전개와 성과 쟁취에 상호지원을 주고 크게 기여하였다.

23. 청진청년 단식동맹사건 지원

조선청년총동맹 함경북도 연맹원 33인이 1928년 6월 소위 '치안유지법위반'으로 일제경찰에 검거된 후 일제는 이들에게 더 큰 고통을 주기 위해 19개월이 지나도록 예심을 종결하지 않았다. 이때 청진감옥의 청년동맹원 33인이 1929년 11월 23일부터 '단식동맹'을 시작한 이른바 '청진단식동맹사건'이 일어났다.[62]

신간회 중앙본부는 이를 알게 되자 즉각 대책을 강구하면서 신간회

개최결의〉 참조.
58) 《조선일보》 1928년 10월 8일자, 〈천도교靑盟과 신간회 연합장의로 거행〉 참조.
59) 《조신일보》 1930년 4월 6일자, 〈순량헌 인민들에겐 新幹靑盟 불필요〉 참조.
60) 《조선일보》 1930년 3월 5일자, 〈함남 定平에서도 新幹靑盟을 수색〉 참조.
61) 《조선일보》 1930년 8월 22일자, 〈新幹, 靑盟員을 東門署에 引致〉 참조.
62) 《조선일보》 1929년 11월 30일자, 〈淸津斷食同盟사건〉 참조.

청진지회에 진상조사를 지령으로 발송하는 한편, 긴급히 중앙상무집행위원회를 열고 11월 30일 위원장 허헌(許憲)을 긴급히 청진에 파견하였다.[63]

구속당한 청년동맹원의 놀란 가족과 친지들은 차입을 준비해 청진감옥을 찾아갔으나, 일제는 면회도 허락하지 않고 돌려보냈다.[64]

신간회 함경북도 연합회, 신간회 청진지회, 청진청년동맹, 근우회, 청진지회는 '항의문'을 연합으로 작성하여 11월 30일 경성법무국, 청진지방법원 및 청진형무소에 발송하였다. 그러나 일제는 가족·친지들의 사식 차입은 허락하지 않았다.[65]

신간회 중앙본부에서 파견한 위원장 허헌이 청진에 도착하여 조사한 결과는 단식한 33명 가운데 13명이 중병 상태이며, 그 가운데서도 3명은 병태가 더욱 심한 것이었다.[66] 신간회 중앙본부가 이를 세상에 알리고 일제를 규탄하자, 신간회 활동의 결과로 일제는 면회와 사식 차입을 허용하고 할 수 없이 예심 종결의 절차를 규정대로 진행시키기 시작하였다.

24. 단천 산림조합사건 지원운동

신간회는 1930년 7월부터 함경남도 단천(端川)에서 약 2천여 명의 농민들이 일제의 산림조합 설치 반대운동을 대대적으로 일으켜 마침내는 일제 군청과 경찰서를 습격했으며, 일제 경찰이 농민들에게 발포

63) 《조선일보》 1929년 12월 2일자, 〈淸津斷食사건으로 신간위원장 특파〉 참조.
64) 《조선일보》 1929년 12월 2일자, 〈절식피고 면회차, 遠來 가족은 空還〉 참조.
65) 《조선일보》 1929년 12월 3일자, 〈청진단식과 항의〉 참조.
66) 《조선일보》 1929년 12월 8일자, 〈단식한 三十三명중 13명 重病〉 참조.

하여 30여 명의 사상자를 내고 60여 명이 구속되는 사건이 일어났다.

신간회 중앙본부는 본부 중앙상무집행위원이며 신간회 전(前) 단천 지회장인 이주연을 단천에 파견하여 사건을 조사하도록 하며, 농민들을 옹호하고 지원하는 활동을 벌이도록 하였다. 또한 신간회 단천지회도 일제 산림조합반대운동에 적극적으로 참여하여 활동하였다.[67]

일제는 혈안이 되어 단천농민봉기의 배후 주동자를 전국 각지에서 집요하게 검거해서,[68] 가혹한 탄압을 가하고 무려 20여 명을 검사국에 송치하였다.[69]

신간회 중앙본부는 단천사건의 진상을 조사해서 농민운동을 지원하기 위해 김병로(金炳魯)와 김진국(金振國)을 현지에 파견하였다. 두 간부는 4일간 체류하면서 현장을 일일이 답사하고 귀경하였다. 신간회 중앙본부는 1930년 8월 1일 저녁 8시부터 청년회관에서 김진국의 〈단천 민요사건의 진상은 이러하다〉라는 제목의 보고연설회를 개최하였다.[70] 그러나 일제의 금지조치로 진상보고 연설회는 중지당하였다.[71]

보고회의 영향은 즉각 나타났다. 1930년 8월 3일 광화문 네거리와 동대문 밖 성벽에 단천 농민봉기를 지지하고 일본제국주의 식민지정책을 규탄하는 격문(삐라)이 살포되고 부착되었다.[72] 일제는 혈안이 되어 격문 작성자를 추적하다가 8월 10일에야 청년동맹 서구지부 집행위원장 김동진(金東進)의 집을 습격하였다. 김동진은 인쇄중이던 격

---

67) 李炳憲, 〈新幹會運動〉, 《신동아》 1969년 8월호; 水野直樹, 〈新幹會運動に關する若干の問題〉, 《朝鮮史研究會論文集》 제14집, 참조.

68) 《조선일보》 1930년 8월 17일자, 〈城津에서 被檢된 신간회원 移送〉 참조.

69) 《조선일보》 1930년 8월 18일자, 〈단천사건 피의자 四十여명은 續調, 二十여명은 檢局送致〉 참조.

70) 《동아일보》 1930년 8월 1일자, 〈단천사건의 보고연설회〉 및 《조선일보》 1930년 8월 1일자, 〈端川사건의 보고연설회〉 참조.

71) 《조선일보》 1930년 8월 2일자, 〈단천 民擾사건, 보고연설회 금지〉 참조.

72) 《조선일보》 1930년 8월 5일자, 〈동대문 外城壁에 端川사건 격문 첨부, 광화문通 것과 대동소이〉 참조.

문을 갖고 탈출하다가 체포당하였다.[73]

25. 전국 노동운동 지원

신간회 중앙본부는 전국 각 지방에서 노동운동이 일어나면 이를 적극적으로 지원하고 성원하였다.

예컨대 1930년 1월 부산에서 조선방직회사의 약 1,000명 여공이 동맹파업을 일으키자, 신간회 중앙본부는 1930년 1월 11일 상무위원회를 열고 부산 신간지회에 진상조사를 지시함과 동시에 이 노동운동을 지원하였다.[74] 이 부산 여공동맹파업 노동운동 지원으로 부산 신간지회 간부 2명이 일제 경찰에 구속되기도 하였다.[75]

또한 1930년 6월 함경남도 신흥에 있는 장풍(長豊)탄광의 광산노동자 수백 명이 임금을 받지 못해 광주(鑛主)에 대한 폭동을 일으키자, 신간회 중앙본부는 조사단을 장풍탄광 현지에 파견하였다. 신간회 조사단의 조사 결과 광주가 광부들을 혹사한 사실이 드러났으므로 신간회의 이름으로 즉시 '경고문'을 보내고 광산노동자들을 성원하였다.[76]

또한 1930년 8월 평양고무공장 노동자들의 총파업이 일어나자, 신간회 중앙본부는 1930년 8월 13일 중앙상무위원회를 열어 고용주 측의 임금인하와 해고의 부당성을 확인하고 동맹파업을 지원하기로 결의해 지원했으며, 평양지회에도 지원 실행을 격려하고 일임하였다.[77]

---

73) 《조선일보》 1930년 8월 12일자, 〈격문인쇄 발각되어, 격문은 端川사건 관련의 불온 격문〉 참조.

74) 《조선일보》 1930년 1월 13일자, 〈부산신간지회에 진상조사를 지령, 신간회 본부 상무위원회에서〉 참조.

75) 《조선일보》 1930년 1월 28일자, 〈부산 사회단체 간부 등을 속속 검거함〉 참조.

76) 李炳憲, 〈新幹會運動〉, 《新東亞》 1969년 8월호 참조.

신간회 중앙본부의 전국 노동운동 지원은 그 지원활동 존재만으로도 열악한 노동조건에서 일제에게 수탈당하고 있던 한국노동자들의 노동운동에 매우 큰 격려와 용기를 주었다.

26. 일본인 신문 《전북일보》의 한국민족 모욕 기사 규탄

전라북도 전주에서 1930년 일본인이 발행하는 일본어신문 《전북일보》(全北日報)가 한국민족에 대한 모욕적 기사를 게재한 사건이 일어나자, 신간회 중앙본부는 1930년 6월 19일 신간회 전주지회에 진상조사를 지시함과 동시에 철저한 대책을 강구키로 하였다.[78]

이에 호응하여 부산기자단과 진남포 청년동맹에서도 '항의문'을 작성하여 전라북도 당국에 발송하였다.[79] 신간회 경성지회에서도 회의를 열어 《전북일보》 망론을 규탄했으나 일제 임석경관의 '토의금지'를 당하였다.[80]

신간회 중앙본부는 1930년 6월 28일 중앙상무집행위원을 개최하여 《전북일보》의 한국민족 모욕기사 사건 진상조사를 발표함과 동시에 '진상조사서'를 작성하여 전국 각 지회에 발송해서, 재발 방지를 촉구하게 하였다.[81]

신간회 중앙본부는 1930년 11월 9일 제3회 중앙집행위원회에서도 민족의 존엄성을 굳게 지킬 것을 결의하고 《전북일보》의 한국민족 모

---

77) 《조선일보》 1930년 8월 15일자, 〈신간회본부 상무위원회〉 참조.
78) 《조선일보》 1930년 6월 21일자, 〈全北紙 망론, 철저응징 결의, 신간회 본부 분기〉 참조.
79) 《조선일보》 1930년 6월 25일자, 〈전북지 문제로 항의〉 참조.
80) 《조선일보》 1930년 6월 27일자, 〈신간경성지회 상무위원회〉 참조.
81) 《조선일보》 1930년 6월 30일자, 〈신간회 본부, 위원회 결의〉 참조.

욕기사 사건을 규탄하였다.[82]

27. 독립운동과 사회운동 지원

신간회는 일제의 악법의 통제를 받는 공개합법단체였기 때문에 일제의 집회금지, 구속 등 계속되는 탄압으로 신간회 중앙본부 자체는 직접 전투적 독립운동과 전투적 사회운동을 더 이상 전개할 수 없었다. 그러나 국내 민족주의 독립운동 세력과 사회주의 독립운동 세력이 합작한 민족협동전선의 최고기관으로서 모든 독립운동과 사회운동을 능력껏 지원하였다.

예컨대 학생들이 1929년 12월 광주학생독립운동을 본받아서 1930년 '학생전위동맹'(學生前衛同盟)이 중심이 되어 전국적으로 '제2회 학생만세시위운동'을 일으켰을 때, 신간회 중앙본부 학생부와 제휴하고 활동부문을 분담하였다.[83] 신간회 중앙집행위원 허헌은 학생대표에게 자금 1백 원을 대어 주었다.[84] 이러한 지원은 지방지회에서도 마찬가지였다.[85]

신간회는 독립운동가들이 국내에 들어와서 활동하다가 일제에게 피체된 경우에는 능력껏 무료 변호사도 보내고 박해를 줄이려고 진력하였다. 신간회는 국내에서 일어난 독립운동에 대해서는 직접 이에 개입

82) 《조선일보》 1930년 11월 10일자, 〈신간 제3회 중앙집행위원회〉 참조.
83) 《조선일보》 1930년 9월 13일자 호외, 〈재차 대시위를 계획, 新幹會와 제휴코 활동부분을 분담〉 참조.
84) 《조선일보》 1930년 9월 13일자 호외, 〈七종격문八천매를 심야에 一齊배포, 許憲으로부터는 자금 百圓수령〉 참조.
85) 《조선일보》 1930년 11월 2일자, 〈全利原 사회운동자 간담회를 개최, 新幹支會 주최로〉 참조.

하여 지원하고 보호하였다.

신간회의 존속기간에 신간회가 직접 주도하지 않는 경우에도 신간
회의 존재자체가 구조적으로 정신적 지주와 바람막이 병풍이 되어 주
어 사회 각 분야에서 민족운동과 사회운동이 활발하게 일어날 수 있
었다.

28. 조선인 본위의 민족교육운동

신간회 중앙본부는 "조선인 본위의 교육"[86]을 주장하고 일제 식민
지 교육을 날카롭게 비판하였다. 신간회는 일제의 모든 식민지 교육정
책에 대해서 '조선인 본위'인가를 기준으로 해서 이를 비판하였다.[87]

특히 신간회 중앙본부는 특수부로서 '학생부'를 두었는데, 신간회
학생부가 민족교육운동과 항일민족운동의 중요한 활동을 하였다. 신간
회 학생부는 '조선어 및 조선역사 교수의 요구, 교내 학생자치권의 확
립, 조선인을 위한 민족교육 실시, 교내에서의 언론·집회의 자유' 등
의 통일된 투쟁구호를 설정하여 각 학교 학생들에게 일제 식민지교육
에 반대하고 민족교육을 요구하는 맹휴투쟁(盟休鬪爭)을 전개할 것을
권고하고 또 지도하였다.

신간회 학생부의 이러한 활동으로 신간회 존속시간에 학생운동은 사
상·조직·운동 면에서 더욱 체계화되고 맹휴투쟁의 건수도 현저히 증가
하여 학생운동 전반이 크게 발전하였다. 신간회 학생부는 1929년 말과

---

86) 安在鴻, 〈實際運動의 當面問題-新幹會는 무엇을 할까〉,《조선일보》1928년 3
월 27일자 사설;《민세안재홍선집》제1권, p.271.
87)《조선일보》1928년 4월 15일자, 〈朝鮮人本位와 배치, 신간회 총무간사 洪命憙
씨 담〉참조.

1930년 대 초의 학생독립운동의 전국적 발전에 크게 기여하였다.

29. '문자보급'운동의 지원

신간회 창립의 주역의 하나인 안재홍은 식민지 상태의 한국인은 민
족의 자주독립을 위하여 항상 '한국역사'와 '한국언어 및 문자'를 잘
지키고 발전시켜야 한다고 강조하였다. 그는 조선어학회가 '가갸날(한
글날)'을 제정하자 기뻐서 세종대왕이 창제한 국문(훈민정음)은 "세계
모든 문자에 관절(冠絕. 으뜸·최고)한 조선 글"이라고 격찬하면서, 이
기회에 온 겨레가 다음의 네 가지 일을 실행하자고 제안하였다.[88]

1. 조선말을 옹호 또 예찬하거라.
2. 조선글을 옹호 또 보급케 하거라.
3. 간이(簡易)하고 선미(善美)한 조선글의 보급에 의하여, 조선사람의
   문맹타파(文盲打破)의 운동을 대대적으로 하거라.
4. 그리하여 조선마음의 배양 및 옹호에 노력하거라.

안재홍이 1927년 신간회 창립의 주역과 간부의 하나가 되고, 1929
년에는 조선일보의 사장에 취임하자, 그 영향 아래서 《조선일보》는
'문자보급운동'이라는 이름으로 전국적 문맹퇴치운동을 일으키고, 전국
의 신간회 중앙본부 지방지회들은 자발적으로 이를 지원하게 되었다.

---

88) 安在鴻, ① 〈自立精神의 제1보-의미심장한 '가갸날'〉, 《조선일보》 1926년 11
월 4일자 사설; 《민세안재홍선집》 제1권, pp.175~177 및 ② 〈한글날을 맞아
서-온 겨레에 사뢰는 말씀〉, 《조선일보》 1930년 11월 19일자 사설; 《민세안
재홍선집》 제6권, pp.133~135 참조.

《조선일보》의 '문자보급운동'의 전략은 도시에 나와 공부하는 '학생들'(주로 중학생·실업학교 학생·전문학교 학생)이 '여름방학' 기간을 이용하여 '귀향'해서 전국 농민과 부녀들에게 '문맹타파'의 '한글문자' 교육을 봉사사업으로 실행하는 것이었다. 당시 한국민족 총인구 약 2천만 명 가운데 약 3백만 명이 문자(한글 및 한자)를 읽고 쓰지만, 약 1천 7백만   명은 '문맹'이었다. 《조선일보》는 학생들의 여름방학 봉사활동으로 '문자보급운동'을 전개하여 전국의 문맹을 연차적으로 모두 퇴치한다는 것이었다.89)

조선일보 문자보급운동은 1929년부터 1934년까지 일제의 금지 탄압을 당할 때까지 6년 동안 전개되었는데 매우 큰 성과를 내었다. 예상밖에 자원학생이 넘쳐서, 1929년에는 409명, 1930년에는 46개 학교의 900여 명이 이 운동의 학생교사로 참가하였다. 조선일보사는 《한글원본》이라는 한글교육 교재를 만들어 대대적으로 무상 공급하였다.

신간회 지방지회들에서는 여러 가지 방법으로 귀향학생들의 문자보급·문맹타파운동을 지원하였다. 예컨대 경상북도 신간회 김천(金泉)지회에서는 1930년 7월 23일~29일 1주일간 조선일보 및 중외일보 김천지국, 김천기독교청년회의 지원을 받으며 조선일보 지방부장 한글학자 장지영(張志暎)을 강사로 초빙하여 성황리에 '한글강좌'를 개최하였다.90) 신간회 김천지회 주최의 '한글강좌'는 약 50여 명이 고급강의를 학습하여 성공리에 끝내고, 장지영 강사는 신간회 광주지회 주최의 '한글강좌'를 담당하러 출발하였다.91)

신간회 평양지회장 조만식(曺晩植)은 평안도 지방의 '문자보급운동'을 적극 지원했을 뿐만 아니라, 세계최고의 문자인 "'한글'보급은 조선

---

89) 安在鴻, 〈귀향학생 文字普及班-本社主催이 봉사사업〉, 《민세안재홍선집》 제1권, pp.306~308 참조.
90) 《조선일보》 1930년 7월 25일자, 〈金泉 한글講座, 성황리에 開催〉 참조.
91) 《조선일보》 1930년 7월 31일자, 〈金泉 한글講座, 성황리에 終幕〉 참조.

<사진 47> 청진한글강좌(1929)

민족의 의무"라고 강조하면서 《조선일보》의 '문자보급운동'에 감사를
전하고, '한글날'(가갸날)을 맞은 계기에 '한글'보급 문맹퇴치운동은
물론이오, ① 하루빨리 《조선어사전》을 편찬하고, ② (방학 때 이외
의) 평시에도 '한글'보급을 실행하는 여러 가지 기관의 설치가 긴급하
다고 제의하였다.92)

　신간회 간부이며 조선일보 사장인 안재홍은 학생들과 전민족의 '문
자보급운동'에 대한 성원과 대성과에 감동하여 참가학생들에게 감사와
격려를 보내었다.93)

---

92) 《조선일보》 1930년 11월 20일자, 〈'한글'보급은 朝鮮民族의 義務, 귀보의 노
    력에 감사, 新幹會 평양지회장 曺晩植〉 참조.
93) 安在鴻, ① 〈歸鄉 男女學生 제군에게-社會奉事의 재격려〉, 《조선일보》 1929년
    7월 18일자, 사설;《민세안재홍선집》 제1권, pp.309~311 및 ② 〈躍進! 그러
    나 물러서서-歸鄕學生의 봉사노력〉, 《조선일보》 1929년 8월 9일자 〈사설〉;
    《민세안재홍선집》 제1권, pp.312~314 참조.

30. 정평 농민조합 운동 피검자 지원

1931년 2월 1일 정평농민조합이 치열한 농민운동을 전개하여, 1백 25명의 농민들이 일제에게 체포되어 심문조사를 받던 과정에서 일제의 가혹한 고문수사로 약 20명의 중병자가 발생했을 뿐 아니라, 이현직(李鉉稷)이란 청년이 1930년 2월 1일 유치장에서 사망하였다.[94]

신간회 중앙본부는 즉각 조사원을 특파하여 정평농민조합에 대한 일제의 폭압사건을 조사하는 한편,[95] 신간회 함흥지회 집행위원 윤주(尹柱)에게 진상조사를 의뢰하는 동시에, 함경선 연안에 있는 신간회 이원지회, 북청지회, 정평지회, 단천지회에도 이 사건의 진상조사를 의뢰하였다.[96]

일제 함흥경찰서는 윤주에게 금족령을 내려 출장을 금지시켰다. 또한 '함흥기자단연맹'에서 특파한 한홍정(韓鴻霆)도 함흥경찰서에 검속당하였다.[97] 신간회 함흥지회의 윤주도 역시 함흥경찰서에 검속당하였다.

신간회 중앙본부는 이에 굴하지 않고 신간회 중앙검사위원장이며 협화병원장인 양봉근(楊奉根)을 급파하여 시체 해부에도 입회하도록 지원하였다.[98]

일제는 정평농민조합운동이 적색농민조합운동이라 하여 1931년 2월 제2차로 검거 범위의 대대적 확대를 자행하면서 피검자들을 고문 학

94) 《조선일보》 1931년 2월 4일자, 〈留置百여인 중 重病者 二十명〉 참조.
95) 《동아일보》 1930년 12월 25일자, 〈신간운동 격려차 순회원 파견〉 참조.
96) 《조선일보》 1931년 2월 4일자, 〈新幹本部에서 조사보고를 지령〉 참조.
97) 《조선일보》 1931년 2월 8일자, 〈정평사건 조사간 韓鴻霆씨를 검속〉 참조.
98) 《조선일보》 1931년 2월 7일자, 〈신간중앙검사장, 昨夜 新上에 특파〉 참조.

대하였다.[99]

신간회 중앙본부는 일부에서 해소론이 비등한 시기임에도 끝까지 정평농민조합 피검자들의 보호와 지원을 위해 활동하였다.

---

[99] 《조선일보》 1931년 2월 18일자, 〈定平農組사건, 검거범위확대〉 참조.

제8장
신간회 지방지회의 민족운동(Ⅰ)

신간회 지방지회의 민족운동은 본질적으로 중앙본부와 동일했지만, 구태여 차이를 든다면 각 지방의 과제의 특성에 따라 폭은 좁은 반면에 특정과제에 대해서는 보다 적극적인 것이 특징이었다고 볼 수 있다. 신간회 지방지회들의 민족운동을 모두 들 수는 없다. 여기서는 몇가지 특징적인 운동만을 선별적으로 제시하기로 한다. 일제 관헌의 자료는 신간회 지회활동의 특징에 대하여 다음과 같이 참고될 만한 기록을 남기고 있다.

> 지방에 있어서 배일선인(排日鮮人) 중 상당히 저명한 인물은 거의 여기에 가입하였고, 또 집회나 회원권유 때 등의 언동을 종합할 때 운동의 귀착점은 조선의 독립에 있다는 것을 쉽사리 알 수 있을 뿐 아니라, 지방행정·시사문제에 대해서는 극력 용훼(容喙)하여 반항적 기세를 선동하며 사안의 분규확대에 힘쓰고 기회를 포착하여 치열하게 민족적 반감의 요인을 만들고 있어 지방인심을 해치는 것은 한심하기 짝이 없다.[1]

일제 자료까지도 지적하고 있는 바와 같이, 신간회 지방지회들도 신간회 중앙본부와 마찬가지로 지방의 주요인물이 거의 모두 가입하여, 궁극적으로 '조국독립'을 목적으로 각 지회의 특성이 있는 민족운동을 전개한 것이었다.

1. 지회 운동방침의 제정

신간회 전국 각 지방지회들은 중앙본부의 포괄적인 원칙적 민족운

---

[1] 慶尙北道警察部, 《高等警察要史》, p.50.

동 방침에 기초하여, 각 '지회별 운동방침'을 작성하여 회의에서 토론 의결하여 실행하였다. 이제 몇 가지 사례를 들면 다음과 같다.

남원지회는 1928년 1월 15일 제1회 정기대회에서 다음과 같은 '운 동강령'을 의결하였다.[2]

가. 정치부

(1) 고문제도 폐지

(2) 일본이민 반대

(3) 산업정책의 조선인 본위

(4) 동척(東拓) 및 토지개량회사 폐지

(5) 모든 교육의 조선인 본위 및 조선어 사용

(6) 관립·사립학교에 대한 경찰간섭의 금지

(7) 민간 교육기관에 대한 경찰간섭의 금지

(8) 도일(渡日) 노동자 방지의 반대

나. 경제부

(1) 단결권·파업권의 확립

(2) 소작료는 최고 4할로 할 것

(3) 소작인의 노예적 사역 금지

다. 사회부

(1) 여자 인신매매의 금지

(2) 형평사원 및 노복(奴僕)에 대한 차별대우 철폐

---

[2] 《조선일보》 1928년 1월 20일자, 〈남원지회 정기대회〉 참조.

<사진 48> 신간회 영덕지회 창립총회 후 기념촬영 광경(조선일보 1927년 9월 17일자)

영덕지회에서는 1928년 1월 28일 정기대회에서 다음과 같은 운동
방침을 의결하였다.3)

가. 정치부(토의·발표 금지)
나. 경제부
(1) 조선인 본위의 산업정책 확립

(2) 노동자·농민 본위의 금융기관 설치

(3) 8시간 노동제의 확립

(4) 소작권 확립

(5) 마름(舍音) 및 농감제도 철폐

(6) 최고소작료 5할제 확립

(7) 불가항력에 의한 농작상 손해는 일체 지주 부담

(8) 동척(東拓) 및 유사회사의 철폐와 이민정책 반대

다. 사회 및 교육부
(1) 봉건적 분한(分限)의 잔존관습 철폐

(2) 여자의 공법·사법상 차별 철폐와 인신매매 금지

(3) 조선인 본위의 교육제도 실시

---

3) 《조선일보》 1928년 2월 1일자, 〈영덕지회 정기대회〉 참조.

(4) 의무교육의 실시

(5) 일반교육상 조선어 사용 실시

(6) 민간교육기관의 허가제 폐지

(7) 언론·출판·결사·집회의 자유를 구속하는 특수법령 철폐

당진진회는 1928년 1월 18일 정기대회에서 운동방침과 관련하여 다음과 같은 '표어'를 채택하기로 의결하였다.[4]

(1) 의무교육 실시를 주장하자

(2) 교육용어는 조선어로 주장하자

(3) 모든 이권취득은 조선인의 선취권을 주장하자

(4) 대중의 문맹퇴치를 주장하자

(5) 조선상공업 보호 발전에 노력하자

(6) 조선인 본위의 산업 수립을 주장하자

(7) 이민정책의 철폐를 주장하자

(8) 언론·출판·집회·결사의 자유를 주장하자

(9) 도내 지방에 배치되는 공의(公醫)는 조선인으로 주장하는 동시에 일반여론을 환기하자

김천지회는 1928년 1월 30일 정기대회에서 다음의 운동방침을 토의하고 의결하였다.[5]

가. 정치문제

(1) 언론·집회·결사·출판의 완전한 자유 획득

(2) 이민정책 반대

---

4) 《조선일보》 1928년 2월 3일자, 〈당진지회 정기대회〉 참조.
5) 《조선일보》 1928년 2월 3일자, 〈김천지회 정기대회〉 참조.

(3) ○○○○

(4) 일체의 혹세(酷稅) 철폐

(5) ○○○○의 불법구금 반대

(6) 재만동포 옹호

(7) ○○○○제 사실상 폐지

(8) 도일 조선인 노동자 방지 반대

(9) 사형 폐지 운동

(10) 원죄(冤罪) 및 불법 검속에 대한 정부 보상

나. 경제문제

(1) 민중 본위의 금융기관 설치

(2) 현 금융기관의 고리(高利) 반대

(3) 조선○○간 수입상품에 대한 보호관세 철폐

다. 노동문제

(1) 조선노동총동맹 지지

(2) 노동조합 조직 촉진

(3) 최저노동임금제 확립

(4) 최고노동시간제 확립

(5) 노동자 교육기관 설치

(6) 노동조건에 대한 민족적 차별대우 철폐

(7) 노동자 단결 및 파업권 확립

(8) 부인노동 보호

(9) 노년 및 유년노동 철폐

(10) 노동자 보호권 확립

(11) 부인 및 소년 야간작업 철폐

라. 농민문제

  (1) 조선농민총동맹 지지

  (2) 농민조합 조직 촉진

  (3) 농민 본위 금융기관 설치

  (4) 소작권 확립

  (5) 마름〔舍音〕 및 농감제도 철폐

  (6) 봉건적 관습 폐지

  (7) 최고소작료 확정 및 지세 지주 부담 실시

  (8) 불가항력에 인한 소작인 손해 지주부담

  (9) 농촌 교육기관 설치

  (10) 소작쟁의 자유권 확립

  (11) 군농회(郡農會) 반대

마. 상공문제

  (1) 각 도시 조선인 본위 상공기관 조직 촉진

  (2) 산업조합 허가제 철폐

  (3) 운송점 합동(통합) 반대

  (4) 행정관청의 강제적 공동판매제 철폐

바. 부인문제

  (1) 부인운동 단일기관 근우회 지지

  (2) 여성운동단체 조직 촉진

  (3) 여성 차별대우 철폐

  (4) 인신매매 폐지

사. 교육문제

  (1) 조선인 본위의 교육제 실시

(2) 일반학교 교육용어 조선어 사용

(3) 민간 교육기관 허가제 폐지

(이하 인쇄 불명 탈락)

김제지회가 1928년 2월 4일 간사회에서 제정한 운동강령과 정책은
다음과 같았다.6)

가. 정치문제

(1) 제령 제7호 철폐

(2) 치안유지법 철폐

(3) 언론·집회·결사·출판 자유의 획득

(4) ○○재판 ○○○○○○○의 사실상 ○○

(5) ○○○○ 반대

(6) ○○철폐

(7) 산업정책은 조선인 본위로 할 것

(8) 관세 보호정책 실시

(9) 국고금으로서 특수회사 보조에 반대

(10) 아동의 의무교육제 실시

(11) 일체 교육은 조선인 본위로 할 것

(12) 각종학교 일체 교수용어에 조선어 사용제 확립

(13) 소·중학교에 조선인 교사 전용(專用)제 확립

(14) 공설도서관·공회당 설립 및 그 무료개방

(15) 노동자의 도일 방지의 반대

---

6) 《조선일보》 1928년 2월 9일자, 〈김제간사회〉 참조.

나. 경제문제

(16) 단체권·파업권·단체협상권의 확립

(17) 경작권 확립

(18) 노동자의 최저임금제 확립

(19) 소작료를 4할 이하로 할 것

(20) 소작인의 강제적 부역 금지

(21) 소년 및 부인의 야간노동, 갱내노동 및 위험작업 금지

(22) 8시간 노동제의 확립

(23) 조선인·일본인 노동임금 차별 철폐

(24) 조선인·일본인 봉급 차별 철폐

(25) 공장법·광업법·해원법(海員法) 등의 개정

다. 사회문제

(26) 인신매매의 사실상 폐지

(27) 여자의 공법상 사법상 차별 철폐

(28) 만 18세 이하 남녀의 결혼 금지

(29) 강제결혼제 폐지 및 자유결혼·자유이혼제 확립

(30) 여자교육 및 직업에 관한 일체 제한의 철폐

(31) 청년·소년·백정 노동자에 대한 차별대우의 사실상 폐지

(32) 봉건적 악습 및 형식적 허례 등 타파

(33) 실업·질병·양로·천재해 보험제도 제정

(34) 조선인·일본인 대우 차별 철폐

(35) 불법검속에 대한 정부배상

(36) 일체 미신타파 및 일체 노예사상 근절

이 밖에도 신간회의 거의 모든 지회들이 운동방침을 작성 의결했으나 그 내용과 방향은 대동소이하였다. 지방지회의 운동방침의 특징은

중앙본부보다 더욱 구체적이고 진취적이며 투쟁적이었다고 볼 수 있다.

2. 독립운동 지원·연락·참가

신간회 지회들 중에서 평안북도의 삭주(朔州)·위원(渭源)·벽동(碧潼)·자성(慈城)·후창(厚昌)·강계(江界)·신의주(新義州) 등 압록강변 7개 읍의 지회는 만주에 있던 독립운동단체와의 연락이 가장 중요한 활동이었다. 특히 독립군이 국내에 진입하거나 군자금을 모집하기 위하여 왕래할 때 도강(渡江) 안내를 맡기도 하였다.

예컨대 벽동 지회의 이홍범(李洪範)은 만주 관전현(寬甸縣)에서 상점을 경영하며 수시로 국경을 넘나들면서 독립군과 신간회 지회의 연락 임무를 수행하다가 만주 관헌에 발각되어 감옥에서 2년의 옥고를 치렀다.

철산(鐵山)지회 선전부 간사 정용증(鄭用增)은 만주에서의 독립군 단체인 참의부·정의부·신민부 대표들이 길장현(吉長縣) 신안둔(新安屯)에 모여서 민족유일당을 조직한다는 정보를 듣고 이에 참가하려고 국경을 넘었다가, 안동현(安東縣)에서 체포되어 신의주로 압송되었다.

또한 평양지회에서는 1927년 11월 중국 상해에서 '한국유일독립당 촉성회'의 각 지역대표연하회를 결성할 때에 신간회 중앙본부의 지시에 따라 안강현과 연락하여 대표 2명을 보내기로 결정해서 출발시켰다가, 2명이 발각되어 체포당하였다.

또한 함경북도의 회령(會寧) 지회는 북간도 지방의 독립운동단체와 연락을 담당하였다. 웅기(雄基) 지회는 혼춘(琿春) 방면의 독립운동단체와 연락을 담당하였다.[7]

또한 일부 지회들은 독립운동 희생자 유족 원호운동을 전개하기도

하였다.

3. 철산(鐵山)신간지회 사건

신간회 철산지회를 1927년 8월 설립할 때 발기인 박봉수(朴鳳樹), 정치언(鄭致彥), 정국일(鄭國一), 김상겸(金尙謙), 정상윤(鄭相允), 계응봉(桂應奉), 안갑록(安甲錄), 최석희(崔錫禧), 정용성(鄭用盛) 등 9인은 약수터에서 회합하여 설립 선언서와 취지서에서 "신간회는 조선을 일본으로부터 독립시키는 동시에 공산주의와 삼민주의를 실시하는 것이 목적"이라는 요지를 담으려 했다는 혐의를 씌워서, 일제는 9인을 검거하여 지루한 조사를 하였다.8)

이것은 철산이 만주에서의 한국민족 독립운동과 국내 독립운동을 연결하는 지리적 거점이므로 신간회 철산지회 설립을 저지하기 위한 일제의 탄압 공작이었다.

일제는 심문을 지연시키며 수감된 애국청년들에게 무려 2년 여에 걸쳐 가혹한 고문과 극도의 고초를 가하다가 1929년 6월 12일 제1회 공판을 개정했는데,9) 증인도 약수터에서 회합 때 '공산주의와 삼민주의를 알지 못할 뿐 더러 전연 그런 말을 못들었다'고 피고에게 유리한 증언을 하였다.10) 일제는 사건조작이 어려워지자 또 재판을 연기하다가,11) 1929년 7월 20일 제5회 공판에서 박봉수와 정상윤은 징역

---

7) 李炳憲, 〈新幹會運動〉, 《신동아》 1969년 8월호 참조.
8) 《동아일보》 1929년 5월 9일자, 〈신간철산지회사건, 九인 예심 종결〉 참조.
9) 《동아일보》 1929년 6월 14일자, 〈철산신간희사건, 제1회 공판개정〉및 7월 13일자, 〈장소검증결정〉 참조.
10) 《동아일보》 1929년 7월 24일자, 〈증인의 공술은 피고에 유리〉 참조.
11) 《동아일보》 1929년 10월 27일자, 〈철산신간원, 遠近가족空歸〉 참조.

7년, 나머지 5명은 징역 5년의 중형을 구형하였다.[12]

일제는 증거도 없이 1929년 11월 20일 '치안유지법', '제령 제7호', '보안법' 위반을 걸어서,[13] 박봉수와 정상윤에게 7년, 정치언 등 7명에게는 모두 5년의 실형을 언도하였다.[14]

이 사건은 철산지회 설립 때 작성한 선언서·취지서·강령이 불온하다는 이유만으로 징역 7년의 중형을 선고한 사건으로서, 일제의 잔혹성에 한국사회가 큰 충격을 받았다.[15] 피고는 물론 모두가 불복 상고하였다.[16]

일제는 복심공판을 무기연기했다가 1930년 3월 18일에야 평양에서 복심재판을 개정했는데,[17] 피고들은 모두 신간회 철산지회 설립이 합법적 운동임을 주장하였다.[18] 4월 8일의 복심공판에서 일제경찰이 사건날조를 위해 거짓말 위증을 하자 정치언이 위증 경찰의 뺨을 때리고 발길질한 일이 일어났고, 변호사는 증거없는 조작사건이라고 무죄를 주장하였다.[19]

일제는 1930년 4월 20일의 복심공판에서 '치안유지법' 위반은 빼고 '제령 7호' 위반과 보안법 위반을 적용하여 박수봉에게는 징역 2년, 정치언·정국일·김상겸에게는 징역 1년 반에 집행유예 5년, 정상윤·계응봉·안갑수·최석희·정용성 등에게는 징역 1년에 집행유예 3년을 선고하였다.[20]

---

12) 《동아일보》 1929년 11월 16일자, 〈전후 개정六회만에 철산신간사건 결심, 양인은 七년에 구형〉 참조.
13) 安在鴻, 〈惡法問題〉, 《조선일보》 1927년 12월 2일자 〈시평〉, 《민세안재홍선집》 제1권, pp.137~138 참조.
14) 《조선일보》 1929년 11월 23일자, 〈철산신간사건, 최고 七년 언도〉 참조.
15) 《조선일보》 1929년 11월 23일자, 〈중형언도에 방청자도 경악〉 참조.
16) 《동아일보》 1929년 12월 11일자, 〈철산신간원九명은 공소〉 참조.
17) 《동아일보》 1930년 3월 5일자, 〈철산신간원사건, 十八일에 개정〉 참조.
18) 《동아일보》 1930년 3월 20일자, 〈철산신간사건, 三회공판개정〉 참조.
19) 《동아일보》 1930년 4월 10일자, 〈허언에 격노한 피고 입증 警部를 난타, 변호사 제씨 무죄를 주장〉 참조.

철산신간지회 사건은 신간회 철산지회 등의 설립을 탄압하기 위해서 일제가 꾸며낸 모략 공작사건이었다고 볼 수 있다.

그러므로 이 사건이 종결되자 신간회 중앙본부는 1930년 9월 6일 중앙상무집행위원회에서 철산거주 회원 30명을 모아 신간회 철산지회를 중앙본부가 직접 지휘해서 설립하기로 결정하고 철산거주 회원에게 준비를 지시하였다.[21]

4. 익산(益山) 신간지회 사건

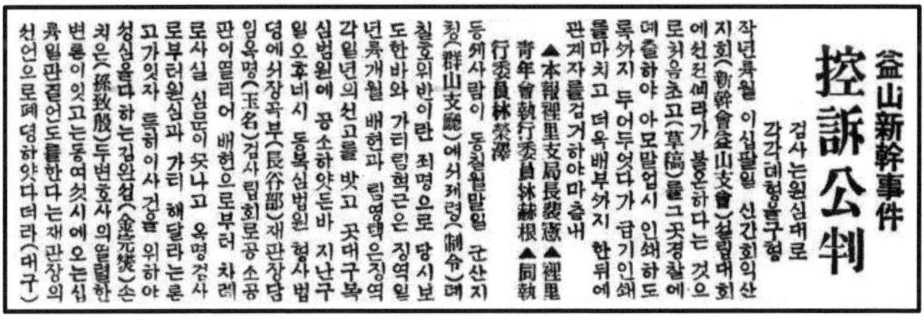

益山新幹事件
控訴公判
검사는원심대로
각각대형을구형

작년륙월 이십팔일 신간회익산지회(新幹會益山支會)설립대회에선전삐라가 불온하다는 것으로처음초고(草稿)를그곳경찰에뎨출하야 아모말업시 인쇄하도록까지 두어두엇다가 급기인쇄를마치고 더욱배부까지 한뒤에관계자를검거하야마츰내
▲本報裡里支局長裵憲▲裡里靑年會執行委員林赫根▲同執行委員林榮澤
등세사람이 동칠월말일 군산지청(群山支廳)에서제령(制令)뎨칠호위반이란 죄명으로 당시보도한바와 가티림혁근은 징역일년륙개월 배헌과 림영택은징역각일년의선고를 밧고 곳대구복심법원에 공소하얏든바 지난구일오후네시 동복심법원 형사법뎡에서장곡부(長谷部)재판장담임옥명(玉名)검사립회로공소공판이열리어 배헌으로부터 차례로사실 심문이 끗나고 옥명검사로부터원심과 가티 해달라는론고가잇자 특히이사건을 위하야성심을다하는김완섭(金完燮)손치은(孫致殷)두변호사의열렬한변론이잇고는동여섯시에오는십륙일판결언도를한다는재판장의선언으로폐뎡하얏다더라(대구)

<사진 49> **신간회 익산지회 설립 선전문을 돌리다 검거된 관련자 공판 기사(동아일보 1928년 2월 11일자)**

신간회 익산지회 설립대회가 열리는 1927년 6월 29일을 하루 앞두고 준비위원들은 6월 28일 선전문 선전삐라를 이리 시내 각곳에 살포하였다. 일제 이리 경찰서는 선전문을 압수한 후 대회준비위원 가운데 임혁근(林赫根), 배헌(裵憲), 임영택(林榮澤) 3인을 선전문 내용이 '불

20) 《조선일보》 1930년 4월 23일자, 〈一십이 七년 중형이 복심에서 2년 판결〉 참조.
21) 《동아일보》 1930년 9월 8일자, 〈신간전체대회 개회기일 연기, 철산지회의 직접조직 결의〉 참조.

온'하다고 출판법 위반으로 구속하였다.[22]

일제는 기소요건이 부족하자 위원 가택과 신문사 지국까지 모조리 수색해 가면서 사건을 만들려고 혈안이 되었다.[23] 일제는 위 3인을 억지로 출판법 위반과 보안법 위반으로 묶어 기소하였다.[24]

일제는 1927년 8월 31일 임혁근은 징역 1년 6개월, 배헌과 임영택은 징역 1년을 각각 선고하였다.[25] 3인이 상고한 결과 대구복심법원에서는 1928년 2월 21일 '벌금' 처분하였다. 3인은 5백여 명 동지들의 열렬한 환영을 받으며 귀향하였다.[26]

이리역에 3인이 도착하자 출영한 동지들과 수천 시민이 '출옥동지만세'를 외치고 주요 시가지를 돌며 시가행진을 하였다.[27] 이것이 소위 '익산 신간회 사건'이라는 것이다.

'익산신간회 사건'은 일제가 신간회 익산지회 설립을 저지하기 위해 무리하게 신간회원을 탄압한데 대한 저항운동이었다.

5. 조선총독 폭압정치 반대운동

신간회 동경지회는 한반도의 조건보다는 약간 나은 일본 동경에서 일제 식민지폭압통치를 정면으로 규탄하는 '조선총독폭압정치 반대운

---

22) 《조선일보》 1927년 7월 1일자, 〈신간 익산지회 창립대회 금지〉 참조.

23) 《조선일보》 1927년 7월 2일자, 〈三社 지국과 각 단체, 모조리 대수사〉 참조.

24) 《동아일보》 1927년 7월 15일자, 〈위원전부 취조〉 및 8월 11일자, 〈신간익산지회사건〉 참조.

25) 《조선일보》 1927년 9월 11일자, 〈익산 신간지회, 삐라사건 언도〉 및 《동아일보》 1928년 2월 11일자, 〈익산신간사건 공소공판〉 참조.

26) 《동아일보》 1928년 2월 29일자, 〈三씨 출옥귀향, 五백여동지 출영〉 참조.

27) 《조선일보》 1928년 2월 27일자, 〈희생한 신간회원 수천환영리 출옥, 행렬지어 시가일주〉 참조.

동'을 다른 단체들과 연합하여 1927년 8월 초부터 1928년 초까지 완강하게 전개하였다. 신간회 동경지회는 먼저 1927년 8월 3일 '조선총독폭압정치 폭로연설회'를 개최하여 '전민족적 단일당을 촉성하자', '경찰정치에 철저히 항쟁하자', '침략적 교육정책에 반대하자' 등의 구호를 내걸고 연설회를 시작하였다. 일본 경찰이 해산명령을 내리고 쳐들어왔기 때문에 분개한 참석자들은 일본경찰대와 난투를 벌이면서 항쟁하였다.

동경지회는 1927년 8월 14일과 8월 24일에도 두 차례 동일한 연설회를 개최했다가 일본경찰대와 난투를 벌이고 회원의 일부가 구속되었다.[28]

동경지회는 1927년 9월 17일 주도적으로 다른 단체들과 연합하여 신간회 동경지회관에서 '조선총독폭압정치반대 관동지방동맹(關東地方同盟)'을 결성하고, 9월 25일에는 이 동맹의 주최로 '조선총독폭압정치 반대연설회'를 개최하였다.

그리하여 동경지회는 1928년 5월까지 일본 각지에서 전개된 조선총독폭압정치 반대운동에서 소강연회 22회, 시위운동 14회, 전단 살포 40회의 투쟁을 전개하였다.[29] 이것은 야수적 일본제국주의 식민지통치 전부를 정면으로 반대한 매우 중요한 운동이었다.

국내에서는 '조선총독 폭압정치 반대' 주장이 거의 불가능한 상태의 가혹한 탄압 아래 있었음에도 불구하고, 신간회 충북 괴산지회 안철수(安喆洙), 박일양(朴一陽) 등은 1928년 지회창립 대회장에서 '조선총독정치 배척'을 주창하여 독립사상을 고취하였다. 일제는 치안유지법 위반을 걸어 2인을 장기 구속하여 가혹한 탄압을 가하였다.[30]

---

28) 水野直樹, 〈新幹會東京支會の活動について〉, 《朝鮮史叢》 창간호 참조.
29) 金正明編, 《朝鮮獨立運動》 제5권, 〈全民族的 共同鬪爭戰線の問題〉 pp. 1021~1022 참조.
30) 《조선일보》 1929년 2월 2일자, 〈槐山新幹사건 구형〉 참조.

6. 미국정부에 사회운동자 처벌 항의

신간회 동경지회는 재일본 조선노동총동맹과 함께 이태리계 미국인 무정부주의 계통 사회주의자 '작코'(Nicola Sacco)와 '반제티'(Bartolomeo Vanzetti) 두 사람의 장기구속과 처형 예정 사건에 대하여 1927년 8월 미국정부와 미국대통령에게 '항의문'(1927년 8월 8일자)을 주일 미국 대사관을 통하여 전달하였다.[31]

이 항의문에서 "신간회 동경지회는 조선 피압박 대중의 분노와 의사를 대표하여 귀하의 처치에 절대로 반대하고 양인의 즉시 석방을 전 세계 피압박 대중과 함께 요구한다"고 하였다.[32]

신간회 동경지회의 이 활동은 안으로는 노동총동맹과 연대하고 밖으로는 전 세계 무산대중운동과 국제적 연대활동을 실행했음을 나타낸 것이라고 볼 수 있다.

7. 시국강연회·계몽강연회의 활동

전국의 신간회 지방지회들은 민족자주의식, 완전독립사상, 민족생존, 민족발전사상을 배양하고 고취하기 위하여 시국강연회와 계몽강연회를 자주 개최하였다.

현재 남아있는 자료들에는 강연회 개최 사실만을 기록하고 연사와

---

31) 제5장 제4절 '해외의 신간회 지방지회'의 각주<163>을 참조할 것.
32) 《조선일보》 1927년 8월 17일자, 〈신간회와 재일노총, 미국정부에 항의〉 참조.

주제를 기록하지 않은 것이 많아서 강연회 전부를 정리하기는 어렵다.
《조선일보》 등에 강연제목과 연사가 보도된 강연회 가운데 일부를 정
리해 보면 다음과 같다.

신간회 지방지회 강연회의 일부

지회	일시	연사	제목	자료
목포	1927. 7.19	김태준(金太俊)	우리의 단결	《조선》 1927. 7.23
〃	〃	김상규(金相奎)	우리와 신간회	〃
〃	〃	서병인(徐炳寅)	현실에서 본 나의 고찰	〃
〃	〃	최경하(崔景河)	역학상을 본 우리 회	〃
〃	〃	조극환(曹克煥)	강역과 민족	〃
〃	〃	유혁(柳赫)	사회운동과 신간회의 사명	〃
〃	〃	김철진(金哲鎭)	민족적 의식에 대하여	〃
경성 (서울)	1927. 8.17	이관구(李寬求)	학생맹휴의 원인에 대하여	《조선》 1927. 8.15
〃	〃	최명환(崔鳴煥)	교육의 근본 의의를 망각함	〃
〃	〃	이황(李晃)	현교육제도의 산물인 맹휴 사건에 대하여	〃
〃	〃	이병의(李丙儀)	미정	〃
영해	1927. 9.13	홍명희(洪命熹)	계급 대립의 형태	《조선》 1927. 9.18
〃	〃	이기석(李基錫)	오인(吾人) 생활의 의식	〃
〃	〃	이상욱(李尙郁)	(미정)	〃
나주	1927.	이항발(李恒發)	우리는 과업이 무엇이냐	《조선》 1927. 9.29

	9.25			
"	"	안재홍(安在鴻)	조선인의 금후 운동	"
"	"	오영(吳瑛)	유물적 사회관	"
고성	1927.10.17	홍명희(洪命熹)	민족문제의 일종 비판	《조선》 1927.10.22
"	"	안재홍(安在鴻)	금후의 운동	"
수원	1927.10.17	이관구(李寬求)	조선인 농촌경제의 이면	《조선》 1927.10.20
"	"	권태이(權泰彝)	우리는 단결을 공고히 하자	"
거창	1927.10.22	홍명희	조직의 선전과 방법	《조선》 1927.10.27
"	"	안재홍	영원의 투쟁	"
안동	1927.11.15	김중학(金中學)	농촌경제의 현상	《조선》 1927.11.20
"	1927.11.12	이세녕(李世寧)	나의 인생관	"
"	"	정현모(鄭灦模)	신간회는 무엇인가?	"
"	"	권태동(權泰東)	조선은 어디로 가나!	"
경성 (서울)	1927.12.2	이관용(李灌鎔)	부분과 전체	《조선》 1927.11.30
"	"	이관구(李寬求)	신간회의 역사적 사명	"
"	"	홍기문(洪起文)	우리의 목적	"
"	"	정칠성(丁七星)	신간회와 여성운동	"
"	"	김사묵(金思黙)	미정	"
안주	1927.12.3	최승준(崔承俊)	우리의 운동	《조선》 1927.12.7

문천	1927.12. 5	손홍관(孫鴻寬)	우리의 살 길	《조선》 1927.12. 8
"	"	황하(黃河)	신간회와 미래사회	"
경성 (서울)	1927.12. 8	안재홍(安在鴻)	조선과 신간운동	《조선》 1927.12. 6
"	"	이관용(李灌鎔)	신간회의 발전상황	"
"	"	홍기문(洪起文)	운동의 현단계	"
"	"	이관구(李寬求)	사상과 실제	"
영덕	1928. 1.28	주병호(朱秉豪)	우리는 신간회로!	《조선》 1928. 2. 1
"	"	김석천(金錫天)	신간회는 이렇다.	"
"	"	유웅경(劉熊慶)	신간회의 당면목표는 어떻게 규정할까?	"
청주	1928. 3.17	신영우(申榮雨)	사회의 구성관계와 자각	《조선》 1928. 3.21
"	"	김태희(金泰熙)	진화이냐 퇴화이냐?	"
진주	1928. 3.28	이관용(李灌鎔)	민족적 총역량을 집중하자	《조선》 1928. 3.23
마산	1928. 3.30	김산(金山)	청년과 불평	《조선》 1928. 4. 5
"	1928. 3.31	김산(金山)	청년과 유혹	"
"	1928. 4. 1	김산(金山)	해방의 의의	"
"	"	김산(金山)	시대변천의 조선	"
부산	1928. 4.24	이관구(李寬求)	신간회 운동의 의의	《조선》 1928. 4.28
마산	1929. 2. 2	백성욱(白性郁)	현대가 요구하는 우리	《조선》 1929. 2. 6
"	"	황석우(黃錫禹)	우리의 예술운동	"

청진	1929. 3.11	한순학(韓舜鶴)	신간회의 사명	《조선》 1928. 3. 8
〃	〃	정병균(鄭炳鈞)	창립 2주년을 맞아	〃
〃	〃	이원형(李元亨)	신간회의 의의	〃
〃	〃	김창권(金昌權)	3대강령의 의의	〃
안동	1929. 4.19	김원진(金元鎭)	기근의 실황	《조선》 1929. 4.24
〃	〃	유기복(柳基馥)	기근의 대책	〃
평양	1929. 5.17	이관구(李寬求)	우리의 살 길	《조선》 1929. 5.21
경성 (서울)	1929. 9. 7	조병옥(趙炳玉)	신간회의 사명	《조선》 1929. 9. 7
〃		이관용(李灌鎔)	조직의 의의	〃
〃	〃	안재홍(安在鴻)	대중의 이익에 입각하여	〃
부산	1929.11 .20	윤안두(尹顔斗)	미래는 청년의 것	《조선》 1929.11.20
〃	〃	유복길(柳福吉)	2금(二禁)과 어떻게 싸울 것인가?	〃
〃	〃	양노산(梁露山)	좋은 조직과 그른 조직	〃
〃	〃	박국희(朴國熙)	조선청년의 사명	〃
〃	〃	김주엽(金周燁)	근대사회관	〃
〃	〃	정영재(鄭永載)	우리는 무엇을 할가?	〃
〃	〃	김낙종(金洛鍾)	우리는 어디로?	〃
〃	〃	이화우(李和雨)	우리의 당면과제	〃

개성	1928. 2. 4	김형근(金亨根)	미신 그믈 속의 조선	《조선》 1928. 2. 7
〃	〃	한창환(韓昌桓)	미신의 본질과 그 대책	〃
충주	1928. 2. 9	이선규(李善圭)	마음의 힘	《조선》 1928. 2.15
〃	〃	신영우(申榮雨)	사회생활과 우리의 고찰	〃
〃	〃	이영(李英)	인간의 진선미는 나변에 있는가	〃
〃	〃	김무삼(金武森)	사적 고찰과 그의 단계	〃
〃	〃	정칠성(丁七星)	여성 지위의 유래와 그의 진로	〃
청진	1928. 2.11	방창록(方昌祿)	교육문제	《조선》 1928. 2.11
〃	〃	김두하(金斗河)	부인문제	〃
〃	〃	정재윤(鄭在允)	종교문제	〃
〃	〃	김형준(金炯俊)	신간회 문제	〃
〃	〃	최창완(崔昌完)	경제문제	〃
〃	〃	한순학(韓舜鶴)	정치문제	〃
〃	〃	장채극(張彩極)	노동문제	〃
〃	〃	이명성(李命聖)	언론문제	〃
상주	1928. 2.15	박정현(朴正鉉)	금일에 제(際)하여	《조선》 1928. 2.17
		박동화(朴東和)	민족단일당을 촉성하자	
		박순(朴淳)	신간회와 우리의 임무	
		강훈(姜壎)	조선운동의 특수성을 논함	

군산	1928. 2.15	이태노(李泰魯)	조선운동과 1928년	《조선》 1928. 2.19
"	"	김영율(金榮律)	조선민중은?	"
"	"	김일영(金一永)	신간회란 무엇인가?	"
"	"	최판옥(崔判玉)	신간회의 당면임무	"
"	"	강철(姜哲)	조선민족의 처지	"
청주	1928. 3.17	최흥모(崔興某)	우리는 왜 낫나?	《조선》 1928. 3.21
"	"	한치유(韓致愈)	유교의 종지(宗旨)	"
"	"	황호연(黃虎淵)	변태성 신경질의 사회를 논함	"
부산	1929.11 .20	김봉한(金鳳翰)	조선이 어디로 가나?	《조선》 1929.11.20
"	"	이창규(李昌奎)	시대의 요구	"
"	"	이종호(李鍾浩)	우리의 사명	"
"	"	김시엽(金時燁)	우리는 무엇을 배울가?	"
"	"	이석주(李錫柱)	우리는 조선이 낳은 청년이다	"
"	"	오두석(吳斗錫)	농촌의 현상	"
함흥	1929.11 .24	정규회(鄭奎會)	수조(水組)와 주민의 불안	《조선》 1929. 11.24
"	"	윤주(尹柱)	현장조사를 마치고	"
"	"	석동천(石洞泉)	최악의 소재	"
"	"	한홍정(韓鴻霆)	환난을 대할 때마다	"

〃	〃	장지상(張之相)	애매한 경찰의 태도	〃
〃	〃	엄인기(嚴仁基)	예상하던 결과	〃
〃	〃	방치규(方致規)	토지 침해를 직면하여	〃
〃	〃	이수을(李秀乙)	수조(水組) 폭행사건에 대하여	〃
경성(鏡城)	1930.1.11	이도원(李圖遠)	신간회원에게만 왜 차압하느냐	《조선》 1930. 1.11
〃	〃	정남수(鄭南洙)	세금이란 어떠한 것인가?	〃
〃	〃	이일수(李一洙)	면소(面所)는 무엇하는 곳인가	〃
〃	〃	김승남(金昇南)	어탐면장의 죄악	〃
〃	〃	엄동희(嚴東熙)	면리(面吏)의 권한	〃
〃	〃	석기방(石璣邦)	불법차압에 대하여	〃
〃	〃	황경환(黃景煥)	독촉장의 의의	〃
〃	〃	이한수(李漢水)	면정(面政)의 암흑면을 폭로하자	〃
평양	1930.4. 8	김진국(金振國)	신간회의 역사적 사명	《조선》 1930. 4.11
〃	〃	박문희(朴文熺)	내외정세와 신간회의 당면임무	〃
안주	1930.4. 9	박문희	내외정세와 신간회의 당면임무	《조선》 1930. 4.10
〃	〃	김진국	신간회의 역사적 사명	〃
울산	1930.5.15	양봉근(楊奉根)	일본사회 소관	《조선》 1930. 5.23
〃	〃	조형진(曹亨珍)	우리의 사명	〃
〃	〃	박문희	신간회의 역사적 의의	〃

경성 (서울)	1930. 8. 1	김진국(金振國)	단천 민요(民擾)사건의 진 상은 이렇다	《조선》 1930. 8. 1

　위의 표에서 1927년의 문천, 1930년의 평안남도 연합회와 안주의 강연회와 같이 한 곳의 강연이 아니라 그 지방 일대를 순회한 '순회 강연'도 자주 실행되었다.

　신간회 지방지회의 강연회는 언제나 대성황을 이루었고 회원과 민중들의 민족의식 계발에 큰 기여를 하였다. 이 때문에 일제 임석경관은 강연을 자주 중단시키기도 하고, 연사를 구속하거나 지회사무소를 수색하는 탄압을 자주 가하였다.[33]

8. 인권변호사에게 격려전보 발송 캠페인

　독립운동이나 사회주의·공산주의 운동을 하다가 일제에게 검거 투옥된 인사들의 재판에는 변호사를 주선하기가 매우 힘들었다. 당시 소수의 애국적 변호사들과 극소수 일본인 인권변호사가 자진하여 무료변론을 맡아주었는데, 신간회는 이에 매우 감사한 생각을 갖고 있었다.

　이에 1927년 9월 성진지회에서는 이러한 인권 변호사들에게 다음과 같은 감사의 전보를 발송하였다.

　　변호사 제씨여!
　　제씨의 열렬한 정의감과 인간애로의 현명한 의식적 변호의 노(勞)를 감사하오며, 특히 불원 해외(海外)하고 래도 변호하시는 일본의 동지들에게는

---

33)《조선일보》 1928년 3월 23일자, 〈청주지회 수사, 강연회 문제로〉 참조.

더욱 경감(敬感)의 의를 표합니다.

변호사 제씨여!

동포의 공판공개와 무죄되기 위하여 변호의 초지를 관철토록 끝까지 노력함이 있기를 격려합니다.[34]

이에 호응하여 전국 각지의 지회들이 인권변호사들에게 격려전보를 보내는 캠페인이 일어났다. 몇 가지 사례만 들면 경북 고령지회는 1927년 10월 2일 간사회에서 인권변호사들에게 '격려문'을 발송하였다.[35] 영일지회에서도 1927년 10월 5일 간사회에서 인권변호사들에게 '격려문'을 발송하였다.[36] 영덕지회에서도 1927년 10월 18일 인권변호사들에게 '격려문'을 발송하였다.[37] 인권변호사들에게의 이러한 '격려문' 발송은 1927년 10월~11월에 거의 전국지회에서 실행되었다.

9. 지주비판 및 소작제도 개선 요구

신간회 지방지회에서 가장 보편적으로 개혁을 요구한 부문은 소작제도의 개선과 지주의 소작농 착취에 대한 비판이었다.

예컨대 경북 고령(高靈)지회에서는 간사회 결의로 지주에게 배부한 '경고문'에서 다음을 요구하였다.[38]

---

34) 《조선일보》 1927년 9월 30일자, 〈성진지회에서 변호사에게 격려문 발송〉 참조.
35) 《조선일보》 1927년 10월 5일자, 〈고령신간〉 참조.
36) 《조선일보》 1927년 10월 8일자, 〈영일지히 간사히〉 참주.
37) 《조선일보》 1927년 10월 25일자, 〈영덕지회가 결의문 발송〉 참조.
38) 《조선일보》 1927년 10월 10일자, 〈고령지회에서 일반 지주에게 경고문을 배부〉 참조.

① 지세는 지주가 전부 부담함이 가함.

② 소작료는 5할 이내로 하고 두세(斗貰)는 일체 폐지함이 가함.

③ 소작기한을 연장하여 기한 내에는 임의로 소작인을 바꾸지 않음이
   가함.

④ 악행 마름(舍音)을 면임(免任)함이 가함.

⑤ 소작료 운반거리가 10리 이상을 초과한 자에게는 상당한 임금을지
   불함이 가함.

⑥ 천재지변의 토지복구공사에는 상당한 비용을 지불함이 가함.

⑦ 토지개량에 대하여 제반 시설을 해줌이 가함.

⑧ 간추인(看秋人)의 농간적 악폐를 절대로 엄금함이 가함.

전북 김제(金堤)지회에서도 소작농의 ① 경작권 확립 ② 소작료를
4할 이하로 할 것 ③ 소작인의 강제적 부역 금지 등을 결의하여 요구
하였다.[39]

황해도 황주(黃州)지회에서는 ① 소작권 확립 ② 소작료의 합리화
③ 지주·소작인 사이의 주종적 지위 철폐 등을 요구하였다.[40] 경북
울진(蔚珍)지회에서는 특히 "소작지에 대한 지세공과(地稅公課)는 지주
가 부담"할 것을 강조해 의결하였다.[41]

경기도 안성(安城)지회에서는 가뭄으로 흉작이 들자 '소작료 감면'
을 위해 교섭위원을 선거해서 지주와 협상하였다.[42]

경남 삼천포(三千浦)지회에서는 소작료를 고율화하여 소작인을 착취
한 지주 박채규를 정기대회에서 규탄하였다.[43]

---

39) 《조선일보》 1928년 2월 9일자, 〈金堤支會 간사회〉 참조.
40) 《조선일보》 1928년 1월 30일자, 〈황주지회 설립회〉 참조.
41) 《조선일보》 1929년 3월 26일자, 〈신간 울진지회, 임시대회 개최〉 참조.
42) 《조선일보》 1929년 10월 14일자, 〈흉년 소작인을 위해 지주에 교섭코자 교
    섭위원을 선거〉 참조.
43) 《조선일보》 1927년 12월 21일자, 〈泗川지회, 정기대회〉 참조.

여기서 낱낱이 예를 들지 못하지만, 전국 각 지방지회들이 위의 요구사항과 유사한 소작제도 개혁을 요구하고 지주들의 소작인 수취를 규탄하였다.

10. 소작쟁의·농민운동 지원

신간회 존속기간에 전국 각 지방에서 농민들의 소작쟁의가 일어나자 신간회 지방지회들은 이에 대한 지지와 성원활동을 활발히 벌였다. 특히 목포지회와 광주지회를 선두로 한 전라남도 모든 지회들과 진주지회를 중심으로 경상남도의 마산지회·고령지회·김해지회, 전라북도의 김제지회·정읍지회·전주지회·익산지회·남원지회·이리지회·군산지회·임실지회 등이 그 대표적인 지회들이었다. 이 밖에도 전국 각지의 신간회 지회들이 자기 지방의 소작쟁의에 대하여 이를 적극 지원하였다.

예컨대 1927년 11월 신간회 경남 함양지회는 마천(馬川) 소작쟁의가 일어나자 조사위원을 특파하고 지주에게 경고문을 보내어 소작농민을 지원하였다.[44]

1930년 1월 경기도 안성에서 지주와 마름이 소작농 10호의 소작권을 모조리 떼어버려 소작쟁의가 일어나자, 신간회 안성지회가 일어나 이 소작쟁의를 지원하였다.[45]

신간회 마산지회도 소작쟁의 농민운동을 적극 지지 성원하였다.[46]

신간회 전국 각 지방지회들은 소작농민들의 농민운동을 지원하며,

---

44) 《동아일보》1927년 12월 1일자, 〈함양신간지회 간사회〉참조.
45) 《조선일보》1930년 1월 17일자, 〈안성군 소작 쟁의 漸확대〉참조.
46) 《조선일보》1930년 3월 26일자, 〈馬山신간지회 정기대회〉참조.

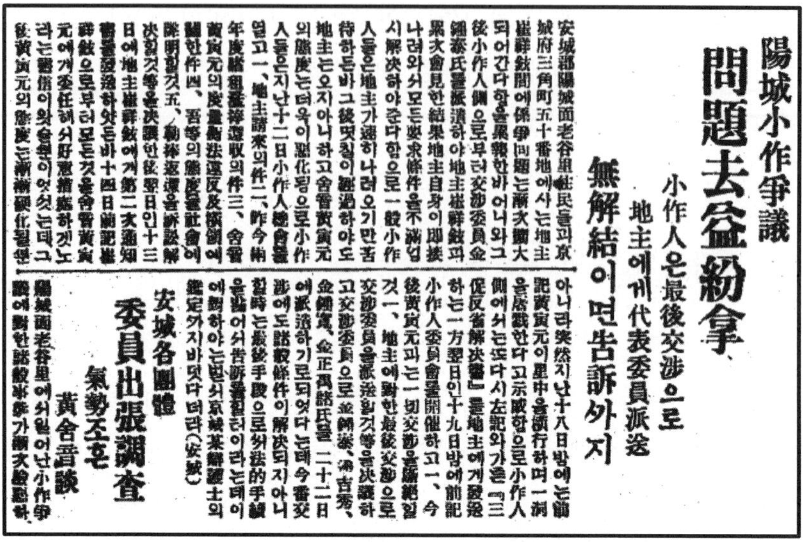

陽城小作爭議
問題去益紛拏
小作人은最後交涉으로
地主에게代表委員派送
無解結이면告訴外지

安城各團體
委員出張調査
氣勢조흔
黃舍晉談

<사진 50> 안성군 양성지역의 소작쟁의를 조사하는 안성지회 활동 기사(조선일보 1928년 12월 23일자)

소작쟁의의 주요 원인이 되는 ① 소작권의 확립 ② 마름 및 농감제도의 철폐 ③ 고율 소작료의 인하, 자연재해·불가항력에 의한 농작상의 손실의 지주부담을 강력하게 요구하였다.[47)]

11. 동척(東拓) 일본인 이민 반대운동

일제가 동양척식주식회사(東洋拓植株式會社)를 비롯하여 다수의 국책회사들과 기타 일반 지주회사들을 통하여 정책적으로 일본인 이민을 한국에 끌어들이고 토지를 점유해 나갔으므로, 신간회 지회들은 이에 대한 반대운동을 전개하였다.[48)]

---

47) 《조선일보》 1928년 2월 1일자, 〈영덕지회, 정기대회〉 참조.

예컨대 1928년 1월 28일 신간회 영덕(盈德)지회에서는 일제 동척(東拓)과 유사회사의 일본인 이민에 대한 반대를 의결하여 투쟁하였다.[49]

신간회 경서(京西)지회에서도 1928년 2월 15일 매년 증가하는 동척과 불이(不二)회사의 일본인 이민정책을 반대 성토하였다.[50]

신간회 군산(群山)지회에서도 1928년 2월 7일 정기대회에서 동척 및 기타 일본인 회사 지주의 일본인 이민을 반대 의결하였다.[51]

신간회 어주(魚朱)지회에서도 1929년 12월 23일 동척의 일본인 이민을 반대하였다.[52]

청진지회도 1930년 1월 9일 정기대회에서 '동척' 이민 반대를 의결하였다.[53]

당시 '동척'의 일본인 이민에 대한 반대운동은 전국의 신간회 지방지회들의 공통된 투쟁이었다.

12. 지방열 단체 박멸운동

경상남북도 신간회 지회들에서는 신간회의 민족운동·청년동맹의 민족운동을 반대하는 단체로서 서울에서 영남친목회(嶺南親睦會)라는 단체가 조직되어 지방열을 고취하고 있는데 대해 일제히 규탄운동을 벌리고, 이 단체의 '박멸'을 주장하였다.

48) 安在鴻, ① 〈東拓은 무엇이냐〉,《조선일보》1925년 2월 9일자 〈시평〉;《민세안재홍선집》제1권, p.103 및 ② 〈日本移民 장려문제-極東禍亂의 種子〉,《조선일보》1927년 5월 23일자 〈사설〉;《민세안재홍선집》제1권, pp.212~219 참조.
49)《조선일보》1928년 2월 1일자, 〈영덕지회, 정기대회〉 참조.
50)《조선일보》1928년 12월 11일가, 〈新幹京西 토의안〉 참조.
51)《조선일보》1928년 2월 12일자, 〈군산지회, 정기대회〉 참조.
52)《조선일보》1929년 12월 23일자, 〈魚朱 신간지회 대회소집〉 참조.
53)《조선일보》1930년 1월 13일자, 〈청진新幹 개회 전에 위원장을 검속〉 참조.

예컨대 경북 상주(尙州)지회에서는 1927년 9월 22일 총무간사회에서 "지방열을 고취하며 파당적 당세를 조장하는 영남친목회를 박멸할 것"[54]을 결의하였다.

경북 영일(迎日)지회에서도 1927년 9월 23일 간사회를 열고 소위 "재경 영남친목회의 내용을 철저히 조사하여 근본적으로 처치하고 지방열 단체의 박멸을 적극적으로 기할 것"[55]을 의결하였다.

이 시기 서울과 영남을 비롯한 각 지방지회 결의에서는 전체 민족의 미래를 개척하고 지방파쟁을 극복하여 전민족 협동을 강조하는 '지방열 단체 박멸' 주창이 광범하게 의결되고 있었음을 볼 수 있다.[56]

13. 일본 미쓰비시(三菱)회사의 농민토지 강제매수 규탄

일본의 재벌기업 미쓰비시(三菱)회사가 함경남도 장진(長津)에서 1927년 11월 한국 농민의 토지를 회사부지로 강제매수하려고 한 사건이 발생하였다.

신간회 함흥지회는 1927년 11월 26일 조사위원을 파견하여 진상조사를 한 다음, 함흥지회 주최 함남 기자단연맹 후원으로 '보고강연회'를 개최하려 했다. 그러나 일제 함흥경찰서가 집회를 금지했으므로 함흥지회는 강연회 없이 이를 성토 규탄하였다.[57]

---

54) 《조선일보》 1927년 9월 26일자, 〈상주 신간총무간사회〉 참조.
55) 《조선일보》 1927년 9월 28일자, 〈영일 신간, 三회 간사회〉 참조.
56) 安在鴻, 〈소위 地方熱團體 문제〉, 《朝鮮之光》, 1927년 10월호 참조.
57) 《조선일보》 1927년 11월 27일자, 〈표현된 三菱 죄악, 강연금지는 何故〉 참조.

14. 일제 수리조합 반대운동

일제가 식량약탈정책의 하나로 수리조합을 설치하여 높은 수리비를 농민들에게 부과하자, 신간회 지회들은 이에 대한 반대운동을 광범위하게 전개하였다.[58]

예컨대, 1928년 2월 함경북도 용성(龍城) 평야에서 일본인 좌구간(佐久間: 사쿠마)이란 자가 중심이 되어 수성(輸城) 수리조합을 결성하려 하다가 군민의 반대로 분규가 일어나자, 신간회 청진지회는 조사위원을 파견하여 흑막을 조사하였다.[59] 청진지회는 파견위원의 조사보고를 들은 후 수리조합의 비리를 성토하였다.[60]

또한 1928년 3월 함흥군 천서면에 일제가 수리조합을 설치하려 하자, 신간회 함흥지회는 일제의 횡포를 규탄하고 민간인들의 맹렬한 반대를 지지 성원하였다.[61] 일제 함흥경찰서는 신간회 함흥지회 대표를 불러 수리조합 설치 반대를 위한 신간지회의 군민대회 개최를 금지하였다.[62]

일제가 한국민중을 탄압하면서 함흥군 천서면에서 수리조합 공사를 강행하다가 이를 반대하는 한국인 동민을 일본인 공사감독이 살상한 사건이 1929년 11월 19일 발생하였다.[63] 이에 함흥지회는 물론이오,

---

58) 李炳憲, 〈新幹會運動〉, 《신동아》 1969년 8월호; 경상북도경찰부, 《高等警察要史》, p.51 참조.
59) 《조선일보》 1928년 2월 18일자, 〈수라장화한 총회장, 輸城水組 분규확대〉 참조.
60) 《조선일보》 1928년 5월 9일자, 〈청진지회 간사회〉 참조.
61) 《조선일보》 1928년 4월 2자, 〈함흥지회 총무회〉 참조.
62) 《조선일보》 1928년 4월 5일자, 〈함흥水組에 대한 군민대회 금지〉 참조.
63) 《조선일보》 1929년 11월 29일자, 〈함흥水組사건, 조사특파원 파견〉 참조.

신간회 원산(元山)지회도 조사위원을 특파하여 이 사건을 철저히 조사하고 일제의 만행을 규탄하였다.[64] 뒤이어 신간회 전국 지회들에서 '함흥수리조합사건'을 규탄하는 운동이 전개되었다.

15. 산림조합 반대운동

일제가 산림조합을 만들어 과중한 조합비를 농민들에게 부담시키고 임산물채취를 크게 규제하자, 산림이 많은 북부지방의 신간회 지회들에서는 이에 대한 반대운동이 전개되었다. 그 중에서 특히 함경남도 단천지회는 대표적 지회였다.[65]

16. 군농회 반대운동

일제가 식민지 농업정책 집행의 주도기관으로 전국 각 군에 군농회 (郡農會)를 조직하여 식민지정책을 강행하자, 김천지회의 사례와 같이 전국의 신간회 지회들은 이에 대한 반대운동을 전개하였다.[66]

---

64) 《조선일보》 1929년 11월 27일자, 〈함흥水組사건 조사차로, 원산 신간회 派員〉 참조.

65) 李炳憲, 〈新幹會運動〉, 《신동아》 1969년 8월호; 水野直樹, 〈新幹會運動に關する若干の問題〉, 《朝鮮史硏究會論文集》 제14집; 朴慶植, 〈朝鮮民族解放運動과 民族統一戰線〉, 《新幹會硏究》, 동녘, 1983 참조.

66) 《조선일보》 1928년 2월 3일자, 〈김천지회 정기대회〉 참조.

17. 해태조합 반대운동

일제가 해태조합(海苔組合)을 조직하여 어민을 착취하자, 일부 해안 지방의 신간회 지회들에서 이에 대한 반대운동이 전개되었다. 전라남도의 남해안 지방지회들이 그 대표적 지회였다.[67]

예컨대 전남 고흥군에서 1928년 고흥군수를 해태(김)조합의 조합장으로 임명하고 면장들로 지부장을 임명하여 일제관제화해서 어민들을 착취하려 하자, 어민들이 자치제 해태조합을 요구하여 일어섰다.[68] 이 분규는 이듬해까지 계속되었는데, 신간회 고흥지회를 비롯한 고흥 사회단체들은 궐기하여 어민들을 지원하였다.[69]

18. 어민권익 옹호활동

일제강점기 한국 해안에서는 일본인 선주 및 어부들과 한국인 어부들 사이에 충돌과 분쟁이 많았다. 신간회 지회들은 불리한 여건에 있는 한국인 어부들의 권익을 옹호하여 활동하였다. 제주지회·부산지회·군산지회·강릉지회·양양지회·삼척지회는 그 대표적 지회들이었다.[70]

---

67) 李炳憲, 〈新幹會運動〉, 《신동아》 1969년 8월호; 경기도경찰부, 《治安槪況》, 1929 참조.
68) 《조선일보》 1928년 2월 28일자, 〈高興郡海苔조합이 분규〉 참조.
69) 《조선일보》 1928년 4월 15일자, 〈고흥해태조합문제, 사회단체 궐기〉 참조.
70) 李炳憲, 〈新幹會運動〉, 《신동아》 1969년 8월호; 경기도경찰부, 《治安槪況》, 1929.1931 참조.

예컨대 신간회 단천지회 여해(汝海)분회에서는 설립대회에서 어민생
활 상태의 조사와 권익보호를 활동목표로 결의하여 운동하였다.71)

19. 전매제도 반대운동

신간회 지방지회들은 일제의 담배·인삼 등의 전매제도를 반대하는
운동을 전개하였다. 개성지회·금산지회·풍기지회·안동지회·영주지회·
봉화지회·영양지회·상주지회 등은 그 대표적 지회들이었다.

이 밖에도 신간회 지방지회들은 자기 고장의 필요에 응하여, 예컨
대 누에고치 공동판매 반대운동, 상묘(桑苗) 강제배포 반대운동, 일본
인 어부어획 해산물 불매운동 등 여러 가지 일제 식민지 경제정책 반
대운동을 전개하였다.

20. 일제 지방행정 규탄운동

신간회의 지회들은 일제의 식민지 지방통치, 일본인 군수들의 횡포,
친일적 한국인 면장들, 일제 지방관리들의 농민들에 대한 박해 등을
규탄하는 운동들을 전개하고 일제의 식민지수탈정책을 규탄하였다.72)

예컨대 경기도 수원군 양감면 면장이 1929년 10월 저축계돈을 총독
부의 박람회 구경비용으로 유용하자, 신간회 수원(水原)지회가 일어나

---

71) 《조선일보》 1930년 8월 14일자, 〈汝海 신간분회〉 참조.
72) 경상북도경찰부, 《高等警察要史》, p.51; 李源赫, 〈新幹會의 조직과 투쟁〉, 《사
   상계》 1960년 8월호; 李炳憲, 〈新幹會運動〉, 《신동아》 1969년 8월호 참조.

서 이를 규탄하였다.[73]

또한 함경북도 경성군에서는 1929년 12월 어랑면장이 조세를 태납했다 하여 면민의 재산을 차압하자, 신간회 어주(魚朱)지회가 분기하여 친일 면장의 비리를 강연회와 대회를 열어 성토하였다.[74]

21. 민족교육 외면하는 유림단과 향교(鄕校)관리 비판운동

전라북도 남원(南原)지회는 1927년 8월 12일 청년동맹 운동을 반대하는 유림단(儒林團)을 설립총회에서 규탄하고, 청년동맹과 동일 보조를 취하기로 의결하였다.[75]

북청(北靑)지회에서는 1928년 1월 15일 정기대회에서 현대 민족교육을 외면하는 북청 각 서원(書院)철폐의 추진을 결의하였다.[76]

함경남도 함흥(咸興)지회에서는 1930년 4월 12일 정기대회에서 공자묘(孔子廟) 앞 광장을 봉쇄하기로 의결하였다.[77]

경상북도 지방의 신간회 지회들은 유림의 향교가 고루하여 현대적 민족교육을 저해하고 있다 하여 향교철폐, 향교재산 처리, 《영남시보(嶺南時報)》 폐간, 유도진흥회 철폐 등을 결의하고 그 운동을 전개하였다. 영주지회, 봉화지회, 영양지회, 상주지회가 그 대표적 지회들이었다.[78]

경남 기장(機張)지회도 1929년 3월 15일 설립대회에서 "향교재산을

---

73) 《조선일보》 1929년 10월 31일자, 〈수원구 양감면장에게 경고문을 발송〉 참조.
74) 《조선일보》 1930년 1월 4일자, 〈어랑면장 비행, 성토회 개최 준비〉 참조.
75) 《조선일보》 1927년 8월 17일자, 〈남원에 신간지회 설립〉 참조.
76) 《조선일보》 1928년 1월 21일자, 〈북청지회 정기대회〉 참조.
77) 《조선일보》 1929년 4월 17일자, 〈함흥 신간대회〉 참조.
78) 慶尙北道警察部, 《高等警察要史》, p.50; 李炳憲, 〈新幹會運動〉, 《新東亞》 1969년 8월호 참조.

무산아동 교육비에 충용"[79]할 것을 결의하였다.

안동지회는 1928년 1월 29일 정기대회에서 〈향교와 서원의 소유재산을 민중 교화사업에 제공〉[80]할 것을 결의하였다.

상주대회는 1928년 12월 30일 정기대회에서 향교재산과 시설로 군민을 위한 '향교도서관' 설립을 결의하였다.[81]

이 밖에도 다수의 향교와 서원의 자산을 놓고 갈등이 일어나자 신간회 지회들이 향교와 서원의 재산과 시설을 민중의 현대교육에 사용하자고 주장하였다.[82]

---

[79] 《조선일보》 1929년 3월 22일자, 〈신간 기장지회 설치대회〉 참조.
[80] 《조선일보》 1928년 2월 2일자, 〈안동지회 정기대회〉 참조.
[81] 《조선일보》 1929년 1월 3일조, 〈상주 신간지회〉 참조.
[82] 김정인, 〈일제강점기 향교의 변동 추이〉, 《한국민족운동사연구》 제47집, 2006 참조.

제9장
신간회 지방지회의 민족운동(Ⅱ)

22. 한국인 본위 교육과 교육개선 운동

전국의 신간회 지회들은 한국인 본위의 교육을 요구하고 교육제도
와 학교운영 개선을 요구하는 여러 가지 활동을 하였다.[83]

예컨대 함북 성진(城津)지회에서는 1927년 9월 25일 간사회를 열고,
특파원을 파견하여 학부형 4인의 검속 희생까지 낸 길주(吉州) 공립보
통학교의 분규의 진상조사를 의결하였다.[84]

경북 상주(尙州)지회는 1927년 12월 6일 총무간사회를 열고 안동
보광(寶光)학교 분규에 대해 교직원들에게는 '격려문'을, 경영자 측에
게는 '경고문'을 보내기로 결의하였다.[85]

함북 길주(吉州)지회에서는 1928년 2월 18일 간사회에서 김천의 사
립학교인 '금릉(金陵)학원' 강제 폐쇄에 대한 항의 결의를 하였다.[86]

경남 사천(泗川)지회도 1928년 2월 20일 간사회에서 김천 '금릉학
원' 강제 폐쇄에 항의 결의하였다.[87]

경북 대구에서 1928년 4월 신학기에 대구고등보통학교 14명의 학생
들이 한국인 본위 교육을 요구했다가 퇴학당하였다. 이어서 1928년 9
월 26일 다시 대구고보에서 3학년생도 약 200명 학생들이 ① 조선어
시간 연장 ② 조선역사 시간 신설 ③ 일본인 교장 배척 ④ 일본인 교
사 2명 배척 ⑤ 학생자치 ⑥ 언론·집회의 자유 등 6개 조건을 요구하

---

83) 慶尙北道警察部, 《高等警察要史》, pp.51~52; 京畿道警察部, 《治安槪況》 1929·
1931 참조.
84) 《조선일보》 1927년 10월 1일자, 〈성진 신간 간사회 개최〉 참조.
85) 《조선일보》 1927년 12월 10일자, 〈상주지회 총무회〉 참조.
86) 《조선일보》 1928년 2월 23일자, 〈길주지회 간사회〉 참조.
87) 《조선일보》 1928년 2월 27일자, 〈사천지회 간사회〉 참조.

고 동맹휴학을 시작하였다.[88) 대구고보 동맹휴학은 4학년생들도 전원이 가담하여 더욱 확대되었다.[89)

신간회 대구지회는 이 학생운동을 지지 성원하였다. 학교당국이 18명 학생 주모자를 퇴학시키자, 대구고보 학생들은 ① 이전의 6개 요구 조건 실시 ② 퇴학생 복교를 조건으로 다시 1928년 10월 15일 동맹휴학을 시작하였다.[90)

일제경찰은 사태의 규모와 심각성에 주목하여 배후 수사 끝에 일제 식민지 교육정책에 불만을 품고 조직된 대구 출신으로 구성된 비밀결사 '학생맹휴 옹호동맹'의 이종률(李鍾律), 이수섭(李守燮), 김정수(金正洙) 3인을 서울에서 체포하였다.[91)

신간회에서는 변호사 김병로(金炳魯)와 이인(李仁)을 변호인으로 보내어 학생들을 변호하였다. 1930년 3월 13일 제1회 공판에서 피고인들은 일제의 차별적 식민지정책과 교육정책을 논리정연하게 통렬히 비판하였다. 일제 재판장은 주로 피고들이 신간회 회원인지, 신간회와의 관련여부를 추궁하였다.[92)

경북 영덕(盈德)지회는 1929년 1월 21일 성황리에 정기대회를 열고 "조선인 본위의 교육제도 실시"를 결의하였다.[93)

함남 함흥(咸興)지회는 1929년 3월 15일 임시총회를 열고, "함흥고보의 조선인 교장 채용"을 결의하였다.[94)

88) 《조선일보》 1928년 9월 28일자, 〈학생의 자치를 필두로 朝鮮史 교수를 요구〉 참조.
89) 《조선일보》 1928년 9월 29일자, 〈대구고보 맹휴 점차 확대〉 참조.
90) 《조선일보》 1928년 10월 16일자, 〈대구 고보생, 又復 동맹휴교〉 참조.
91) 《조선일보》 1928년 11월 17일자, 〈대구학생사건 수령, 경성서 잡아 대구로〉 참조.
92) 《조선일보》 1930년 3월 14일자, 〈차별적 정치 痛論, 신간회두 질문하여〉 참조.
93) 《조선일보》 1929년 1월 28일자, 〈신간 영덕지회〉 참조.
94) 《조선일보》 1929년 3월 19일자, 〈함흥신간지회〉 참조.

경남 기장(機張)지회는 1929년 3월 15일 설립대회에서 "조선인 의무교육제도 실시"를 의결하였다.[95]

신간 경서(京西)지회는 1929년 8월 31일 집행위원회를 열고 '연희전문학교 맹휴' 사건의 진상조사를 결의하고 이를 성원하였다.[96]

신간회의 전국 지방지회들은 중앙 본부와 마찬가지로 각 지방의 조선인 본위 교육과 일제 식민지 교육정책 비판 운동을 추진하고 지원하였다.[97]

23. 야학운동

전국의 신간회 지회들은 농민들의 문맹퇴치와 민족의식 및 완전독립사상 고양을 위한 야학의 설치와 야학교육운동을 고취하고 전개하였다.[98] 야학운동은 전국의 거의 모든 지방지회들의 운동이었다.

예컨대 신간회 안동지회는 1929년 1월 15일 정기대회에서 문맹퇴치를 위한 노동야학 강화를 의결하였다.[99] 또한 영주지회도 1929년 1월 15일 정기대회에서 '군내 농민야학 조사 장려'를 의결하였다.[100]

신간회 경동(京東)지회도 1930년 6월 15일 창립 1주년 기념대회에서 '문맹퇴치의 건'을 의결하였다.[101]

---

[95] 《조선일보》 1929년 3월 22일자, 〈신간 기장대회〉 참조.
[96] 《조선일보》 1929년 9월 5일자, 〈신간 京西지회〉 참조.
[97] 安在鴻, 〈實際運動의 당면과제-新幹會 무엇을 할까〉, 《조선일보》 1928년 3월 27일자 사설; 《민세안재홍선집》 제1권, pp.271~272 참조.
[98] 安在鴻, 〈금년의 民衆敎養運動〉, 《조선일보》 1927년 10월 9일자 〈사설〉; 《민세안재홍선집》 제1권, pp.234~236 참조.
[99] 《조선일보》 1929년 1월 17일자, 〈신간 안동지회 제2회 정기대회〉 참조.
[100] 《조선일보》 1929년 1월 20일자, 〈신간 영주지회 제3회 정기대회〉 참조.
[101] 《조선일보》 1930년 6월 15일자, 〈신간 東京지회, 一주년 기념 거행〉 참조.

<사진 51> 야학운동이 활발했던 신간회 김해지회 설립 후 기념촬영(조선일보 1928년 3월 29일자)

함경북도 회령지회도 1929년 12월 14일 집행위원회에서 "무산 아동 야학을 설립하기 위하여 회관을 수리하기로 함"을 의결하였다.[102]

경남 울산지회에서는 1929년 3월 21일 지회 설립 1주년 기념대회에서 군내 각 사립학교 '노동야학'에서 큰 성과를 낸 3인을 선발하여 표창장과 기념은배를 수여하고 표창 격려하였다.[103]

야학운동은 신간회 지방지회들의 거의 전국적인 운동이었다. 이러한 신간회 지회의 야학운동은 일제의 야만적 탄압 속에서 추진되었음을 주목할 필요가 있다.

예를 들어 경남 김해에서는 노동야학을 일제가 폐쇄하자, 농민단체와 사회단체들이 연합해서 '시민대회'를 열어 일제만행을 규탄하려 하였다.[104] 일제는 이 시민대회를 '금지'하였다.[105]

---

102) 《조선일보》 1929년 12월 20일자, 〈회령 신간위원회〉 참조.
103) 《조선일보》 1929년 4월 26일자, 〈신간 울산지회, 민간 교육공로자 표창〉 참조.

또한 전남 곡성군 오곡면에서는 노동야학을 개학하자 3일 만에 일제는 설치인가가 없다고 '금지'조치를 하였다.106)

24. 금릉학원(金陵學院) 폐쇄 및 사립학교 허가제 반대

경상북도에서 손꼽히는 빈민층 아동교육기관인 김천의 금릉학원(金陵學院)을 일제 경상북도 당국이 1928년 이유도 안 되는 구실로 강제 폐쇄하자, 신간회 김천지회는 반대운동을 주도적으로 전개하였다.

신간회 김천지회를 비롯하여 김천 각 사회단체에서는 1928년 2월 13일 금릉학원 강당에서 긴급 대표자대회를 열고, 이것은 김천 한 지방에 국한된 문제가 아니라 전조선적 교육탄압문제라고 합의하여, 전조선 우의단체의 협력을 얻으면서 일제의 학원 폐쇄에 적극 항쟁하기로 결의하였다.107)

신간회 지방지회들은 김천지회의 호소에 전국적으로 호응하였다. 경상남도 지방지회들도 호응하여, 예컨대 사천(泗川)지회는 1928년 2월 20일 간사회에서 '김천 금릉학원 폐쇄 반대'를 결의하였다.108)

한국 최북단인 함경북도 지회들도 호응하여 예컨대, 길주(吉州)지회도 2월 20일 "금릉학원 강제폐쇄"에 적극 반대해서 복교에 성공할 때까지 분투하라고 김천지회를 격려했으며, 그 결말을 보아 경북도 당국

---

104)《조선일보》1929년 8월 25일자, 〈김해노동야학 폐쇄명령으로 시민대회 개최〉참조.
105)《조선일보》1929년 8월 27일자, 〈김해 노동야학문제로 開하려던 시민대회 금지〉참조.
106)《조선일보》1929년 12월 23일자, 〈인가없다고 노동야학 금지〉참조.
107)《조선일보》1928년 2월 15일자, 〈당국에 적극 항의, 비판연설, 시민대회〉참조.
108)《조선일보》1928년 2월 27일자, 〈泗川지회 간사회〉참조.

에 항의하기로 결의하였다.[109]

전라북도 전주지회도 1928년 2월 9일 간사회에서 '금릉학원 폐쇄'에 항의하여 조사 후 대책을 강구하기로 결의하였다.[110]

신간회 안성지회는 일제가 자발적 민간 교육기관의 설립과 폐쇄를 결정하고 간섭하는데 반대하고, 1928년 2월 10일 총무간사회에서 총독부의 "민간교육기관 허가제 폐지"[111]를 결의하여 요구하였다.

신간회 지회들과 사회단체들의 항의에 당황한 경상북도 당국은 폐쇄조치를 보류하였다. 김천지회는 1929년 2월 16일 정기대회에서 "금릉학원의 유지와 격려"를 결의하고 각종 지원활동을 더욱 강화 실행하였다.[112]

25. 학생운동 지원활동

신간회 지방지회들은 학생들의 민족운동이나 민족교육운동이 일어났을 때 이를 적극 지원하는 활동을 전개하였다.[113] 특히 광주학생 독립운동 때의 신간회 전국 각 지방지회의 지원활동은 매우 활발하였다.

몇 가지 사례만을 들면, 대구에서 1930년 1월 큰 규모의 학생 독립만세 시위운동이 일어나자, 일제 대구경찰은 학생만세시위의 배후 지원자로 신간회 대구지회 간부 이강옥(李康沃)과 이원조(李源朝)를 구속하였다.[114]

---

109) 《조선일보》 1928년 2월 23일자, 〈길주지회 총무회〉 참조.
110) 《조선일보》 1928년 3월 3일자, 〈전주지회 간사회〉 참조.
111) 《조선일보》 1928년 2월 14일자, 〈안성지회 총무〉 참조.
112) 《조선일보》 1929년 2월 19일자, 〈신간.김천지회〉 참조.
113) 鄭世鉉, 《抗日學生民族運動史研究》, 一志社, 1975; 朴明煥, 〈新幹會回顧記〉, 《新東亞》 1936년 4월호 참조.

함북 경성군에서는 1930년 1월 경성고보생 7백여 명이 독립만세 시위운동을 일으켜 일제 경찰과 충돌했을 뿐 아니라, 어랑(漁郎)공립보통학교 학생 남녀 3백여 명이 태극기를 들고 '약소민족만세' '광주학생사건만세'를 소리 높이 외치며 격문 1천여 장을 살포하는 등 독립만세 시위운동을 전개하였다. 일제 경찰은 그 배후 지원자로서 신간회 어주(魚朱)지회 회원과 청년동맹원 다수를 검거하였다.115)

신간회 어주지회에서 학생만세사건에 대처한 긴급대회를 개최하려하자, 일제경찰은 이를 긴급 저지 탄압하였다.116)

충남 홍성에서는 1930년 2월 20일의 홍성공업 전수학교 학생들의 독립만세 시위운동 배후자로서, 일제 경찰은 신간회 홍성지회 위원 윤식(尹植)을 인치하여 조사하였다.117)

이 몇 가지 사례에서도 신간회 지방지회들이 성심껏 학생독립운동을 지원했음을 알 수 있다.

26. 언론·출판·집회·결사 자유의 쟁취 운동

신간회 전국 각 지방지회들은 중앙본부와 마찬가지로 일제의 가혹한 탄압을 비판하면서 언론과 집회의 자유를 쟁취하기 위한 결의와 운동을 전개하였다.118)

---

114) 《조선일보》 1930년 1월 17일자, 〈신간위원 검거〉 참조.
115) 《조선일보》 1930년 2월 5일자, 〈신간회원과 청맹원 검거〉 참조.
116) 《조선일보》 1930년 2월 19일자, 〈어주 신간지회〉 참조.
117) 《조선일보》 1930년 3월 5일자, 〈홍성 신간지회 위원 검거〉 참조.
118) 安在鴻, ① 〈實際運動의 당면과제-新幹會 무엇을 할까〉, 《조선일보》 1928년 3월 27일자 사설; 《민세안재홍선집》 제1권, p.272; ② 〈言論集會는 완화되지 않는가〉, 《조선일보》 1930년 4월 26일자 사설; 《민세안재홍선집》 제1권, pp.352~353; ③ 〈言論自由의 요구〉, 《조선일보》 1931년 3월 12일자 사설;

예컨대 경기도 수원지회에서는 1927년 10월 17일의 설립대회에서 '언론·집회의 자유 획득'을 결의하였다.[119]

강원도 원주지회도 1927년 10월 30일 설립대회에서 '언론·집회·결사의 자유'를 결의하였다.[120]

평북 곽산지회도 1927년 12월 29일 정기대회에서 '언론·집회·결사의 자유를 획득하도록 노력할 사'를 의결하였다.[121]

충남 당진지회는 1928년 1월 17일 정기대회에서 '언론·출판·집회·결사의 자유를 주장하자'고 결의하였다.[122]

경남 김해지회도 1928년 3월 21일 설립대회에서 '언론·집회·결사의 자유' 획득을 결의하였다.[123]

경북 김천지회는 1929년 2월 16일 정기대회에서 '언론·집회·결사·출판의 완전한 자유 획득'을 결의하였다.[124]

경남 통영지회는 1929년 9월 20일 상무집행위원회에서 '통영사회 언론·집회 금지에 대하여 당국에 항의할 것'을 의결하였다.[125]

함남 원산지회는 1930년 3월 22일 집행위원회에서 '언론·집회 취제 조사'를 결의하였다.[126]

수원지회에서는 1930년 4월 25일 임시대회에서도 다시 '언론·출판·집회·결사의 자유 획득'을 결의하였다.[127]

이상과 같은 사례들에서도 일제 식민지 통치가 한국인을 완전히 무

《민세안재홍선집》 제1권, pp.385~387 참조.
[119] 《조선일보》 1927년 10월 20일자, 〈수원지회 설치〉 참조.
[120] 《조선일보》 1927년 11월 2일자, 〈원주지회 설치〉 참조.
[121] 《조선일보》 1928년 1월 26일자, 〈곽산지회 정기대회〉 참조.
[122] 《조선일보》 1928년 2월 3일자, 〈당진지회 정기대회〉 참조.
[123] 《조선일보》 1928년 3월 29일자, 〈김해지회 설치〉 참조.
[124] 《조선일보》 1929년 2월 19일자, 〈신간 김천지회〉 참조.
[125] 《조선일보》 1929년 9월 25일자, 〈통영 신간위원〉 참조.
[126] 《조선일보》 1930년 3월 27일자, 〈신간 원산지회 임시대회〉 참조.
[127] 《조선일보》 1930년 5월 3일자, 〈수원 신간대회〉 참조.

권리(無權利)한 상태에 몰아넣어 탄압했으며, 신간회 지회들이 인간의 가장 기본권인 언론·집회·출판·결사의 자유를 획득하기 위해 완강한 투쟁을 전개했음을 알려주고 있다.

27. 3총(三總, 노동총동맹·농민총동맹·청년총동맹) 해금(解禁)운동

당시 일제는 조선노동총동맹, 조선농민총동맹, 조선청년총동맹 등 이른바 '3총'의 집회를 일체 불허하고 그 활동을 탄압하고 있었다.

신간회 경성(서울)지회는 1927년 12월 10일의 제1회 정기대회에서 3총의 집회금지탄압을 해제하는 '3총해금(解禁)' 요구를 결의하였다. 이를 계기로 신간회 각 지회들과 각 기관들에서 '3총해금' 운동이 널리 일어나게 되었다.

신간회 일본 동경(東京)지회에서도 1928년 1월 28일 제5회 간사회에서 '3총해금운동'을 결의하고, "3총해금 획득동맹을 적극적으로 후원하는 동시에 본 지회에서도 '삐라'를 인쇄 반포하기로" 결의하였다.[128) 또한 일본 경도(京都)에서도 1928년 2월 6일 '신간회 경도지회 회관'에서 조선인 단체 대표들이 모여 '3총해금 경도지방동맹'을 조직하고 3총의 해금뿐만 아니라 일제의 신간회 전국대회의 집회금지 조치도 규탄하고, 전 조선 각지의 모든 대중단체의 모든 집회금지를 반대하는 결의를 하였다.[129)

1928년에는 신간회 전국 각 지방지회들이 모두 '3총' 해금운동을 완강하게 전개하였다. 1929년에도 이 운동은 계속되었다.

---

128) 《조선일보》 1928년 2월 6일자, 〈新幹東京지회 간사회의 결의〉 참조.
129) 《조선일보》 1928년 2월 17일자, 〈三總해금문제로 京都조선인대회〉 참조.

신간회 경성지회는 1930년 8월 25일 집행위원회에서 '3총 해금운동'
을 가장 중요한 당면과제의 하나로 다시 결의하였다.[130] 신간회 중앙
본부도 여러 차례 이를 결의해 오다가, 1930년 11월 10일 제3회 중앙
집행위원회에서 '3총해금'을 또다시 결의하고 완강한 투쟁을 다짐하였
다.[131]

28. 일제 경찰의 폭행사건 규탄

일제 경찰은 당시 한국인에 대해 불법 폭행을 가하는 일이 자주 있
었다. 전국 신간회 지방지회들은 이러한 경우를 알게 될 때마다 이에
항의하고 규탄하였다.

예컨대 1927년 10월 경북 영천에서 일제 순사부장과 전매국원이 한
국인을 폭행한 사건이 발생하였다. 신간회 영천(永川)지회에서는 1927
년 10월 21일 긴급간사회를 소집하여, ① 가해자 일본인 순사부장의
엄중 처벌 ② 피해자가족 위자료 지불 ③ 경찰당국 일반사회에 대한
사과 등을 요구하고 항의 규탄하였다.[132]

함북 북청에서는 일제 순사 곡조(谷鳥: 타니도리)라는 자가 한국인
을 폭행한 사건이 발생했으므로, 신간회 북청지회가 1928년 1월 15일
정기대회에서 폭행경찰 탄핵을 결의하였다.[133]

함북 웅기에서는 1928년 4월 한국인 장씨가 술 취해 길가에서 노래
를 부르고 있던 중 술 취한 일제 순사가 유치장에 끌고 가서 대검

130) 《조선일보》 1930년 8월 27일자, 〈三總해금과 중요안건 결의〉 참조.
131) 《조신일보》 1930년 11월 12일지, 〈신간, 제3회 중앙위원회〉 참조.
132) 《조선일보》 1927년 10월 25일자, 〈永川 폭행사건 후보, 신간회도 분기〉 참
조.
133) 《조선일보》 1928년 1월 21일자, 〈북청지회 정기대회〉 참조.

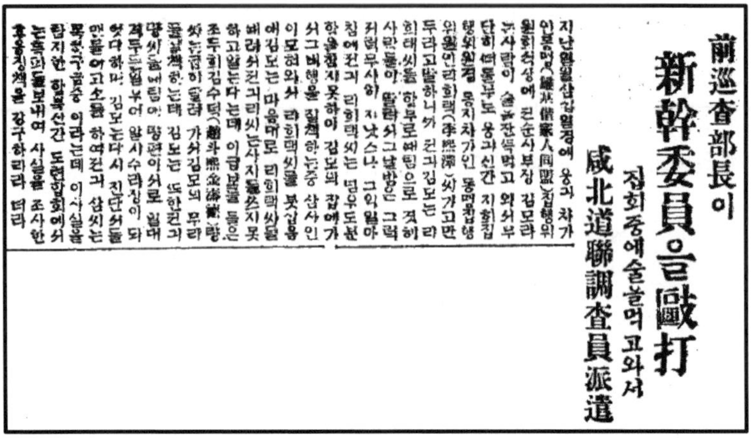
前巡査部長이
新幹委員을毆打
집회중에술놀먹고와서
咸北道聯調査員派遣

<사진 52> 신간회 위원을 폭력으로 구타하는 일본 경찰 관련 기사(조선일보 1930년 2월 11일자)

으로 머리를 난타하여 폭행한 사건이 발생하였다.[134] 신간회 웅기(雄基)지회는 일제경찰의 금지에도 굴하지 않고 진상조사를 한 다음 이를 항의 규탄하였다.[135]

함북 웅기에서 또 1930년 1월 30일 당시 일제 순사부장이 신간회 웅기지회장을 폭행하는 사건이 발생하였다. 신간회 함경북도연합회에서는 조사위원을 특파하여 진상을 조사하여 일제 경찰에 항의하고 이를 규탄하였다.[136]

신간회 지회들의 이러한 항의 규탄은 일제 경찰의 난폭한 만행 관습으로부터 한국인을 보호하는데 일정한 역할을 하였다.

물론 신간회 중앙본부도 일제경찰의 폭행을 규탄했으며, 지방지회들의 일제경찰 폭행 규탄운동을 지원하였다. 예컨대 중앙본부는 1930년 12월 서울 서대문경찰서 일제경찰의 한국인 폭행사건에 항의하고 대

134) 《조선일보》 1928년 4월 8일자, 〈酉卒 순사의 폭행, 신간지회에서 대책 토의〉 참조.
135) 《조선일보》 1928년 4월 11일자, 〈웅기지회 간사회〉 참조.
136) 《조선일보》 1930년 2월 11일자, 〈前 순사부장이 新幹위원을 구타〉 참조.

책을 수립하기로 결정하였다.[137]

29. 영암 신간지회사건 변론 활동

신간회 전남 영암지회 창립 1주년인 1928년 8월 20일 기념식에서 부지회장 한동석(韓銅錫)이 '동양정세보고'를 하던 중에 "조선역사를 말하여 암암리에 조선독립 사상을 고취했다"는 이유로 일제는 한동석을 체포하여 징역 8개월을 선고하였다.[138] 한동석은 불복하여 상고하였다.

신간회 중앙본부에서는 변호사 허헌(許憲)과 한국종(韓國鍾)이 특파되어 자진해서 변론을 담당하였다. 복심공판이 1929년 1월 15일 대구에서 열렸을 때, 검사는 유죄를 주장하고 변호인들은 무죄를 열변하여 세인의 관심이 집중되었다.[139] 1929년 1월 25일 상고 공판에서 한동석은 무죄로 판정되어 석방되었다.[140]

'영암신간지회 사건'은 일제의 무리한 탄압에 맞서 신간회 변호사들이 쟁취한 승리의 경우였다.

---

137) 《동아일보》 1930년 12월 25일자, 〈신간운동격려차 순회원 파견〉 참조.
138) 《조선일보》 1929년 1월 13일자, 〈동양정세보고에 장광설로 舌禍〉 참조.
139) 《조신일보》 1929년 1월 15일자, 〈영암신긴사긴, 무죄주장, 검시는 유죄론고〉 참조.
140) 《동아일보》 1929년 1월 27일자, 〈신간 영암지회장 한동석씨 무죄〉 및 《조선일보》 1929년 1월 27일자, 〈영암 韓씨 석방〉 참조.

30. 이재민(罹災民) 구제운동

경상북도 지방에 1928년 큰 가뭄이 들어 약 3만 명의 한재민(旱災民)이 발생하자, 신간회 상주(尙州)지회는 1928년 12월 30일 정기대회에서 '전국적 한재(旱災)구제회' 조직과 구제운동을 제창 호소하였다.[141]

이 제의는 신간회 전국 지방지회들뿐만 아니라 전국민의 큰 관심과 호응을 불러 일으켰다.

신간회 안동지회는 1929년 4월 10일 간사회에서 '구제강연회'를 개최하기로 결정하였다.[142] 이 강연회는 4월 18일부터 22일까지 각 면에서 대성황리에 실행되었다.[143] 봉화지회는 1929년 4월 12일 간사회에서 '한해(旱害)이재민 구제'에 나설 것을 결의하였다.[144] 대구지회도 '경북한재(旱災)구제'를 의결하였다.[145]

안동에서는 사회단체들이 연합하여 1929년 4월 23일 '안동기근구제회'를 조직하고 전국에 도움을 호소하였다.[146]

드디어 서울에서 사회 각 방면의 유지 40여 명이 모여 1929년 4월 26일 '경북기근구제회'를 결성하고, '기근에 죽어가는 동포의 생명을 건지자,' '16만 이재민이 초근목피로 목숨을 잇고 있다'고 의연금의

141) 《조선일보》 1929년 1월 3일자, 〈상주 신간지회〉 참조.
142) 《조선일보》 1929년 4월 18일자, 〈신간 안동지회〉참조.
143) 《조선일보》 1929년 4월 29일자, 〈신간 안동지회, 기근 구제강연회, 각면에서 대성황〉 참조.
144) 《조선일보》 1929년 4월 16일자, 〈신간 봉화지회〉 참조.
145) 《조선일보》 1929년 4월 19일자, 〈신간 대구지회〉 참조.
146) 《조선일보》 1929년 4월 29일자, 〈안동기근구제회, 二十三일 창립대회〉 참조.

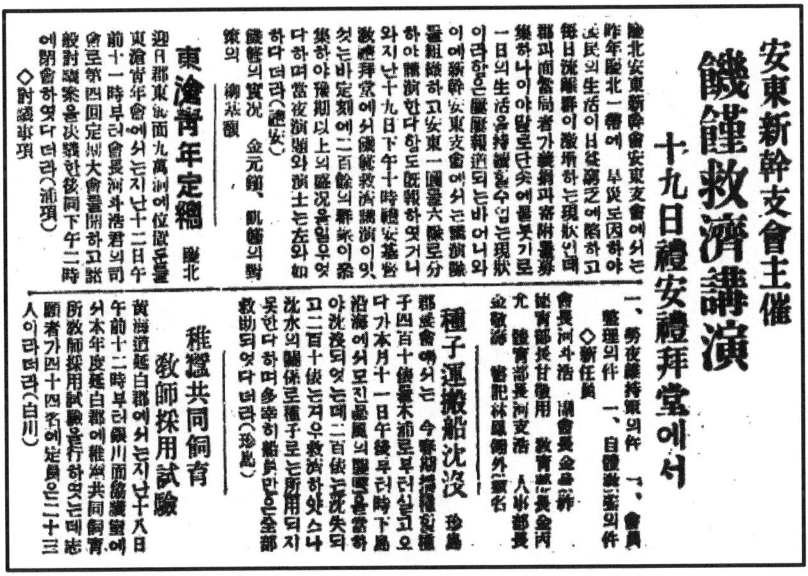

安東新幹支會主催
饑饉救濟講演
十九日禮安禮拜堂에서

慶北安東新幹會安東支會에서는昨年慶北一帶에 旱災로因하야災民의生活이日益窮乏에陷하고每日流離群이激增하는現狀인데當局者가義捐과寄附를募集하나이야말로단矢에不及키로一日의生活을持續할수업는現狀이라함은屢屢報道되는바어니와이에新幹安東支會에서는講演隊를組織하고安東一圓을六隊로分하야講演한다함도旣報하엿거니와지난十九日下午十時禮安基督敎禮拜堂에서饑饉救濟講演이잇섯는바定刻에二百餘의群衆이參集하야豫期以上의盛況을일우엇다하며當夜演題와演士는左와如하다더라(禮安)
饑饉의實況 金元鎭、飢饉의對策의 [illegible]

一、[illegible]持續의件 一、會員整理의件 一、自體[illegible]의件
◇新任員
會長洪斗浩 副會長金[illegible] 敎育部長甘[illegible]用 [illegible] 人事部長 [illegible]

種子運搬船沈沒 珍島
郡農會에서는 今春期播種할種子四百十俵를木浦로부터실고오다가本月十一日午後부터時下島沿海에서모진暴風의襲擊을當하야沈沒되엇는데二百俵는沈失되고二百十俵는겨우救濟하얏스나洗水의關係로種子로는所用되지못한다하며多幸히船員만은全部救助되엇다더라(珍島)

東滄靑年定總 慶北
迎日郡東海面九萬洞에位置를둔東滄靑年會에서는지난十二日午前十一時부터會長洪斗浩君의司會로第四回定期大會를開하고諸般討議案을決議한後同下午二時에閉會하엿다더라(浦項)
◇討議事項

稚蠶共同飼育
敎師採用試驗
黃海道延白郡에서는지난十八日午前十二時부터銀川面[illegible]室에서本年度延白郡에稚蠶共同飼育所敎師採用試驗을行하엿는데志願者가四十四名에定員은二十三人이라더라(白川)

<사진 53> 신간회 안동지회 및 경성지회의 기근구제활동(조선일보 1929년 4월 24일자)

모집을 호소하였다.[147]

이에 호응하여 밀양 유림들이 성금 1백 원을 신간회 밀양지회에 기탁하였다.[148] 마산에서는 신간회 마산지회에서는 12개 단체가 연합하여 '경북기근마산구제회'를 조직하였다.[149]

그러나 일제 창원경찰서는 1929년 5월 28일 신간회 창원지회의 '기근구제회' 조직을 금지시키는 탄압을 가하였다.[150]

함북 청진에서는 1929년 6월 1일 신간회 청진지회를 비롯하여 14개 단체가 연합해서 '경북기근청진구제회'를 조직하고 의연금 모집에 들

147) 《조선일보》 1929 4월 29일자, 〈경북기근구제회, 四十여명 회합 발기〉 참조.
148) 《조선일보》 1929년 5월 14일자, 〈밀양유림, 재민구제기금, 신간회에 기탁〉 참조.
149) 《조선일보》 1929년 5월 31일자, 〈二十개 단체연합 救濟會 조직〉 참조.
150) 《조선일보》 1929년 6월 1일자, 〈기근구제회 금지, 알 수 없는 창원경찰〉 참조.

어갔다.151)

이어서 평양에서도 1929년 6월 3일 신간회 평양지회 외에도 19개 단체가 연합하여 '경북기근구제회'를 조직하고 의연금 모금에 들어갔다.152) 평양기근구제회는 6월 10일 그동안 모금한 523원을 헌금하였다.153)

신간회 영주지회에서는 경북한해구제금을 모으기 위하여 1929년 6월 6일 '행상대'를 조직해서 각 면을 순회하며 수익성금을 모집하였다.154)

진주에서는 1929년 6월 10일 사회단체들이 연합하고 기생들도 총출연해서 음악연주회를 개최하여 수입을 모두 경북기근구제에 헌금하였다.155)

함북 어주(魚朱)지회에서도 경북기근구제를 위해 손수건을 팔아 모금하다가 일제 경찰에게 금지당하였다.156)

서울에서 조직된 '경북기근구제회'에서는 제1차로 3,300원을 의성·안동·칠곡·선산·예천 등지의 이재민에게 분급했고, 다시 3,500원을 의성·안동·청송·군위·김천 등지 이재민에게 분급하였다.157)

신간회 안성지회에서는 경북기근구제를 위해 꽃을 판매해서 1929년 6월 12일 수익금 139원 83전을 헌금하였다.158) 경북 김천의 부호들도 600원의 구제금을 갹출하였다.159)

---

151) 《조선일보》 1929년 6월 5일자, 〈十四개 단체연합, 경북救濟會 조직〉 참조.
152) 《조선일보》 1929년 6월 6일자, 〈十九개단체연합으로 경북기근구제회〉 참조.
153) 《조선일보》 1929년 6월 19일자, 〈평양에서 조직된 경북기근구제회〉 참조.
154) 《조선일보》 1929년 6월 10일자, 〈경북한해 구제키 위하여 행상대를 조직〉 참조.
155) 《조선일보》 1929년 6월 11일자, 〈평북기근구제로 진주에 연주회〉 참조.
156) 《조선일보》 1929년 6월 12일자, 〈기근구제, 행상을 금지〉 참조.
157) 《조선일보》 1929년 6월 13일자, 〈경북 災地五郡에 제三회 구제금 분배〉 참조.
158) 《조선일보》 1929년 6월 15일자, 〈안성신간지회, 기근구제로 구제花 판매〉 참조.
159) 《조선일보》 1929년 6월 19일자, 〈김천에서 旱災民 구제〉 참조.

이 밖에 전국 각 지회에서 경북 이재민 구제성금이 모금되어 경북 한해(旱害)지역에 보내졌다. 신간회 지회중심의 이러한 동포애 활동으로 기근과 절망에 빠져 있던 경북지방 이재민들이 재활하는 신화가 창조되었다.

1930년 여름에는 큰 수재(水災)가 일어났다. 이번에는 신간회 김해(金海)지회를 중심으로 12개 단체가 연합하여 1930년 8월 4일 '수해구제회'를 조직하였다.[160]

해주에서는 1930년 8월 5일 수재의연금 모금을 위한 '구제음악회'가 열려 큰 액수의 의연금이 모금되었다.[161] 1년 전 한해 때와 같은 전국적 구제운동이 일어나서 한국인들의 동포애와 민족적 단결이 강화될 것 같이 보였다.

일제는 당황하여 1930년 8월 8일 모든 수해구제회의 기부금 모금을 불허가하였다. 일제 총독부 보안과장은 수해구제금 모금이 "민족감정을 고조시킨다"는 것이라고 불허가의 이유라고 밝혔다.[162]

신간회 지회들은 일제의 이 부당한 불허조치에 불복하여 수해구제금 모금운동을 전개하려 하였다. 통영지회가 1930년 8월 20일 집행위원회를 열고 '전조선 통영 수해구제회' 조직을 토의하려 하자, 일제 경찰은 회의진행 도중에 회의를 금지시키는 탄압을 가하였다.[163]

기부금 모금은 당시 일제총독부의 사전 허가 사항이었기 때문에, 신간회 지회의 수해모금운동은 일제 총독부의 저지와 탄압으로 더 이상 진전될 수 없었다.

그러나 신간회의 한해 이재민 구제금 모금운동에서 볼 수 있는 이

160) 《조선일보》 1930년 8월 9일자, 〈김해사회단체서 수해구제회 조직, 신간회 지회 주최로〉 참조.
161) 《조선일보》 1930년 8월 9일자, 〈해주에선 구제음악회〉 참조.
162) 《조선일보》 1930년 8월 10일자, 〈수해구제회 기부금 불허가, '민족감정을 고조한다' 불허가의 이유〉 참조.
163) 《조선일보》 1930년 8월 26일자, 〈회의진행 중 돌연집회 금지〉 참조.

재민 구제운동은 일제 식민지 통치에 압박받는 한국인들에게 민족 연
대의식과 민족적 단결을 크게 증진시키고 불우한 처지에 떨어진 동포
를 재활시키는데 큰 도움을 주었다.

31. 빈민구제 사업

함북 경성(鏡城)지회에서는 굶주림과 추위에 떠는 동포들을 위한 군
내 '빈민구제' 운동을 벌리기로 결의하고, 우선 1928년 1월 21일부터
3일간 지회 임원과 회원 20여 명이 곡물 기타 금전의 성금을 모집하
여, 빈민 37명에게 좁쌀 14두 8승, 피 11두 1승, 금전 18원 50전을 분
배하였다.164) 이것은 작은 시작이었지만 전국 각 지회들에 파급되어
지회운동으로 발전하였다.

함북 영흥지회에서는 1929년 8월 15일 임시총회에서 '기근동포 구
제사업' 실행을 결의하였다.165)

웅기지회에서도 1929년 12월 6일 정기대회를 개최하고 '온성(穩城)
기근민 구제'를 실행하기로 결의하였다.166)

이 밖에도 전국의 다수 농촌지역 지회들에서 자발적으로 '빈민구제
사업'을 결의하고 실행하였다.

---

164) 《조선일보》 1928년 1월 28일자, 〈鏡城지회에서 빈민구제사업〉 참조.
165) 《조선일보》 1929년 8월 21일자, 〈신간 영흥지회〉 참조.
166) 《조선일보》 1929년 12월 16일자, 〈웅기 신간지회 정기대회〉 참조.

32. 차가인동맹(借家人同盟) 운동 지원

서울에서 1929년 '차가인동맹'이 결성되어 집세 내리는 운동을 전개하자, 신간회 지회들은 이 운동을 지지 성원하였다.

신간회 경성(京城, 서울)지회는 1929년 11월 26일 상무집행위원회를 열고 〈차가인 문제〉에 대해 다음과 같이 결의하였다.[167]

차가인 문제에 관한 건

(1) 본 지회 차가인문제 연구위원회로 하여금 '차가'상태에 관한 조사를 발표케 하고 동 문제에 대하여 연설회를 개최하여 여론을 환기키로 함.

(2) '차가인동맹'을 적극적으로 지지함.

원산지회도 1930년 4월 6일 '차가인문제'를 토의하여 차가인동맹운동을 지지하고 집세 인하를 결의하였다.[168] 이 밖에 대도시의 신간회 지회들은 모두 차가인동맹 운동을 지지하고 집세의 인하를 주장하였다.

33. 미신타파 운동

신간회 경서(京西)지회는 음력 정초를 기회로 한강 연안의 '미신타파' 운동을 대대적으로 시작하였다. 경서지회는 1929년 2월 23일과 24

---

167) 《조선일보》 1929년 11월 27일자, 〈신간 경성지회〉 참조.
168) 《조선일보》 1930년 4월 9일자, 〈원산 신간위원회〉 참조.

일이 음력 정월 대보름이므로 가장 미신이 성행하는 날이라고 보고, 미신타파 선전 시가행진을 전개하였다. 악대를 선두에 세우고 연강 일 대를 순회하며 수만 장의 미신타파에 대한 선전 삐라를 산포하였다. 또한 일반 부인들을 많이 출석케 해서 다음과 같이 '미신타파 강연회'를 개최하였다.169)

일시	장소
1929. 2. 23	마포청년회관
1929. 2. 23	서강 예배당
1929. 2. 24	용산 청년회관
1929. 2. 24	신공(新孔) 청년회관

연사 : 서세충(徐世忠), 최길부(崔吉傅), 정의극(鄭義極), 최형식(崔亨植) 외 여러 명

농촌지역의 지방지회들에서도 모두 '미신타파'를 결의하고 이의 계 몽운동을 지회사업의 하나로 하였다.

예컨대 경북 영덕지회에서는 1928년 3월 10일 간사회에서 '미신타 파'를 주요사업의 하나로 결정하여 군내 7개 면을 순회하면서 '미신타 파 강연회'를 개최하였다.170)

신간회 개성지회도 각종 미신이 무시로 발호하여 교육이 부족한 민 중을 우롱하는 폐단이 극심함을 통감해서 1928년 2월 4일 '미신타파 대강연회'를 열고, 본격적으로 미신타파 운동을 전개하였다.171)

---

169) 《조선일보》 1929년 2월 23일자, 〈신간 京西지회, 미신타파 대선전〉 참조.
170) 《조선일보》 1928년 3월 16일자, 〈영덕지회 간사회〉 참조.
171) 《조선일보》 1928년 1월 30일자, 〈개성지회, 미신타파 강연〉 참조.

34. 색의(色衣) 착용, 생활개선운동

　　신간회 전국 지방지회들은 '색의 착용'을 비롯하여 여러 부문의 실제적 '생활개선' 운동을 실행하였다.[172]

　　신간회 진남포지회는 생활개선운동의 첫 걸음으로 음력 정월 5일을 '색의(色衣) 착용의 날'로 정하고,[173] 장날인 1929년 2월 14일 오후 2시 색의를 착용한 회원 수십 명이 집합해서 군악대를 앞세우고 '백의를 폐지하자'는 선전기와 함께 '흰옷을 벗고 실용적으로 물감들인 옷을 입자'는 뜻의 선전 격문을 배포하면서 성황리에 시가행진을 하였다.[174]

　　울산지회, 순창지회를 비롯하여 다수의 지방지회들도 '색의 착용 장려'를 지방지회 운동의 하나에 포함시켰다.[175]

　　김천지회는 색의 착용뿐만 아니라 ① 회원 절제(검약)생활 고조 ② 도박성 미두(米豆)의 금지 ③ 관혼상제 의식(儀式)의 개혁 등 생활개선 운동을 결의하였다.[176]

172) 安在鴻, 〈生活改新을 高調함–준렬한 實踐意志의 高調〉, 《조선일보》 1929년 5월 2일자 〈사설〉;《민세안재홍선집》 제1권, pp.284~286 참조.
173)《동아일보》 1929년 2월 7일자, 〈시위행열과 선전, 색의착용데이〉 참조.
174)《조선일보》 1929년 2월 17일자, 〈신간 진남포지회에서 색의착용 대선전〉 및 2월 18일자, 〈신간 남포지회, 색의선전데이〉 참조.
175)《조선일보》 1929년 2월 24일자, 〈신간 순창지회〉 참조.
176)《조선일보》 1930년 7월 23일자, 〈김천 신간대회〉 참조.

35. 여성·부인운동과 근우회(槿友會) 활동 지원

신간회 지방지회들은 여성·부인의 지위와 권익향상을 위한 운동을 사업의 일부로 하고, 여성단체 근우회(槿友會)의 활동을 적극 지원하였다.

경기도 안성지회는 1928년 2월 10일 총무간사회에서 여성·부인문제로 ① 여성 차별대우 철폐 ② 인신매매의 사실상 폐지 ③ 부인운동 단일단체 근우회 지지 ④ 부인노동 보호 ⑤ 부인 및 소년 야간작업 반대 등을 제안 결의하였다.[177]

청진지회도 1929년 1월 15일 임시대회에서 '여성운동' 실행을 의결하였다.[178] 진남포지회도 1930년 3월 27일 정기대회에서 '여성운동'의 지지와 실행을 의결하였다.[179] 영암지회는 1929년 12월 22일 정기대회에서 '근우회 지회 설치 촉진'을 결의하였다.[180]

이 밖에 모든 신간회 지방지회들은 여성·부인운동과 근우회 지회 설치 운동을 지지하고 지원하였다.

36. 노동운동 지원

신간회 지회들은 한국 노동자들의 노동쟁의와 여러 가지 노동운동을 기회 있을 때마다 적극 지원하였다. 특히 원산지회·인천지회·이리

---

[177] 《조선일보》 1928년 2월 14일자, 〈안성지회 총무간사〉 참조.
[178] 《조선일보》 1929년 2월 21일자, 〈청진 신간지회〉 참조.
[179] 《조선일보》 1930년 3월 31일자, 〈진남포 신간회〉 참조.
[180] 《조선일보》 1929년 12월 27일자, 〈영암 신간지회〉 참조.

지회·서울지회·평양지회, 그리고 일본에서 조직된 동경지회·대판(大阪)지회·경도지회·명고옥(名古屋)지회가 가장 적극적으로 노동운동을 지원한 대표적 지회들이었다.[181]

신간회 중앙본부와 적극 지회들이 원산총파업의 노동운동을 지지 성원했음은 이미 기술했거니와, 이 밖에도 신간회 전국 지회들은 각 지방 노동운동을 능력껏 지원하였다.

예컨대 황해도 연백(延白)지회는 1927년 12월 15일 설립대회 때 이미 '노동운동' 지원을 의결하였다.[182]

통영(統營)지회는 1929년 12월 7일 집행위원회에서 '통영합동노동조합 지지'를 결의하였다.[183]

평양지회는 1929년 12월 30일 정기대회에서 노동운동의 지지를 의결하였다.[184] 1930년 8월 평양의 동양 고무공장 노동자들의 대파업이 일어나자, 신간회 평양지회가 이를지지 성원했는데, 1930년 8월 15일 일제 평양경찰서가 평양지회 간부를 불러 간섭을 말라고 '경고'하였다.[185]

함흥지회는 1930년 8월 일제의 신흥(新興) 장풍 탄광노동자들이 대파업을 일으키자, 1930년 8월 23일 함흥지회 집행위원회를 열어 '신흥 탄광노동쟁의'의 지지를 결의하였다.[186]

신간회 지방지회들은 그 밖에 각종 노동운동을 모두 힘껏 지지 성원하였다.

---

181) 李源赫, 〈新幹會의 組織과 鬪爭〉, 《思想界》 1960년 8월호; 李炳憲, 〈新幹會運動〉, 《新東亞》 1969년 8월호; 水野直樹, 〈新幹會東京支會の活動について〉〉, 《朝鮮史叢》 참조.
182) 《조선일보》 1927년 12월 20일자, 〈延白지회 설립〉 참조.
183) 《조선일보》 1929년 12월 14일자, 〈통영신간위원회〉 참조.
184) 《조선일보》 1930년 8월 17일자, 〈평양신간회〉 참조.
185) 《조선일보》 1930년 8월 17일자, 〈신간지회 간부 불러 간섭 말라고 경고〉 참조.
186) 《조선일보》 1930년 8월 28일자, 〈함흥신간위원회〉 참조.

37. 제주 신간지회 사건

신간회 제주지회 간부 김배현(金培鉉) 외 2명의 왕성한 신간회 민족
운동에 주목한 일제는 그들을 구속하여 '폭력행위죄'란 죄명으로 징역
6개월을 언도하였다. 김배현 등은 이에 불복하여 상고하였다.[187]

신간회 중앙본부에서는 김병로(金炳魯), 제주지회에서는 변호사 이
창휘(李昌輝), 대구지회에서는 변호사 이관수(李寬秀)를 파견하여 1929
년 11월 14일 대구 복심공판에서 열렬한 변호를 하였다.[188] 그러나
일제 검사는 제1심과 마찬가지로 6개월을 구형하였다.[189]

제주 신간지회사건은 제주지회의 맹렬한 활동을 저지시키기 위해
일제가 신간회 지회를 탄압한 사건이었다. 신간회 중앙본부와 전국 지
회들이 제주 신간회의 민족운동을 지지하고 성원하였다.

38. 안동 신간지회 사건

신간회 안동지회에서는 1930년 7월 26일부터 7월 28일에 걸쳐 위원
장 이운호(李雲鎬) 등 간부들이 모두 일제경찰에 검거 당하였다.[190]

---

187) 《조선일보》 1929년 10월 31일자, 〈제주신간사건〉 참조.
188) 《동아일보》 1929년 11월 1일자, 〈제주신간원 공판〉 참조.
189) 《조선일보》 1929년 11월 16일자, 〈제주시간회사건, 복심공판 개정〉 참조.
190) 《조선일보》 1930년 7월 29일자, 〈모사건 피의자 각지서 7명〉; 7월 30일자,
    〈모사건 피의자 12명을 검거〉 및 7월 31일자, 〈안동신간지회 간부 총 검거〉
    참조.

<사진 54> 신간회 안동지회 예안분회 창립총회 후 기념사진(자료: 독립기념관)

일제는 신간회 안동지회 안에 비밀결사로 공산당 세포조직이 만들어져 있다고 피의자들에 대한 가혹한 고문을 가하면서 장기간 취조하였다. 일제는 이 가운데 11명을 기소하였다.[191]

1930년 12월 27일 열린 재판에서 일제는 이회승(李會昇)과 이서호(李塀浩)에게 각각 징역 1년 6개월, 김경한(金慶漢) 징역 1년 3개월, 유연술(柳淵述)·오성무(吳成武)·김연한(金璉漢)·남장(南璋)·이견구(李見求)·강용수(姜龍壽)·남병세(南炳世)·안상태(安相兌)·김기진(金基鎭)·신영철(申泳澈)·신봉일(申奉日) 등에게는 각각 징역 10개월의 실형을 언도 선고하였다.[192]

안동 신간지회 사건은 왕성한 활동을 해오던 안동지회 간부들을 지회 안의 공산주의 비밀조직 혐의로 가혹하게 탄압한 사례의 하나였다.

191) 《조선일보》 1930년 8월 19일자, 〈안동秘社사건, 十八일에 송국〉 및 8월 21일자, 〈안동신간사건, 十八일 검사국에〉 참조.
192) 《조선일보》 1930년 12월 28일자, 〈안동공산당 十三명, 금일에 판결 언도〉 참조.

39. 괴산(槐山) 신간지회 사건

신간회 괴산지회의 안철수(安喆洙) 박일양(朴一陽) 등 간부 10여 명을 일제경찰이 1928년 5월 13일 "조선총독정치를 배척하며 암암리에 독립사상을 고취하였다"는 이유로 치안유지법 위반이라고 돌연히 검거하였다.193) 일제는 대대적으로 회원가택을 수색했으며,194) 9인을 수감했다가 7명은 석방하고,195) 안철수 박일양 등은 기소하여 각 1년 6개월의 징역을 구형하였다.196)

공주지방법원에서는 1928년 11월 1일 증거불충분이라고 '무죄'로 판결했는데,197) 일제 검사가 불복하여 경성 복심법원에 상고하였다.198)

복심공판은 몇 차례 연기를 거듭했는데, 신간회에서는 변호사 허헌(許憲), 권승렬(權承烈), 김병로(金炳魯), 이인(李仁), 이창휘(李昌輝) 등이 자진해서 심리에 열석하였다.199)

1929년 2월 1일 방청금지 비공개리에 열린 복심법원 재판에서 일제 검사는 양인에게 징역 2년 6개월을 구형하였다.200) 그러나 재판부는

---

193) 《동아일보》 1928년 5월 15일자, 〈신간회간부 돌연 대검거〉 참조.
194) 《동아일보》 1928년 5월 25일자, 〈회원가택을 전부 대수색〉 참조.
195) 《동아일보》 1928년 5월 26일자, 〈九인을 수감〉 참조.
196) 《동아일보》 1928년 6월 7일자, 〈五씨 석방〉; 8월 17일자, 〈괴산신간지회사건, 양인은 공판에 회부〉및 10월 28일자, 〈신간괴산지회사건 兩名에 징역 구형〉 참조.
197) 《동아일보》 1928년 11월 3일자, 〈괴산신간사건, 전부 무죄판결〉 참조.
198) 《조선일보》 1928년 12월 8일자, 〈신간 괴산사건〉 및 《동아일보》 1928년 12월 8일자, 〈괴산신간지회사건, 검사가 공소제기〉 참조.
199) 《조선일보》 1929년 1월 18일자, 〈괴산 신간사건, 공판 또 연기〉 참조.
200) 《조선일보》 1929년 2월 2일자, 〈방청금지 중 심리, 괴산 신간사건 구형〉 참조.

증거불충분으로 복심에서도 무죄를 선고하였다.[201] 이것이 소위 '신간 괴산지회 사건'이라는 것이다.

'괴산 신간지회 사건'은 신간회 지방지회의 일제 비판 발언을 처음 부터 탄압하려 한 일제 탄압정책의 일단이었다.

40. 대전 신간지회 사건

일제가 신간회의 창립 허가를 내어 준 것을 크게 후회하고 그 해체 공작을 강화하던 시기에, 신흥도시 대전(大田)에서 신간회 지회를 설 립하려는 운동이 일어나자 일제는 이를 집요하게 탄압하였다. 이 때문 에 대전지회 설립은 유산을 되풀이하다가 결국 설립준비위원회가 1930년 8월 14일 설립대회를 준비하였다.

일제는 1930년 8월 8일부터 대전지회 설립준비위원 이성춘(李成春), 권경득(權庚得) 양인에게 설립 중지를 요청했다가 거절당하였다.

이에 대전경찰서는 1930년 8월 8일부터 이성춘, 권경득, 이화송(李 花松), 유의영(柳義永), 임석남(林錫南) 등 5인을 경찰서로 인치하고 회 원 30여 명을 호출, 조사, 체포하였다.[202] 혐의는 "표면으로 애매한 강 령을 내어걸고 그 내부에 있어서는 비밀결사를 조직하고 조선독립을 위하여 모종의 계획을 세웠다"[203]는 것인데, 이것이 치안유지법 위반 이라는 것이었다.

신간회 중앙본부는 즉각 중앙상무위원 안철수(安喆洙)와 김항규(金 恒圭)를 대전에 급파하여 진상을 조사하고 대처케 하였다.[204]

---

201) 《동아일보》 1929년 2월 10일자, 〈괴산신간사건, 복심에도 무죄〉 참조.
202) 《조선일보》 1930년 8월 13일자, 〈신간회 지회원 三十명을 인치〉 참조.
203) 《조선일보》 1930년 12월 28일자, 〈대전 신간사건, 금일 예심종결〉 참조.

일제는 신간회 중앙본부에서 파견된 김항규도 치안유지법 위반혐의가 있다고 구속하였다. 일제는 구속한 지회설립 준비위원들에게 갖은 고문과 학대를 가하며 예심과 재판을 끌다가,205) 사건 조작이 어려워 28명의 증인을 심문한 뒤에 1930년 12월 27일에야 예심을 종결하고 전원 기소하였다.206) 이 사건은 대전지회 설립을 저지하기 위해 일제 경찰이 조작한 사건이므로 일제가 승리할 수 없는 사건임을 잘 알고 피고들을 공주감옥에 투옥시킨 채 공판을 열어주지 않았다.

결국 신간회가 1931년 5월 16일 '해소'한 뒤에야 일제는 재판을 시작해 1931년 6월 24일 공판에서 검사는 이성춘 등 6명에게 최고 3년을 구형하였다.207) 그러나 재판부는 1931년 6월 30일 증거불충분으로 모두 무죄로 판결하였다.208) 일제 검사는 공소권을 포기하여 이 사건으로 투옥되었던 6명은 1931년 7월 6일 밤에 모두 석방되었다.209) 이 것이 소위 '대전 신간지회사건'이란 것이다.

'대전 신간지회사건'은 신간회 대전지회 설립을 위하여 신간회 지방 간부들이 얼마나 간고한 투쟁을 감행했으며, 일제가 지회설립을 저지하기 위해 민족운동가들에게 고의로 혐의를 씌워 얼마나 악랄하게 탄압했는가의 증거가 되는 대표적 사례의 하나였다.

---

204) 《조선일보》 1930년 8월 14일자, 〈신간 대전지회로 위원 특파〉 참조.
205) 《동아일보》 1930년 9월 26일자, 〈대전신간사건 五명 예심회부〉 참조.
206) 《동아일보》 1930년 10월 26일자, 〈대전신간회사건, 二十八명 증인심문〉; 12월 25일자, 〈대전신간사건〉 및 12월 26일자, 〈대전신간회사건 전부공판에 회부, 二十七일 예심 종결〉 참조.
207) 《동아일보》 1931년 6월 26일자, 〈대전신간회사건 최고三년을 구형〉 참조.
208) 《동아일보》 1931년 7월 2일자, 〈신간대전지회사건 六인에 전부 무죄〉 및 《조선일보》 1931년 7월 2일자, 〈대전 신간사건, 무죄의 판결〉 참조.
209) 《동아일보》 1931년 7월 9일자, 〈검사공소권 포기, 六명 전부 출감〉 참조.

41. 대판조일(大阪朝日)신문 성토

신간회 함안지회는 1931년 1월 24일 일본 《대판조일신문》(大阪朝日新聞)이 신간회를 의식적으로 중상한 기사를 게재한데 대하여 집행위원회를 개최하여 성토하였다.[210]

신간회 해소논쟁이 치열하게 벌어지던 시기에 일제측에서는 신간회를 해체시키기 위해 국내외에서 여러 기관들이 활동하였다. 함안지회는 신간회 해소를 반대하고 있던 입장에서 신간회에 부정적 보도를 한 일본의 《대판조일신문》의 보도를 성토 규탄한 것이었다.

여기서 서술한 신간회 지방지회들의 민족운동은 당시 한국 일간신문에 보도된 대표적 활동만 뽑아 쓴 것이다. 이밖에도 일제의 잔혹하고 음험한 탄압 속에서 신간회 지방지회들이 일제에 대항한 간고한 투쟁을 하며 감행한 보도되지 않은 수많은 활동이 있었음은 더 말할 필요도 없다.

---

210) 《조선일보》 1931년 1월 31일자, 〈신간 함안지회서 大朝기사로 문제〉 참조.

제10장
일제의 신간회 민족운동에 대한 탄압

일제는 식민지 정책의 하나로 한국인에게는 언론·집회·출판·결사의 자유를 전혀 인정하지 않고 한국인을 완전히 무권리한 상태에 두어 지배하였다.[1] 그리고 이것을 신간회 민족운동의 탄압에 최대로 악용하였다.[2]

예컨대 일제는 모든 집회와 결사는 사전에 일제경찰 당국에 '집회계' '허가원'을 제출하여 일제 허가가 나온 뒤에야 식민지 법과 제령 안에서 행할 수 있도록 규제하였다. 모든 언론과 출판은 반드시 사전에 '허가원'을 제출하여 일제 당국의 '검열'을 받아야 했다. 일제는 한국인이 이를 조금이라도 위반하면 검거·투옥하였다. 신간회도 그러한 일제의 잔혹하고 엄중한 탄압체제 아래서 민족운동을 전개할 수밖에 없었다.

1. 신간회 중앙본부 간부들의 검거·투옥과 집회·대회 금지

신간회는 1927년 2월 15일 일제총독부의 '허가'를 얻어 처음 중앙본부를 합법단체로 설립 등록했으므로, 일제는 신간회 중앙본부의 설립 집회를 금지할 수는 없었다.

그러나 신간회가 설립된 뒤 일제의 예측과는 달리 민족협동전선으

---

[1] 安在鴻, 〈結社구속의 산물〉, 《조선일보》 1930년 3월 25일자; 《민세안재홍선집》 제6권, p.138 참조.

[2] 安在鴻, 〈言論集會는 緩和되지 않는가〉, 《조선일보》 1930년 4월 26일자 〈사설〉; 《민세안재홍선집》 제1권, pp.352~353; ② 〈言論自由의 要求〉, 《조선일보》 1931년 3월 12일자 〈사설〉; 《민세안재홍선집》 제1권, pp.385~387 및 ③ 〈集會結社문제 再議〉, 《조선일보《 1931년 9월 5일자 〈사설〉; 《민세안재홍선집》 제1권, pp.423~425 참조.

로 눈부시게 발전하자, 일제는 '설립허가'를 내어 준 것을 크게 후회하고 중앙본부에 대해서 본격적 탄압을 자행하여 중앙본부 간부들의 검거 투옥과 '집회·대회' 금지의 탄압을 가혹하게 자행하였다.

1) 신간회 제1회 정기대회의 금지

신간회는 정관에 따라 창립 1주년인 1928년 2월 15일 신간회 제1회 정기대회를 개최하려고 만반의 준비를 하였다. 그러나 아직 집회원서도 제출하지 않았는데 일제 총독부는 1928년 2월 7일 신간회 총무간사 신석우(申錫雨)를 불러 제1회 정기대회 '금지'를 통고하고 다음과 같은 〈이유서〉를 수교하였다.

> 신간회는 작년 봄에 조직되었는바, 이에 대하여 동회가 참으로 조선인의 건전한 자각을 촉진하고 온건합법적으로 행동함이 명백하다면 구태여 심히 간섭취체를 가할 필요를 인정하지 않으나, 그러나 조직 이래에 관망하매 동회는 단(單)히 비교적 공막(空漠)한 강령 3강을 게양한 외에 조직의 목적 실시 사항 등이 나변에 있는지 이에 대한 구체적 발표를 아직 볼 수 없다. 겸하여 각지에 조직되어 있는 지회 중에는 항상 착실을 결(缺)하여 도연(徒然)히 격월(激越)한 행동에 나아가는 사례가 적지 않으므로, 이와 같이 목적이 불명하고 더구나 이들 불온당(不穩當)한 지회를 가진 본회의 대회를 용인하는 것 같은 것은 쓸데없이 사단(事端)을 야기하고 사회의 질서를 해하는 염려가 있다고 인정하므로 치안유지상 이의 개회를 금지하기로 함3)

---

3) 《조선일보》 1928년 2월 8일자, 〈만인囑目의 二월 十五일, 신간대회 돌연금지〉 참조.

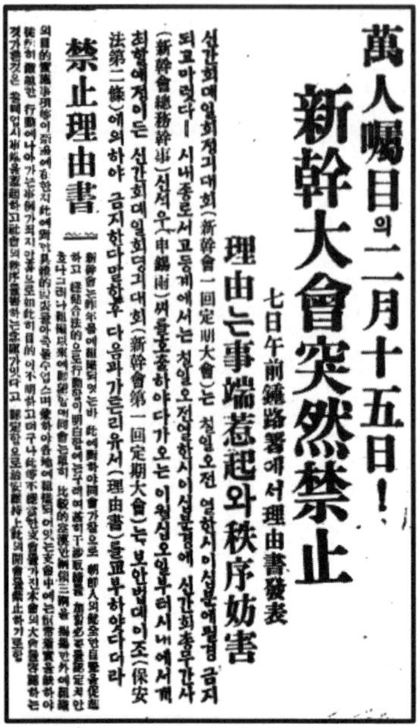
萬人矚目의 二月十五日!
新幹大會突然禁止
七日午前鍾路署에서理由書發表
理由는事端惹起와秩序妨害

신간회대일회정기대회(新幹會一回定期大會)는 칠일오전 열한시이십분에 경찰 금지되고마럿다ㅣ 시내종로서고등계에서는 칠일오전열한시이십분경에 신간회총무간사(新幹會總務幹事)신석우(申錫雨)씨를호출하야다가오는 이월십오일부터시내에서개최할예정이든 신간회대일회정기대회(新幹會第一回定期大會)는 보안법제이조(保安法第二條)에의하야 금지한다말하고 다음과가튼리유서(理由書)를교부하얏다더라

禁止理由書

<사진 55> 신간회 정기대회 금지 관련 기사(조선일보 1928년 2월 8일자)

일제의 '금지'이유는 ① 신간회 중앙본부가 애매모호한 강령 3조를 내세우고 구체적 실시에서는 다른 목적을 실행하는 것 같고, ② 지회들이 과격한 행동을 많이 하므로 이러한 불온한 지회들을 가진 신간회의 대회를 용인하면 일제의 식민지 통치 질서를 해할 염려가 있으므로, ③ 치안유지상 대회를 '금지'한다는 것이었다.

일제의 이러한 '이유'에 의한 신간회 대회의 '금지'는 신간회를 사실상 불온한 민족운동단체로 규정 공포한 것이었다. 이때부터 일제의 신간회 탄압이 더욱 본격화되었으며, 신간회의 민족운동도 더욱 완강하게 되었다. 《조선일보》는 신간회 정기대회 금지를 사설로 성토하였다.[4]

신간회 중앙본부는 일제의 이 대탄압에 맞서 2월 15일을 '신간 데이'(Singan Day, 신간의 날)로 정하고 3만여 회원을 총동원해서 전국 각 지회별로 '창립 1주년 기념식'을 거행하도록 하였다.[5]

신간회 중앙본부와 경성지회는 정기대회 대신 합동으로 2월 15일 오후 2시 천도교기념관에서 수천 명이 참석하여 장엄한 '기념식'을 거행하고, 밤에는 오후 7시부터 중앙청년회관에서 성황리에 '기념음악회'를 개최하여 한국민족의 결의를 과시하였다.[6]

---

4) 《조선일보》 1928년 2월 8일자 사설, 〈신간대회 금지〉 참조.

5) 《조선일보》 1928년 2월 15일자, 〈新幹日! 十五日! 전조선적 대기념, 三만여 회원 총동원〉 참조.

2) 중앙본부의 전 조선대회 집회 '금지'

신간회 중앙본부는 작년에 '금지'당해 열지 못했던 '전국대회'를 1년 뒤인 1929년 3월 19일부터 열기로 결정하여 만반의 준비를 다하였다.

그러나 일제는 1929년 3월 11일 신간회 전국대회 준비위원 홍명희 (洪命憙)를 불러 '전국대회 금지'를 통고하고 다음과 같은 '이유서'를 수교하였다.

> 신간회는 작년 대회금지 이래 하등 태도를 고치지 아니할 뿐 아니라 각 지회의 행동이 도리어 불온과격(不穩過激)하여 안녕질서를 해하는 것으로 인(認)하고 보안법 제2조에 의하여 오는 19일부터 개최할 본회의 정기대회를 금지함[7]

일제의 이번 금지 '이유'는 ① 작년에 비해 중앙본부도 태도를 조금도 고치지 않을 뿐 아니라, ② 지방 지회들은 행동이 더욱 불온과격하게 되어, ③ 식민지 통치의 안녕질서를 해하는 것으로 인정한 때문이라는 것이었다. 이제 신간회 중앙본부의 '전국대회' 개최가 일제의 '허가'를 받는 것은 영구히 불가능하다는 것이 명백하게 되었다.

3) 중앙본부의 대책협의 '확대간사회' 금지

신간회 중앙본부는 일제의 '전국대회 금지'의 대탄압을 극복하기 위한 '확대간사회'를 1929년 3월 25일 열기로 하였다.

---

6) 《조선일보》 1928년 2월 15일자, 〈기념식과 음악무도〉 참조.
7) 《조선일보》 1929년 3월 12일자, 〈준비완성 된 신간대회, 작일에 돌연 금지〉 참조.

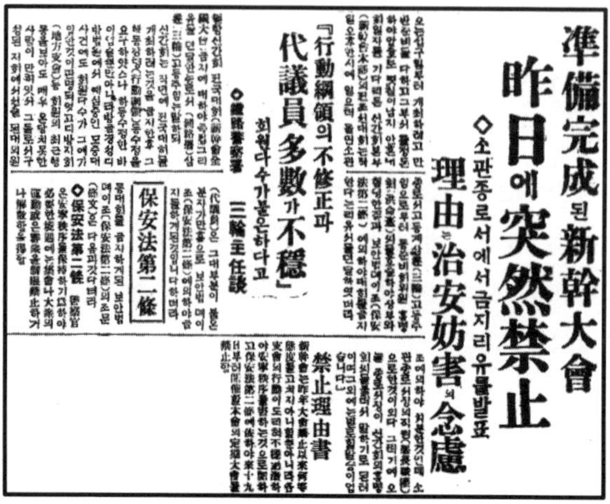
準備完成된新幹大會
昨日에突然禁止
◇소관종로서에서금지리유를발표
理由는治安妨害의念慮
『行動綱領의不修正파
代議員多數가不穩』
회원다수가불온하다고
◇鐘路警察署 三輪主任談
保安法第二條
◇保安法第二條
禁止理由書

<사진 56> 신간대회 금지 관련 기사(조선일보 1929년 3월 12일자)

그러나 일제는 이 '확대간사회'도 '금지' 조치하였다.[8]

신간회 본부는 이에 굴하지 않고 이 탄압을 극복하기 위해 1929년 3월 28일 '임시간사회'를 개최하였다. 여기서 고안된 새 의견은 몇 개 지회가 연합해서 하나의 더 큰 구(區)를 만들어 복대표(複代表)를 선출해서 '복대표대회'를 개최하여 '전국대회'를 대행한다는 것이었다. 신간회 중앙본부는 만일 일제가 '복대표대회'도 금지하면 복대표들의 '서면 의견과 결의'도 참석으로 간주하도록 해서 일제 탄압을 극복하기로 결정하고, '규약개정 초안'을 전국 각지회에 발송하여 의견을 수합하였다.

이렇게 제정된 것이 '복대표대회'였다. 이 기발한 복대표 안에는 일제도 탄압을 다 가할 수 없었다.

4) 중앙본부의 '민중대회' 관련 간부 검거.투옥

1929년 11월 3일 광주학생독립운동이 일어나자 신간회 중앙본부는 이를 전국운동으로 확대 발전시키기 위해 '민중대회' 개최를 결정하였다. 일제는 1929년 12월 13일 신간회 중앙본부 중요 간부들과 동조단

---

8) 《조선일보》 1929년 3월 31일자, 〈신간대회 금지, 대책 협의〉 참조.

체 간부들인 허헌(許憲), 유진태(俞鎭泰), 권동진(權東鎭), 서정희(徐廷禧), 김항규(金恒圭), 이민홍(李敏洪), 한용운(韓龍雲), 홍기문(洪起文), 김병로(金炳魯), 박희도(朴熙道), 이종린(李鍾麟), 박양신(朴陽信) ,유한일(劉漢日), 김옥빈(金玉斌), 조정호(曹定昊), 정종명(鄭鍾鳴) 등 40여인을 검거 투옥하여 민중대회를 저지시키는 탄압을 가하였다.9)

일제는 체포한 이들을 가혹하게 박해하여 허헌, 홍명희, 이관용, 김무삼 등은 옥중에서 중병에 걸렸다. 일제는 재판에서 허헌(許憲)과 홍명희(洪命憙)와 이관용(李灌鎔)은 각 징역 1년 6개월, 조병옥(趙炳玉), 김동준(金東駿), 김무삼(金武森) 등은 각 징역 1년 4개월의 실형을 언도하는 탄압을 가했음은 앞서 민중대회사건 설명에서 서술한 바와 같다.

5) 중앙본부 수차례 압수 수색

일제는 신간회 중앙본부 사무소와 간부자택을 수시로 수색 압수하는 탄압을 자주 자행하였다.

예컨대 일제는 1930년 7월 30일 신간회 중앙본부를 급습하여 수색하고 주요문서와 원고 등 다수 서류를 압수해 갔으며, 주요 간부 김병로, 이주연, 이종린, 강상희, 홍기문 등의 가택 처소를 수색해 갔다.10)

또한 일제는 1930년 7월 31일에도 신간회 중앙본부를 민중대회 관계문서를 찾는다고 재차 압수 수색하는 탄압을 가하였다.11)

---

9) 安在鴻, 〈검거 남발은 불가〉, 《조선일보》 1930년 3월 5일자 〈논설〉; 《민세안 재홍선집》 제6권, pp.136~137 참조.
10) 《조선일보》 1930년 8월 1일자, 〈신간本支部 수색은 민중대회사건 관계〉 참조.
11) 《조선일보》 1930년 8월 1일자, 〈경찰부에서 신간회 본부 또 수색〉 참조.

<사진 57> 민중대회사건 재판방청(조선일보 1931년 4월 7일자) 방청석에 모인 친지(위), 재판정 밖에 운집한 방청객(아래)

6) 중앙본부의 중앙집행위원회 4차례 연속 금지

일제는 신간회 중앙집행위원회 제정 이후 신간회 본부 중앙집행위

원회가 주최하는 회의를 다음과 같이 4차례나 연속 금지하여 본부업무를 마비시키려고 획책하였다.[12]

① 1929년 7월 4일, 제1회 중앙집행위원회 '금지'
② 1929년 7월 29일, 갑산화전민사건 진상보고 연설회 '금지'
③ 1929년 8월 4일, 언론압박규탄 대연설회 '금지'
④ 1929년 9월 7일, 제2회 중앙집행위원회 '금지'

7) 중앙본부 간부 한병락 검거 투옥

일제는 1930년 2월 24일 뚜렷한 혐의도 없이 신간회 중앙집행위원회 한병락(韓炳洛)이 고향에서 신간지회 해소 방지 활동을 할 것을 우려하여, 그를 본적지인 함남 정평에서 검속하여 서울로 압송 탄압하였다.[13]

8) 중앙본부와 경서(京西)지회 간부 검거 투옥

일제 용산경찰서 고등계는 1930년 4월 초순부터 신간회 중앙본부 간부 임서봉(林瑞鳳)과 경서지회 간부 최점득(崔點得), 김익배(金益培), 은재기(殷在基), 박순균(朴舜均), 김상즙(金相楫), 은원묵(殷元黙), 최길부(崔吉溥), 김인학(金仁學), 임세봉(林世鳳) 등을 비밀결사의 혐의가 있다고 체포하여 탄압하였다.[14]
일제는 이들을 묶어 '사건'을 날조해 보려고 40일 이상 고문하면서 획책하다가 실패하였다.[15]

---

12) 《동아일보》 1929년 9월 6일자, 〈신간중앙위원회 돌연금지 명령〉 참조.
13) 《조선일보》 1930년 3월 6일자, 〈정평신간간부 한병락씨 호송〉 참조.
14) 《조선일보》 1930년 4월 17일자, 〈신간 경서회원 十여인을 검거〉 참조.

9) 중앙본부 간부 이주연의 검거 투옥

일제는 1930년 5월 신간회 경성지회 임시대회에서 축사가 불온하다는 이유로 신간회 중앙본부 상무집행위원 이주연(李周淵)을 미리 검거하여, 사건을 날조하려고 경서지회의 검거된 회원들과의 관계를 취조하면서 장기간 온갖 고문과 학대를 가하였다.16)

일제는 이주연에게 1931년 1월 7일 재판에서 징역 6개월을 언도하였다.17)

10) 중앙본부의 간부 김진국의 검거 투옥

일제는 신간회 중앙본부 간부 김진국(金振國)이 북조선 각지방 순방차로 평양과 신의주를 거쳐 의주에 와 있는 것을 1930년 5월 21일 긴급히 검속하여 가혹하게 학대하였다.18)

11) 중앙본부의 1930년도 신간회 전국전체대회 금지

신간회 중앙본부는 1930년 9월 하순 '전체대회'를 개최하려고 일제 경찰당국과 교섭했으나, 일제는 '금지'로 대응하였다. 중앙본부는 전체대회 개최를 1개월 더 연기하여 다시 집회허가를 추진하기로 하였

---

15) 《조선일보》 1930년 5월 27일자, 〈신간 경서회원 전부 불기소석방, 맹랑한 送局사건 빈발〉 참조.
16) 《조선일보》 1931년 2월 8일자, 〈이주연 공소〉 참조.
17) 《동아일보》 1931년 2월 8일자, 〈신간회 李周淵씨 체형 반년 판결〉; 《조선일보》 1930년 5월 9일자, 〈용산서의 검거는 비밀결사의 혐의〉 및 5월 25일자, 〈축사 불온하다는 이주연사건〉 참조.
18) 《조선일보》 1930년 5월 30일자, 〈신간본부 김진국씨 검속〉 참조.

다.[19] 그러나 일제는 연말까지 집회허가를 내주지 않고 '금지'하였다.

12) 중앙본부 한병락 재검거 투옥

신간회 중앙본부 간부 한병락(韓炳洛)이 경북·경남의 상태를 순시하
도록 본부에서 파견되어 부산에 도착했는데, 일제는 그가 신간회 해소
방지 활동을 할 것을 염려하여 1931년 1월 26일 돌연 그를 검속해서
순시를 중단시키고 서울로 압송하였다.[20]

2. 신간회 지회 설립과 활동을 마비시키기 위한 검거·투옥

1) 지방지회 간부들의 검거·투옥

① 신간회 선산(善山)지회 : 일제는 1927년 11월 초순 돌연 신간회
    선산지회 회장 이재기(李再基), 총무간사 김유호(金誘鎬), 채충식(蔡
    忠植)을 검거하고,[21] 이어서 조사부 총무 박상희(朴相熙), 귀산구락
    부 회원 2명을 검거하고 가택을 수색하여 선산지회 활동을 마비시
    켰다.[22]

② 임실지회 : 일제는 1928년 2월 15일 신간회 창립 1주년 기념식장
    에서 연사 5인을 검거하였다. 그뿐만 아니라 1928년 2월 21일에 지

---

19) 《동아일보》 1930년 9월 8일자, 〈신간전체대회 개회기일 연기〉 및 《조선일
    보》 1930년 9월 4일자, 〈신간전체대회 一개월간 연기〉 참조.
20) 《동아일보》 1931년 1월 28일자, 〈신간회 파견원 한병락씨 검속〉 및 《조선일
    보》 1931년 1월 29일자, 〈신간본부 한병락씨 부산서에 被검속〉 참조.
21) 《조선일보》 1927년 11월 8일자, 〈서산 신간지회, 돌연 검거〉 참조.
22) 《조선일보》 1927년 11월 14일자, 〈경북 경찰부원이 돌연 신간회원 검거〉 참조.

회장 박영호(朴榮浩)와 간부 문병국(文炳國)을 검거하여 10일간의 구류언도를 내려 활동을 저지 탄압하였다.23)

③ 경성(서울)지회 송내호(宋乃浩) : 일제 경찰은 1928년 4월 18일 아우의 병 간호를 위해 서울로부터 완도에 내려와 있는 경성지회 송내호를 돌연 검거하여 서울로 압송하였다.24)

④ 배천(白川)지회 : 일제는 1928년 4월 신간회 황해도 백천지회를 설립하려는 설립대회 준비위원 이완구(李玩求) 등 5명을 돌연히 설립대회 직전인 4월 16일 검거하여 지회설립을 저지 탄압하였다.25)

⑤ 나주지회 : 일제는 1928년 4월 신간회 나주지회 회장 김창용(金昌容), 총무간사 박준삼(朴準三), 김상달(金相達)을 검거하여 김창용에게 징역 6개월, 기타 2명에게는 징역 6개월에 집행유예 5년을 언도하여 탄압하였다.26) 김창용이 복역하고 출감하자, 일제는 1930년 1월 26일 또 지회장 김창용을 검거해 학대하였다.27)

⑥ 박천(博川)지회 : 일제는 1928년 11월 10일 평북 신간회 박천지회 회장 주사봉(周士鳳)을 검거하여 지회활동을 탄압하였다.28)

⑦ 목포지회 : 1928년 6월 18일 목포지회가 창립 1주년 기념식을 성

23) 《조선일보》 1928년 2월 26일자, 〈임실지회의 간부 又검거〉 참조.
24) 《조선일보》 1928년 4월 22일자, 〈송내호씨 완도에서 검거되어〉 참조.
25) 《조선일보》 1928년 4월 20일자, 〈六씨 검속, 백천신간회 준비위원 제씨〉 참조.
26) 《조선일보》 1928년 4월 26일자, 〈나주 신간 간부, 一심 불복 공소〉 참조.
27) 《동아일보》 1930년 2월 1일자, 〈김창용을 검거, 종로서로 압송〉 참조.
28) 《조선일보》 1928년 11월 16일자, 〈신간 박천지회장 주사봉씨를 검거〉 참조.

<사진 58> 신간회 나주지회 발회식(자료: 독립기념관)

대하게 마치자, 일제 경찰은 목포지회 총무간사 유혁(柳赫)을 검거
하여 목포지회 활동을 탄압하였다.[29]

⑧ 연백(延白)지회 : 일제는 신간회 황해도 연백지회 회장 최건(崔建)
을 1928년 11월 16일 돌연 체포하여 탄압을 가하였다.[30]

⑨ 수원지회 : 1928년 12월 22일 밤 신간회 수원지회 망년회에서 인
쇄소 노동자와 농촌청년이 자기의 체험담을 발표하자 일제경찰은
돌연 이를 '중지'시키고 두 청년을 검거 탄압하였다.[31]

⑩ 장성(長城)지회 : 일제는 1928년 12월 24일 신간회 장성지회가 정

---

29) 《동아일보》 1928년 6월 21일자, 〈다과회에서 柳赫씨 검속〉 참조.
30) 《조선일보》 1928년 11월 19일자, 〈종로서원 출장, 연백 최건씨 체포〉 참조.
31) 《동아일보》 1928년 12월 27일자, 〈감상담이 불온타고 청년二명 검거〉 참조.

기대회를 성공리에 마치자 신간회 장성지회 지회장 김시중(金時中),
부회장 송종근(宋鍾根)을 출판법 위반으로 검거해 기소해서 탄압하
였다.32)

　　일제는 송종근 부회장에게 금고 6개월을, 김시중 회장 등 간부 4
명에게는 집행유예를 언도하였다.33)

⑪ 봉화(奉化)지회 : 일제는 1929년 4월 29일 신간회 경북 봉화지회
　　정치문화부 총무간사 김호규(金鎬奎)와 서무부 총무간사 권인환(權
　　麟煥)을 인치 체포하여 지회 활동을 마비시켰다.34)

⑫ 진남포지회 : 일제는 1928년 6월 서울에서 개최된 신간회 복대표
　　대회(複代表大會)에 참석하기 위해 상경한 진남포구 대표 김중한(金
　　重漢)을 6월 28일 구속 인치하여 탄압하였다.35)

⑬ 단천지회 : 함남 단천지회가 주도하여 1928년 12월 23일 소년동맹
　　및 청년동맹과 연합해서 연속 정기대회를 대성황리에 개최하자, 일
　　제는 이를 진행 도중 '금지'했을 뿐 아니라, 주도한 회원 청년들을
　　검속 탄압하였다.36)

⑭ 회령지회 : 일제는 서울에서 개최된 복대표대회에 참석하기 위해
　　상경한 신간회 함북 회령 대표 박천(朴泉)을 1929년 6월 28일 인치

---

32) 《동아일보》 1929년 1월 25일자, 〈출판법 위반으로 五인 필경 기소〉 및 《조
　　선일보》 1929년 1월 8일자, 〈장성신간회 간부 송국〉 참조.
33) 《동아일보》 1929년 2월 6일자, 〈신간장성지회사건, 一심판결언도〉 참조.
34) 《조선일보》 1929년 5월 3일자, 〈本町署員이 신간 간부 인치, 奉化에서〉 참조.
35) 《조선일보》 1929년 6월 30일자, 〈신간 진남포대표 김중한씨를 拘引〉 참조.
36) 《조선일보》 1928년 12월 30일자, 〈단천에 四일간 성황이룬 三단체 연속총
　　회〉 참조.

해서 탄압하였다.[37]

⑮ 예산지회 : 신간회 중앙본부의 지시로 1929년 8월 14일에 임시대
회를 소집하기 위해 활약하고 있는 충남 예산지회 준비위원 성락훈
(成樂薰), 홍병철(洪炳哲)을 일제는 1929년 8월 11일 돌연 체포 구금
하여 예산지회 임시대회를 저지시켰다. 신간회 중앙본부는 변호사
김병로(金炳魯)를 급파하여 대책을 세우게 하였다.[38]

⑯ 홍성지회 : 일제는 1929년 8월 30일 공문이 불온하다는 구실로 홍
성지회 위원장 이승재(李昇載)를 일제 홍성경찰서에 구인해다가 10
일간 유치하면서 박해하였다.[39]

⑰ 정평지회 문산분회(文山分會) : 신간회 정평지회 문산분회는 1929
년 12월 6일 분회설립대회를 100여 명의 회원이 모인 가운데 거행
했는데, 일제는 축사가 불온하다고 연사 한영길(韓永吉)을 검거하여
탄압하였다.[40]

⑱ 대구지회 : 일제는 1929년 12월 20일 근거없는 혐의를 걸어 신간
회 대구지회 간부 유연술(柳淵述), 박명줄(朴明茁), 유쾌동(柳快東),
정윤(鄭潤) 등을 검거하여 탄압하였다.[41]

⑲ 성진지회 : 1929년 12월 24일 신간회 성진지회 제4회 정기대회에

---

37) 《조선일보》 1929년 6월 30일자, 〈회령대표 박천씨도〉 참조.
38) 《동아일보》 1929년 8월 14일자, 〈신간지회금지, 준비위원 검거〉 및 《조선일
    보》 1929년 8월 15일자, 〈예산 신간지회대회, 소집자 돌연 검속〉 참조.
39) 《동아일보》 1929년 9월 3일자, 〈公文불온타고 청년을 拘引〉 참조.
40) 《조선일보》 1929년 12월 18일자, 〈신간문산분회로, 청년一명을 검거〉 참조.
41) 《조선일보》 1930년 1월 5일자, 〈대구신간 간부〉 참조.

서 수침세(水砧稅) 징수 철폐를 토의하기 시작하자 임석경관이 '금
지'를 명령하였다. 회원들이 함성을 지르자 일제는 대회해산을 명하
고 간부 3인을 구속하였다.[42]

⑳ 나주지회 : 일제는 1930년 1월 14일 신간회 나주지회 집행위원장
  김창용(金昌容)을 서울 '격문'에 관련이 있다면서 또 다시 종로경찰
  서 형사대를 파견해서 체포 탄압하였다.[43]

㉑ 대구지회 : 일제는 1930년 1월 20일 신간회 대구지회 위원 우갑린
  (禹甲麟)을 대구 청년동맹위원 사건과 관련이 있다 하여 체포해서
  탄압하였다.[44]

㉒ 함흥지회 : 일제는 1929년 12월 광주 학생독립운동이 파급되어 함
  흥중 등 학생들의 독립시위운동이 일어나자, 그 배후자라고 하여
  신간회 함흥지회 간부 윤주(尹柱), 이수을(李秀乙), 방치규(方致規),
  남상훈(南相壎) 등을 검거하여 박해하였다. 이들은 '단식동맹'을 감
  행하면서 완강히 저항하여 1930년 1월 1일 혐의 없음으로 석방되었
  다.[45]

㉓ 청진지회 : 1930년 1월 9일 개최된 신간회 청진지회 정기대회에서
  22건의 토의사항 가운데 10여 건에 일제경찰이 돌연 '금지' 명령을
  내었다. 이에 임석한 일제경찰 고등계 주임과 청진지회 집행위원장
  김창권(金昌權) 사이에 시비가 일어났다. 일제는 김창권을 구속하여

---

42) 《동아일보》 1929년 12월 30일자, 〈토의중 해산코 현장서 三명 검속〉 참조.
43) 《조선일보》 1930년 1월 19일자, 〈나주신간위원 김씨를 검거〉 참조.
44) 《조선일보》 1930년 1월 24일자, 〈신간위원 검속〉 참조.
45) 《조선일보》 1930년 1월 5일자, 〈신간함흥지회〉 참조.

탄압하였다.[46)]

㉔ 부산지회 : 일제는 조선방직 노동자 동맹파업단을 지도하며 자금을 조달했다는 구실로 1930년 1월 23일 신간회 부산지회 간부 김주엽(金周燁)·이성줄(李聖茁)을 검거 탄압하였다.[47)]

㉕ 어주(魚朱)지회 : 일제는 어랑공립보통학교 학생들의 '독립만세사건' 배후자로 의심된다고 하여 1930년 2월 3일 돌연 신간회 함북 어주지회 선전부장 황경환(黃景煥)을 검거하여 탄압하였다.[48)]

㉖ 예천지회 : 일제 경북 예천경찰서는 1930년 2월 20일 밤 신간회 예천지회 교육부장 박창호(朴昌鎬), 간사 남병태(南炳台)를 비롯하여 청년 5명을 원산총파업 공판을 앞두고 비상경비조치라고 예비검속하여 탄압하였다.[49)]

㉗ 장성지회 : 일제는 1930년 2월 16일부터 17일에 걸쳐 '예비검속'으로 또 신간회 장성지회 지회장 김시중(金時中), 집행위원 고형주(高亨柱)와 김옥(金鈺), 검사위원 김기형(金基亨), 장성 기자단 상무 임종국(林鍾國), 중외일보 전남특파원 설병호(薛柄浩), 김강(金剛) 등을 검거하여 탄압하였다.[50)]

㉘ 전주지회 : 일제는 1930년 9월 2일 전주지회 간부 백용희(白庸熙),

---

46) 《조선일보》 1930년 1월 13일자, 〈청진신간 개회전에 위원장을 검속〉 참조.
47) 《조선일보》 1930년 1월 28일자, 〈부산 사회단체 간부 등을 속속 검거〉 참조.
48) 《조선일보》 1930년 2월 8일자, 〈신간회 어주지회, 황경환 피검〉 참조.
49) 《조선일보》 1930년 2월 25일자, 〈예천, 신간 조간부, 다섯사람 돌연 검거〉 참조.
50) 《조선일보》 1930년 3월 4일자, 〈장성신간지회 간사 五인을 검거〉 참조.

김철흠(金鐵欽), 남룡(南龍) 외 5인을 검거하여 서울로 압송해서 탄
압하였다.[51]

㉙ 순창지회 : 일제는 신간회 순창지회 간부 손정채(孫正彩)와 이수형
(李洙衡)을 검거하여 기소해서 각각 8개월과 6개월 징역형을 구형하
여 지회활동을 마비시키려고 획책하였다.[52]

㉚ 웅기지회 : 함북 웅기지회에서 1930년 4월 신아산(新阿山)지회를
설립하려 하자, 일제는 설립준비위원들을 검속하여 이를 금지시켰
다.[53]

㉛ 영덕지회 : 일제는 신간회 경북 영덕지회의 임시대회를 앞두고
1930년 4월 26일 예비검속으로 준비위원 유웅경(劉熊慶), 김우권(金
宇權)을 검거하여 박해하였다.[54]

㉜ 수원지회 : 일제는 1930년 4월 26일부터 신간회 수원지회 서기장
(겸 《중외일보》 기자) 민홍식(閔洪植)과 수원사회단체 간부들을 검
거하여 회무를 심문 취조하고 박해하였다.[55]

㉝ 원산지회 : 일제는 1930년 5월 9일 신간회 원산지회 간부 이종민
(李宗敏)을 돌연 검거하여 원산노동연합회 간부와의 관계 등을 취조
하고 가혹하게 탄압하였다.[56]

---

51) 《동아일보》 1930년 4월 5일자, 〈신간전주검사장 백용희 등 검거〉 및 《조선
    일보》 1930년 9월 4일자, 〈전주서 八명 押來, 신간지회 간부들〉 참조.
52) 《동아일보》 1930년 9월 5일자, 〈순창신간원 사건, 전부 체형을 구형〉 참조.
53) 《조선일보》 1930년 4월 11일자, 〈阿山신간설치 준비원 검거〉 참조.
54) 《조선일보》 1930년 4월 30일자, 〈신간대회 앞두고 위원 2명 검속〉 참조.
55) 《조선일보》 1930년 5월 6일자, 〈수원 사회단체 간부 검거 취조〉 참조.

㉞ 이원(利原)지회 : 일제는 1930년 6월 신간회 함남 이원지회 간부 김기환(金基煥)과 청년동맹 및 소년동맹 간부 등 7명을 검거하여 가혹하게 박해하고 검찰에 넘기었다.[57]

㉟ 안동지회 : 일제는 1928년 7월 28일부터 돌연 신간회 안동지회 위원장 이운호(李雲鎬)를 비롯해서 간부들을 모두 검거하여 비밀결사로 '공산당'을 조직한 혐의가 있다고 가혹하게 고문하며 탄압하였다. 이것이 소위 '안동사건'이다.[58] 이것도 뒤에 날조된 사건임이 판명되었다.

㊱ 안변지회 : 일제는 '원산격문사건'과의 관련 혐의가 있다고 1930년 8월 14일 신간회 안변지회 위원장 신경상(申敬相)과 간부 이주팔(李柱八)을 검거하고 가택수색을 자행하며 온갖 고문 박해와 탄압을 가하였다.[59]

㊲ 순창지회 : 일제는 1930년 8월 신간회 전남 순창지회 집행위원 권갑순(權甲淳) 등 4명을 폭력행위 처벌령을 위반했다는 구실로 체포하여 공판에 회부하였다.[60]

㊳ 북청지회 : 일제는 신간회 함북 북청지회 지회장 이동영(李東永)을 북청 공산청년운동과 관련이 있다고 1930년 9월 12일 돌연히 검거하여 탄압하였다.[61]

---

56) 《조선일보》 1930년 5월 11일자, 〈九일 원산에 돌연 검거 선풍〉 참조.
57) 《조선일보》 1930년 7월 6일자, 〈신간청소맹원 七명을 道送局〉 참조.
58) 《조선일보》 1930년 7월 31일자, 〈안동신긴지회 긴부 홍검거〉 참조.
59) 《조선일보》 1930년 8월 21일자, 〈안변신간회원 二명을 원산에 압송〉 참조.
60) 《조선일보》 1930년 9월 1일자, 〈신간순창지회, 四인의 공판개정〉 참조.
61) 《조선일보》 1930년 9월 17일자, 〈피신중 이동영씨, 자택서 돌연 被捉〉 참조.

㊴ 안성지회 : 일제는 특별경계기간이라고 신간회 안성지회 간부 민
   홍식(閔洪植)을 1930년 10월 8일 '예비검속'하여 또 다시 가혹하게
   박해하였다.[62]

㊵ 원산지회 : 1931년 1월 24일 원산지회 정기대회에서 전균이 '의료
   비 감하운동건'을 토의하는 도중에 일제는 토의를 중지시키고 전균
   을 검거해 가려고 하였다. 회원들이 분기하여 이를 막자 일제경찰
   은 현장에서 7명의 회원을 검거 투옥하였다.[63]

2) 지방 지회의 대회·집회 금지

일제는 신간회 지방지회를 '과격한 불온단체'라고 보고 있었으므로
지회의 집회에 대한 '금지' 탄압을 극심하게 자행하였다.

① 옹진(甕津)지회 설립대회 금지와 방해

신간회 옹진지회를 설립하기 위해 만반의 준비를 마친 준비위원회
가 1927년 6월 12일 설립대회를 열려고 집회계를 옹진경찰서에 제출
하자, 일제경찰서는 신간회 본부가 장차 해산될 터이므로 지회설립을
허락할 수 없다고 설립대회를 금지시켰다.

준비위원회에서 대책을 강구하려고 중앙본부에 사실여부를 전보로
문의했더니 사실이 아니므로, 경찰서에 재차 교섭 끝에 집회 허락은
얻어냈으나, 임석한 일제 경찰 5, 6명이 축전·축문 낭독도 불온하다고
금지 압수하고 설립대회를 방해하였다.[64]

---

62) 《조선일보》 1930년 10월 11일자, 〈안성신간 간부 민씨 검거〉 참조.
63) 《동아일보》 1931년 1월 26일자, 〈法意와 중지끝에, 당석에서 七명을 검속〉
    참조.
64) 《조선일보》 1927년 6월 19일자, 〈긴장한 경계리 신간회 지회 설립, 축문까지

② 거제지회 설립 금지

신간회 경남 거제지회를 설립하려는 발기위원들이 설립대회 준비에 바쁠 때, 일제 거제경찰서장이 발기위원을 불러 신간회 거제지회는 위험시되어 주의해 보아야 할 대상이라고 설립을 금지하려 하였다. 이에 일제경찰서장과 거제지회 발기인 사이에 치열한 논쟁이 전개되었다.

③ 울산지회 설립대회 금지

신간회 울산지회를 설립하려는 회원이 100여 명이 되어 준비위원회가 1927년 12월 13일 설립대회를 열려고 집회계를 제출하자, 일제 울산경찰서에서 돌연히 집회를 '금지'하는 탄압조치를 하였다.[65]

④ 양산지회, 통영지회, 김해지회의 설립대회 금지

일제 경찰은 1928년 2월 초순 신간회 경남 양산지회, 통영지회, 김해지회의 설립대회를 금지탄압하였다. 지회설립 준비위원회들은 이 사실을 신간회 중앙본부에 보고하였다.

신간회 중앙본부에서는 총무간사 신석우(申錫雨)를 경무국에 보내어 항의 교섭케 하였다. 그 결과 일제 경찰은 신간회 중앙본부의 전국 전체대회는 '금지' 방침이지만 지방지회는 경무국 방침이 아니라 도지사에게 일임된 방침이라고 변명하면서, 경무국 과장이 경남지방에 출장을 갈 때 잘 양해시키겠다고 변명하였다.

신간회 중앙본부는 총독부 경무국의 방침은 지회설립 '금지'가 아니라는 뜻을 금지당한 각 지방지회들에 통지해서 다시 지회설립 운동을 전개하도록 하였다.[66]

무리 압수〉참조.

65) 《조선일보》 1927년 12월 12일자, 〈신간회 울산지회, 돌연 집회금지〉 참조.

66) 《조선일보》 1928년 2월 11일자, 〈신간대회 금지는 지방집회와 무관〉 참조.

⑤ 영흥지회 설립대회 금지

영흥지회 설립대회를 1928년 2월 11일 개최할 예정으로 준비위원들이 발회식을 충실히 준비했는데, 일제 영흥경찰서 고등계에서 상부의 명령이라고 하면서 신간회 본부대회가 금지되었으므로 이 시기에는 영흥지회 설립집회를 허가할 수 없다고 지회설립을 '금지' 탄압하였다.[67)

⑥ 연백지회 강연회 금지

신간회 창립 1주년 기념 '강연회'를 개최하기로 연백지회 상무간사회의에서 결정했으나, 일제는 돌연히 이를 '금지' 탄압하였다.[68)

⑦ 괴산지회 기념식 금지

일제가 신간회 중앙본부의 제1회 전국대회를 '금지'하자, 중앙본부는 전국 지방지회에서 대신 기념식을 거행하도록 통고하였다.

이에 충북 괴산지회에서는 1928년 2월 15일에 성대한 신간회 '창립기념식'을 거행하려고 준비했는데, 일제 경찰은 이 기념식마저 '금지'하여 탄압하였다.[69)

⑧ 개성지회, 황주지회, 경주지회, 대구지회, 안주지회, 평양지회, 단천지회, 원산지회, 연백지회, 밀양지회의 기념식 금지

개성지회,[70) 황주지회[71), 경주지회, 대구지회, 안주지회, 평양지회,[72) 단천지회, 원산지회, 연백지회, 밀양지회, 경성(鏡城)지회도[73)

---

67) 《조선일보》 1928년 2월 11일자, 〈신간대회 중지 구실로 발회식을 금지〉 참조.
68) 《조선일보》 1928년 2월 18일자, 〈연백지회 강연금지〉 참조.
69) 《조선일보》 1928년 2월 16일자, 〈괴산지회 기념금지〉 참조.
70) 《조선일보》 1928년 2월 16일자, 〈개성지회 기념금지〉 참조.
71) 《조선일보》 1928년 2월 18일자, 〈황주지회 기념금지〉 참조.
72) 《동아일보》 1928년 2월 16일자, 〈평양에서는 기념식 금지〉 참조.

1928년 2월 15일 신간회 '창립기념식'을 성대히 준비했는데, 일제 경찰은 이 기념식도 '금지'하여 탄압하였다.[74]

⑨ 경서(京西)지회의 윷놀이 집회 중도 금지 해산

경서(京西)지회는 1928년 12월 12일 친목 윷놀이 대회를 성대하게 거행했는데, 일제 경찰은 이 대회에 참석자가 너무 많다는 이유로 중도에서 대회를 '금지'하여 '강제 해산'시키는 박해를 자행하였다.[75]

⑩ 강화지회 정기대회 금지

강화지회는 제1회 정기대회를 1929년 1월 13일 개최하기로 만반의 준비를 했는데, 일제가 의안(議案)이 불온하다고 돌연 이 정기대회를 '금지'하는 탄압을 자행하였다.[76]

⑪ 명천지회 간사회 금지

명천지회는 대회를 준비하고자 1929년 1월 20일 간사회를 개최하려고 하였다. 그러나 일제는 이 간사회의 개최마저도 '금지'하여 탄압하였다.[77]

⑫ 함흥지회 정기대회 금지

함흥지회는 제2회 정기대회를 1929년 1월 26일 개최하기로 결정하고 준비에 분망하던 가운데 일제는 개최일을 하루 앞두고 돌연 '금지'

73) 《조선일보》 1928년 2월 19일자, 〈각지 지회 창립기념식 경찰이 금지〉 참조.
74) 《조선일보》 1928년 2월 20일자, 〈경성지회 지회금지〉 참조.
75) 《조선일보》 1929년 1월 14일자, 〈신간 간친척사(懇親鄕柶)회 경찰이 중도 해산〉 참조.
76) 《조선일보》 1929년 1월 18일자, 〈강화신간지회 경찰이 돌연 금지〉 참조.
77) 《조선일보》 1929년 1월 28일자, 〈명천신간지회 간사회 금지〉 참조.

명령을 내려 탄압하였다.[78]

⑬ 부안지회 정기대회 금지

신간회 부안지회는 1929년 2월 13일 제2회 정기대회를 개최하려 했으나 당일 돌연 일제 경찰의 '금지' 조치로 열지 못하였다.[79]

⑭ 원산지회 정기대회 금지

원산지회는 1929년 2월 16일 제2회 정기대회를 개최하려 했으나 일제경찰이 돌연 '금지'하여, 원산지회는 이를 무기 연기하였다.[80]

⑮ 괴산지회 간사회 집회 금지

괴산지회는 '신간회 괴산지회 사건'의 안철수·박일양이 제1심과 복심법원에서 '무죄'로 석방되자 1929녀 2월 17일 '간사회'를 열려고 집회계를 제출했는데, 일제 경찰은 간사회마저 '금지' 조치하여 계속 탄압하였다.[81]

⑯ 울산·밀양·양산 3지회 소구역회의 집회 금지

경남 양산지회에서는 중앙본부 지시에 의거하여 1929년 2월 23일 울산·밀양·양산 3지회 대표위원회를 열어 복대표(複代表)를 선출하려 하였다. 그러나 일제 양산경찰이 이를 '금지'하여 탄압하였다.[82]

---

78) 《조선일보》 1929년 1월 29일자, 〈함흥신간지회 정기총회 금지 〉 참조.
79) 《조선일보》 1929년 2월 17일자, 〈신간부안지회 대회금지〉 참조.
80) 《조선일보》 1929년 2월 18일자, 〈신간원산지회 정기대회 연기〉 참조.
81) 《조선일보》 1929년 2월 21일자, 〈신간괴산지회 집회금지〉 참조.
82) 《조선일보》 1929년 5월 27일자, 〈신간小區域회의 양산경찰이 금지〉 참조.

⑰ 칠곡지회 정기대회 금지

칠곡지회는 1928년 12월 정기대회를 개최하려 했으나 일제 칠곡 경찰의 간섭제지로 연기했다가, 1929년 2월부터 만반의 준비를 하고 여러 차례 경찰에 교섭한 결과 3월 11일에야 '의안(議案)삭제'의 조건부로 허가를 얻었다.

칠곡지회가 회원에게 소집장과 각지 우의단체에 초청장을 이미 발송했는데, 일제 경찰은 돌연 1929년 3월 12일 대회를 '금지'하여 탄압하였다.[83]

⑱ 창원지회의 '기근구제회' 금지

창원지회는 1929년 5월 28일 간사회를 열고 군내 사회단체들과 연합구제회를 조직하려고 하였다. 그러나 일제 경찰이 '금지'조치함과 동시에 창원지회 회원 이외의 구제금은 일체 모금을 '금지'할 뿐 아니라, 자발적 구제금을 출연할지라도 '신간회의 이름'으로 경유하지 못하도록 '금지'하여 탄압하였다.[84]

⑲ 통영지회 임시대회 금지

통영지회는 제2회 임시대회를 1929년 5월 31일 개최하려고 만반의 준비를 했는데, 일제 경찰은 무조건 집회를 '금지'시켰다.[85]

⑳ 김해지회의 화전민 대책강구회 금지

김해지회는 함북 갑산지방 화전민 방화구축사건에 대한 김해 사회단체 연합대책강구회를 개최하려 했으나, 1929년 7월 20일 이를 '금

83) 《조선일보》 1929년 3월 19일자, 〈칠곡신간지회 대회도 금지〉 참조.
84) 《조선일보》 1929년 6월 1일자, 〈기근구제회를 금지〉 참조.
85) 《조선일보》 1929년 6월 1일자, 〈통영신간 대회금지〉 참조.

지'하여 탄압하였다.[86]

㉑ 진주지회 임시대회 금지

진주지회는 1929년 8월 4일 '임시대회'를 개최하기 위해 만반의 준비를 갖추고 집회계를 제출했으나, 일제 진주경찰서는 대회 당일 돌연 '금지' 명령을 내렸다. 준비위원회가 경찰서를 방문해 이유를 질문했으나, 일제 고등계 주임은 이유를 말할 수 없다고 거절하였다.[87]

㉒ 함흥지회의 '회원 모집의 날' 금지

함흥지회는 1929년 9월 2일을 '회원 모집의 날'로 정하고 위원들이 총동원되어 각각 구역을 분담해서 신간회의 목적을 대대적으로 선전하여 회원을 모집하기로 결정하였다. 이날 위원들이 가두에 나서려고 할 즈음 돌연 일제 경찰이 '금지' 명령을 내려 중지시켰다.[88]

㉓ 칠곡지회 집행위원회 금지

칠곡지회가 1929년 9월 8일 집행위원회를 열려고 하자, 일제 왜관 경찰은 집행위원회 마저 '금지' 조치하는 탄압을 가하였다.[89]

㉔ 경남 신간지회연합회 소집 금지

김해군에서 경상남도 신간지회 연합회를 1929년 10월 11일 개최하려고 하자, 일제 경찰은 집회 금지와 소집 정지명령을 내리는 동시에 관계서류를 모두 압수해 가는 탄압을 가하였다.[90]

---

86) 《조선일보》 1929년 7월 25일자, 〈화전민被逐 대책강구회〉 참조.
87) 《조선일보》 1929년 8월 6일자, 〈신간진주지회 임시대회를 경찰이 금지〉 참조.
88) 《조선일보》 1929년 9월 7일자, 〈신간함흥지회 회원모집에, 경찰이 금지〉 참조.
89) 《조선일보》 1929년 9월 14일자, 〈칠곡신간지회 위원회를 금지〉 참조.
90) 《조선일보》 1929년 10월 4일자, 〈경남신간연합회 소집을 금지〉 참조.

㉕ 울산지회 언양분회 설립대회 금지

울산지회에서는 언양(彦陽)분회 설립대회를 1929년 12월 18일 개최하기로 했는데, 일제 경찰이 17일 돌연 상부 명령이라 하여 이 설립대회를 '금지'하는 탄압을 가하였다.[91]

㉖ 수원지회 남양반(南陽班)과 세교반(細橋班) 총회 금지

수원지회 남양반에서는 1929년 12월 3일 정기총회를 개최하려 했는데, 일제 경찰이 '금지'하여 탄압하였다.[92]

또한 일제는 수원지회 세교반의 설립 총회도 금지하여 설립자체를 금지 탄압하였다.[93]

㉗ 경원군 신아산지회 설립 금지

함경북도 신간지회 연합회의 지회설치 촉성위원들의 순방을 계기로 함북 경원군 신아산 유지들이 1929년 12월 12일 신간회 신아산지회 설립준비위원회를 개최하려고 집회계를 제출하자 '금지' 조치하였다.[94]

㉘ 원산지회 정기대회 금지

일제 경찰은 1929년 12월 22일 열리기로 되어있는 신간회 원산지회 정기대회를 '연기 강요'하여 집회를 금지하였다.[95]

---

91) 《조선일보》 1929년 12월 22일자, 〈신간언양분회 설치대회 금지〉 참조.
92) 《조선일보》 1929년 12월 22일자, 〈南陽新幹班 총회를 금지〉 참조.
93) 《조선일보》 1929년 12월 22일자, 〈細橋신간지회 설치를 금지〉 참조.
94) 《동아일보》 1929년 12월 25일자, 〈신간지회 설치를 시기상조라고 금지〉 참조.
95) 《조선일보》 1929년 12월 23일자, 〈원산신간지회 대회금지〉 참조.

<사진 59> 신간회 목포지회 설립 후 기념촬영(자료: 독립기념관)

㉙ '경남 신간회운동자 간담회' 금지

김해를 비롯한 경남 8개 지회 대표가 1920년 12월 20일 마산에서 '경남 신간회 운동자 간담회'를 발기모임을 가지려 하자, 일제 김해 경찰이 1920년 12월 19일 '금지'하는 탄압을 가하였다.[96]

㉚ 마산지회 정기대회 금지

마산지회는 1929년 12월 27일 제3회 정기대회를 열기로 되어 있었 는데, 일제 경찰이 12월 23일 돌연 '금지'명령하여 탄압하였다.[97]

㉛ 목포지회 정기대회 금지

목포지회 제3회 정기대회를 1929년 12월 26일 개최하기로 되어 있었 는데, 일제 경찰이 12월 21일 '금지'명령을 하는 탄압을 가하였다.[98]

---

96) 《조선일보》 1929년 4월 24일자, 〈경남신간 간친회 금지〉 참조.
97) 《조선일보》 1929년 12월 28일자, 〈마산신간 대회금지〉 참조.
98) 《조선일보》 1929년 12월 30일자, 〈목포신간지회 대회금지〉 참조.

㉜ 여자 참석을 이유로 온성지회 정기대회 금지

신간회 함북 온성지회의 제4회 정기대회를 1929년 12월 28일 온성 예수교회당에서 회원 1백여 명과 우의단체와 내빈 3백여 명 등 수백 명이 참석한 가운데 성대하게 거행하게 되었다.

일제 경찰은 대회 참석자 가운데 여성 참여는 불허한다고 명령했으므로, 신간회는 여성참여 불허는 신간회 규약 무시라고 장시간 항쟁하였다. 그러나 일제는 여성참여 불허를 구실로 온성지회 대회를 '금지' 해산시키고 말았다.[99]

㉝ 경성(鏡城)지회 정기대회 금지

함북 경성지회는 1929년 12월 24일 정기대회를 개최하려다가 일제 경찰의 '금지'로 개최하지 못하고, 다시 12월 26일 개최하려고 집회계를 제출하였다.

그러나 일제 경찰은 아무런 이유도 없이 또다시 '금지'조치를 하여 정기대회까지 열지 못하게 하였다.[100]

㉞ 옹진지회 정기대회 금지

옹진지회는 제4회 정기대회를 1929년 12월 29일 개최하려고 모든 준비를 끝냈으나, 일제는 돌연 당일 집회 '금지'를 명령하여 탄압하였다.[101]

㉟ 마산지회 집행위원회 금지

마산지회는 1930년 1월 5일 집행위원회를 열려고 마산경찰서에 집

99) 《조선일보》 1930년 1월 1일자, 〈여자參會로 집회를 금지〉 참조.
100) 《조선일보》 1930년 1월 6일자, 〈鏡城신간지회, 又 대회금지〉 참조.
101) 《조선일보》 1930년 1월 10일자, 〈옹진신간지회 대회금지〉 참조.

<사진 60> 신간회 김천지회를 후원하기로 한 김천지역 사상단체 대표들
(자료: 독립기념관)

회계를 제출했으나, 일제는 '연말경계'란 구실로 집행위원회까지 '금지'시키는 탄압을 가하였다.[102]

㊱ 김천지회 정기총회 금지

김천지회는 1930년 2월 11일 저기총회를 개최하려 했으나, 일제는 상부명령이라는 애매모호한 이유로 '금지'하는 탄압을 가하였다.[103]

㊲ 강능지회 정기대회 금지

강능지회는 1930년 2월 11일 제4회 정기대회를 개최하려 했으나, 일제는 돌연 정기대회까지 '금지'하는 탄압을 가하였다.[104]

---

102)《조선일보》1930년 1월 9일자,〈마산의 신간회집회 일체 금지〉참조.
103)《조선일보》1930년 2월 10일자,〈김천신간지회, 정기총회 금지〉참조.
104)《조선일보》1930년 2월 12일자,〈강능신간지회 정기대회 금지〉참조.

㉚ 청송지회 설립대회 금지

경북 청송에서는 준비위원회가 신간회 청송지회 설립대회를 1930년 2월 17일 개최하려고 집회계를 냈으나, 일제는 시기가 부적절하다고 '금지'하는 탄압을 가하였다.105)

㉙ 고령지회 정기대회 금지

경북 고령지회는 1930년 2월 16일 정기대회를 개최하려고 만반의 준비를 했으나, 일제가 '금지'하는 탄압을 가하였다.106)

㉚ 영동지회 창립대회 금지

충북 영동에서는 숙원이던 신간회 영동지회를 창립하려고 준비하여 1930년 2월 20일 창립대회를 개최하려 했으나, 일제 영동경찰서는 시기 부적절을 이유로 돌연 집회를 '금지'하는 탄압을 가하였다.107)

㉛ 장성지회의 집행위원회 금지

장성지회는 1930년 2월 26일 집행위원회를 열려고 했으나, 일제가 3월 5일까지 '금지'한다고 탄압하였다.108)

㉜ 신흥지회 설립대회 금지

함남 신흥에서는 신간회 신흥(新興)지회를 설립하려고 몇 해 전부터 준비위원회를 구성하여 노력한 결과 1930년 3월 13일 그 설립대회를 열기로 했는데, 돌연 일제 신흥경찰서 고등계에서 '금지' 조치를 하여

---

105) 《조선일보》 1930년 2월 17일자, 〈청송신간대회 설치대회〉 참조.
106) 《조선일보》 1930년 2월 17일자, 〈고령신간지회 위원회는 금지〉 참조.
107) 《조선일보》 1930년 2월 20일자, 〈영동신간지회 창립 돌연 경찰이 금지〉 참조.
108) 《조선일보》 1930년 3월 3일자, 〈장성신간지회 위원회를 금지〉 참조.

탄압하였다.109)

준비위원들은 신간회 중앙본부의 '지회승인서'를 첨부하여 1930년 4월 18일 설립대회를 열려고 다시 집회계를 제출했으나, 일제는 또 이를 '금지' 탄압하였다.110)

㊸ 함흥지회 오로(五老)분회 설립대회 금지

신간회 함흥지회 회원들이 오로리에 다수 있기 때문에 '오리 분회'를 설립하려고 만반 준비를 했는데, 일제는 1930년 3월 이를 '금지'하는 탄압을 가하였다.111)

㊹ 신아산지회 설립대회 금지

함북 경원군 신아산(新阿山)에서는 1929년 8월에 신간회 신아산지회 설립을 위해 집회계를 냈으나 일제가 '금지'하였다. 신간회 중앙본부에서 보낸 특파위원 이주연(李周淵)이 웅기에 온 것을 기회로, 신간회 웅기지회 대표와 함경북도 지회연합회 대표가 1930년 3월 15일 다시 신아산지회 설립대회 개최의 집회계를 내었으나, 일제는 또 이를 '금지'하는 탄압을 가하였다.112)

㊺ 안동지회 집행위원회 금지

신간회 안동지회는 여러 차례 집행위원회를 열려했으나 매번 일제 경찰의 '집회금지'로 집행위원회를 열지 못하였다.

안동지회는 다시 1930년 3월 25일 집행위원회를 열려고 만반의 준비와 함께 집회계를 제출했으나, 일제는 3월 20일 돌연 또 '금지'하여

---

109) 《조선일보》 1930년 3월 9일자, 〈신간신흥지회 설치대회 금지〉 참조.
110) 《조선일보》 1930년 4월 23일자, 〈신흥신간지회, 又復 설치금지〉 참조.
111) 《조선일보》 1930년 3월 21일자, 〈五老신간지회 설립대회 금지〉 참조.
112) 《조선일보》 1930년 3월 24일자, 〈新阿山신간지회 又復 설치 금지〉 참조.

탄압을 가하였다.113)

㊻ 종성지회의 설립 금지

신간회 함경북도지회연합회에서는 종성지회를 설립하기 위하여 특파위원 김창권(金昌權), 황용택(黃龍澤) 2인을 보내어 회원 35명을 모집하고 1930년 4월 4일 설립대회를 열려고 했으나, 일제는 이를 집회 '금지' 조치하였다. 이에 특파위원들이 서면(書面)대회로 집회 없이 지회를 설립하려고 군 지역을 2개 지역으로 분할하여 순방하자, 일제 경찰은 특파위원 2인을 검속하여 지회설립을 금지 탄압하였다.114)

㊼ 정평지회 정기대회 금지

신간회 정평지회 집행위원회가 1930년 4월 15일 안으로 제4회 정기대회를 열기로 결정하자, 일제 경찰은 이를 '금지' 탄압하였다.115)

㊽ 전주지회의 임시대회 금지

전주지회는 임시대회를 여러차례 개최하려다 매번 일제의 '금지' 탄압을 당하였다. 1930년 4월 21일에는 마침내 집회허가를 얻어 임시대회를 오전 11시부터 열자, 일제는 바로 그 시간 정각에 돌연 '집회금지'를 명령하여 탄압하였다.116)

㊾ 함흥지회의 야유회 금지

신간회 함흥지회는 근우회와 함께 '야유회'를 가기로 결의하고 모든

---

113) 《조선일보》 1930년 3월 25일자, 〈안동 신간지회 又復 집회금지〉 및 4월 3일자, 〈신아산 신간지회 설치대회 금지〉 참조.
114) 《조선일보》 1930년 4월 15일자, 〈종성경찰의 무리한 억압〉 참조.
115) 《조선일보》 1930년 4월 22일자, 〈정평신간 대회금지〉 참조.
116) 《조선일보》 1930년 4월 24일자, 〈개회할 정각에 집회 금지 명령〉 참조.

준비를 갖추었는데, 일제 경찰은 심지어 '야유회'까지 '집회금지'로 탄압하였다.[117]

⑩ 단천지회의 여해(汝海)분회 설립대회 금지

단천지회는 여해진(汝海津)항 부근에 여해분회를 설립하려고 1930년 4월 11일 설립대회 개최의 만반의 준비를 다했으나, 일제 경찰이 '금지' 탄압하였다.[118]

단천지회는 쉬지 않고 대활동을 하여 1930년 5월 19일 다시 설립대회 집회계를 제출했던 바, 일제 경찰은 다시 '금지' 탄압하였다.[119]

㉑ 고성지회 주최의 간담회 금지

신간회 고성지회가 주최하여 고성·통영 양군 운동자 '간담회'를 개최하려 하자, 일제 고성경찰서는 '금지' 탄압하였다.[120]

㉒ 경서(京西)지회 정기대회와 준비위원회 금지

신간회 경서지회는 1929년 12월에 정기대회를 개최하려다가 일제의 '금지' 탄압으로 연기하였다. 경서지회는 다시 1930년 6월 14일 정기대회를 열기로 결정했으나, 일제는 또 '금지' 탄압하였다.

뿐만 아니라 일제는 준비위원 가운데 '불온분자'가 있다 하여 준비위원회까지도 2개월 '금지' 처분하여 더욱 탄압을 가하였다.[121]

117) 《조선일보》 1930년 4월 26일자, 〈신간.근우 양단체 야유회를 금지〉 참조.
118) 《조선일보》 1930년 5월 2일자, 〈汝海신간분회 설치대회 금지〉 참조.
119) 《조선일보》 1930년 4월 11일자, 〈汝海신간 설치, 경찰이 금지〉 및 5월 28일자, 〈汝海 신간설치 又復 금지〉 참조.
120) 《조선일보》 1930년 5월 12일자, 〈고성신간주최 간담 금지〉 참조.
121) 《조선일보》 1930년 6월 14일자, 〈신간 京西지회 대회금지, 위원회도 금지〉 참조.

㊽ 철산지회 설립대회 금지

신간회 철산지회 설립준비위원의 대대적 검거 사건 후 수년 동안 지회 설립운동이 중지되어 있던 철산에서는 '철산지회사건'이 모두 무죄로 판결되자, 준비위원회에서 1930년 10월 8일 지회 설립대회를 개최하기로 결정하였다. 그러나 일제는 상부의 명령을 구실로 철산지회 설립을 '금지'한다고 하여 지회설립을 계속 중지시켰다.[122]

㊼ 양산지회 집행위원회 금지

양산지회는 1930년 11월 1일 제10회 집행위원회를 개최하려 했으나, 일제 경찰이 '금지' 탄압당하였다.[123]

㊺ 성진지회 집행위원회 금지

성진지회는 1930년 11월 18일 집행위원회를 열기로 되어 있었으나, 일제 경찰이 '금지' 탄압하였다.[124]

㊻ 원산지회 정기대회 금지 강제해산

원산지회는 1931년 1월 24일 회원과 방청객 수백 명이 참석한 가운데 제3회 정기대회를 성대하게 개최했는데, 일제는 다수의 경찰관을 회의장에 삼엄하게 임석시켜 낱낱이 간섭하였다.

회의장에서 함석희(咸錫熙)가 〈국내정세보고〉를 하다가 일제 임석경관으로부터 '중지'를 당하고 원고 초안까지 압수당하였다.

축문(祝文)을 낭독할 때 일제 경찰은 각지로부터 온 축문을 낱낱이 '검열'한 다음 고성(固城)지회의 축문은 압수하였다.

122) 《동아일보》 1930년 9월 23일자, 〈신간鐵山지회 설치대회 금지〉 참조.
123) 《조선일보》 1930년 11월 6일자, 〈양산신간지회 위원회를 금지〉 참조.
124) 《조선일보》 1930년 11월 23일자, 〈성진신간회 집회를 금지〉 참조.

내빈축사를 7인이 했는데 그 가운데 전균(全均) 등 4인의 축사는 '중지' 탄압당하였다.

장내 불만의 분위기가 고조된 가운데 전균의 제안이 임석경관에 의해 중지당했을 때 청중 가운데서 일제 경찰을 욕하며 "언론압박의 무리한 행동을 탄핵하자"는 고함소리가 나오자, 일제 경찰들은 달려들어 전균을 '검속'하고 집회 '금지'를 명령하여 집회를 '강제해산'시키는 탄압을 가하였다.[125]

㉗ 개성지회 임시대회 금지

개성지회는 1931년 1월 24일 임시대회를 개최하기로 되어 있었는데, 일제는 이를 '금지' 탄압하였다.[126]

㉘ 웅기지회 특파위원 '환영회' 금지

웅기지회에서는 신간회 중앙본부 특파위원 서정희(徐廷禧)의 순회방문을 맞아 1931년 1월 26일 '환영회'를 열기로 했는데, 일제는 '환영회'도 '집회'로 간주한다고 하며 '금지'하는 탄압을 가하였다.[127]

㉙ 원산지회 집행위원회 금지

원산지회는 1931년 5월 집행위원회를 개최하려고 집회계를 제출했는데, 일제는 방청인을 금지시키지 않았다고 '금지'조치로 탄압하였다.[128]

㉚ 김천지회 임시대회 금지

---

125) 《조선일보》 1931년 1월 26일자, 〈장내형세 긴장하자 경찰이 해산명령〉 참조.
126) 《조선일보》 1931년 1월 27일자, 〈개성신간지회 임시대회 금지〉 참조.
127) 《조선일보》 1931년 2월 5일자, 〈신간특파원, 환영회 금지〉 참조.
128) 《조선일보》 1931년 5월 13일자, 〈신간원산지회 집행위원회도 금지〉 참조.

김천지회는 1931년 5월 13일 임시대회를 열려고 했으나, 일제의 '금지'로 탄압당하였다.[129]

3) '토의' 금지

일제는 한국인의 모든 집회를 일제 경찰의 사전 허가를 받도록 '집회의 자유'를 완전히 박탈한 뒤에, 신간회 간부회가 개최되는 경우에도 특정 사안에 대해 '토의 금지' 조치를 사전에 내려 원천적으로 활동 금지를 획책하였다.

예컨대 함북 경성지회 어주(魚朱)분회가 지회대회 '개최'를 토의하려 집회원을 제출하자, 일제 경찰은 '개최건은 토의 금지'한다고 조치해서 지회대회 개최 자체를 토의조차 불가능하게 탄압하였다.[130]

함남 홍원지회는 토의안건에 '산림조합 반대의 건'이 있다는 이유로 '토의금지' 조치를 당하였다.[131]

신간회 온성지회가 1929년 12월 4일 긴급집행위원회를 열고 '청진 청년단식동맹'의 건을 토의하려 하자, 임석한 일제경찰은 이 건의 '토의금지'를 한다고 탄압하였다.[132]

4) '결의문' '성명서' 금지

일제는 신간회 간부회가 특정 사안을 토의한 후 '결의문'이나 '성명서' 작성 발표를 금지하는 탄압을 가하였다.

예컨대 신간회 중앙본부가 학교 교육문제 등으로 토의 결과를 '결

---

[129]《조선일보》1931년 5월 14일자,〈김천신간지회 임시대회 금지〉참조.

[130]《조선일보》1928년 3월 27일자,〈경성지회대회, 개최건 토의 금지〉참조.

[131]《동아일보》1929년 3월 1일자,〈대회서 허락한 토의안을 금지〉참조.

[132]《조선일보》1929년 12월 11일자,〈온성신간회의 청진사건 토의 금지〉참조.

의문'으로 작성 발표하려 하자 결의문 '작성 발표 금지' 조치로 탄압하였다.[133]

평양지회가 1928년 1월 강서 군수의 기부금 강제와 인권유린에 항의하는 '성명서'를 작성 발표하려 하자, 일제 경찰은 성명성 '작성 발표 금지' 조치로 탄압하였다.[134]

5) 강연회 강연, 강습회 금지

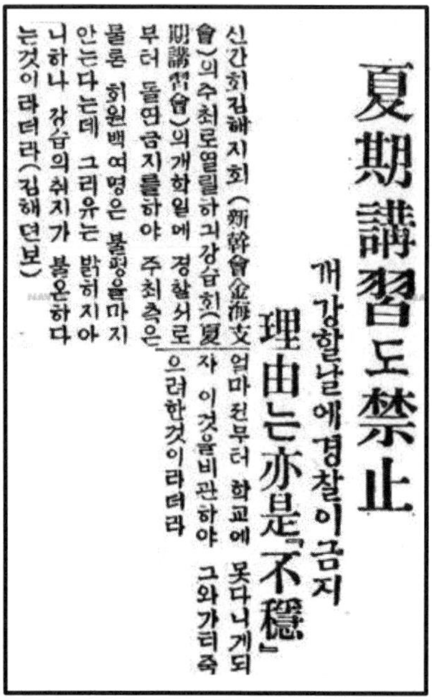
夏期講習도禁止
개강할날에경찰이금지
理由는亦是「不穩」
신간회김해지회(新幹會金海支會)의수최로열릴하긔강습회(夏期講習會)의개학일에 경찰서로부터 돌연금지를하야 주최측은 물론 회원백여명은 불평을마지안는다는데 그리유는 밝히지아니하나 강습의취지가 불온하다는것이라더라(김해뎐보)
얼마젼부터 학교에 못다니게되자 이것을비관하야 그와가티죽으려한것이라더라

<사진 61> 하기강습도 금지(《동아일보》 1928년 7월 24일자)

일제는 신간회의 '강연회'나 집회 도중의 '강연'을 자의로 수시 '금지'조치하여 탄압하였다. 심지어 강습회 강좌까지도 '금지'하여 탄압하였다.

예컨대 신간회 경북 영일지회는 1928년 2월 15일 기념식과 강연회를 열기로 허가 받았는데, 수많은 시민이 모이자 기념식만 허가하고 돌연히 '강연회'는 '금지'하는 탄압을 가하였다.[135]

강릉지회는 1928년 2월 15일 기념식과 강연회를 허가 받았는데, 갑자기 기념식만 허가하고 '강연회'는 '금지'조치하는 탄압을 가하였다.[136]

---

133) 《조선일보》 1928년 2월 7일자, 〈평양신간의 성명 금지〉 참조.
134) 《조선일보》 1927년 5월 18일자, 〈신간회결의, 당국에서 금지〉 참조.
135) 《조선일보》 1928년 2월 21일자, 〈영일지회 개최 기념강연 금지〉 참조.

강릉지회는 1929년에도 8월 22일 중앙간부 박문희(朴文熺)의 "신간회의 의의와 당면의 임무"라는 제목의 강연회를 열기로 했는데, 일제 경찰이 이를 '금지' 탄압하였다.[137]

김해지회는 1928년 7월 22일부터 1주일간 '하기상식 강습회'를 열기로 허가를 얻어 '조선어' 강습에 최현배(崔鉉培), '조선사'에 문일평(文一平)을 강사로 초빙했는데, 일제는 개강 당일 돌연 '금지' 조치를 내려 탄압하였다.[138]

신간회 평안남도연합회는 허가를 받고 순회강연의 일부로 평양에서 1930년 4월 8일 강연회를 개최했는데, 박문희의 "내외정세와 신간회의 당면임무"라는 강연 도중에 임석경관이 강연을 중지시키고 청중을 강제해산시켰다. 또한 일제 경찰은 '순회강연' 자체를 금지조치 하는 탄압을 가하였다.[139]

6) 기부행위와 모연행위 처벌·금지

일제는 신간회 회원이 우의단체를 돕기 위한 기부 활동도 금지하고 처벌하였다.

예컨대, 신간회 안주지회 집행위원장 김병규(金秉奎)가 1930년 안주 청년회관의 수리를 위해 3백 원을 기부하자, 일제는 1931년 기부규칙 위반이라고 벌금형에 처하였다.[140]

또한 경북 영주에서 1928년 1월 2백 명이 중독된 식중독 사건이 일어나자 신간회 영주지회가 긴급히 의연금을 모금했는데, 일제는 이를

136) 《조선일보》 1928년 2월 25일자, 〈강연금지, 강릉지회〉 참조.
137) 《조선일보》 1929년 8월 28일자, 〈신간강릉지회, 강연회 금지〉 참조.
138) 《동아일보》 1928년 7월 18일자, 〈夏期常識大講座〉 및 1928년 7월 24일자, 〈夏期講習도 禁止〉 참조.
139) 《조선일보》 1930년 4월 11일자, 〈南道신간지회巡講, 강연회 중지해산〉 참조.
140) 《조선일보》 1931년 1월 30일자, 〈의연금 문제로, 경찰에서 처벌〉 참조.

'금지'시켰다.[141]

7) 기근구제 '행상' 금지

일제는 기근에 빠져 아사상태에 있는 동포를 구제하려고 기근구제금 모금을 위해 '행상'을 하는 것도 엄금하여 탄압하였다.

예컨대 1929년 6월 신간회 어주(魚朱)지회가 기근동포 구제금을 위해 '수건'을 팔아 모금하려 하자 일제 경찰이 이를 '금지'하는 탄압을 가하였다.[142]

8) 회원 사택과 회관 '수색'

일제는 신간회 회원의 가택이나 지회 사무실을 수시로 '수색'하여 서류를 압수하고 위협하는 탄압을 가하였다.

신간회 청진지회에서는 1928년 3월 17일 춘기강연회를 열었는데, 일제 경찰은 2월 19일 돌연히 신간회 청주지회 사무실과 조선일보 청주지국, 그리고 강연회 연사인 김태희(金泰熙)와 신영우(申榮雨)의 가택을 '수색'하고 문서들을 압수하여 위협과 탄압을 가하였다.[143]

또한 일제 경찰은 진주에서 1928년 3월 23일 돌연히 신간회 진주지회, 진주제난회(濟難會), 진주청년동맹 및 동 진주면지회 등 4개 단체 사무실을 '수색'하여 성명서와 선전문 등을 압수하며 위협하고 탄압하였다.[144]

일제 원산경찰서는 1929년 11월 4일 신간회 원산지회관을 '수색'하

---

141) 《조선일보》 1928년 1월 9일자, 〈신간지회의 幕捐금지〉 참조.
142) 《조선일보》 1929년 6월 12일자, 〈기근구제, 행상을 금지〉 참조.
143) 《조선일보》 1928년 3월 23일자, 〈청주지회 수사, 강연회 문제로〉 참조.
144) 《조선일보》 1928년 4월 1일자, 〈진주경찰이 돌연 四개단체 수색〉 참조.

여 등사판을 압수해 탄압하였다.[145]

경북 영주경찰서는 갑자기 1929년 10월 21일 서신 왕래를 조사한다고 신간회 영주지회관 사무실과 서기장 전경석(全景錫)의 가택을 '수색'하고 서기장을 인치하여 장시간 취조해서 위협하고 탄압하였다.[146]

9) 회원에 대한 탈회의 명령·권고 압력

일제는 신간회의 간부나 주요회원을 탈회하도록 명령하거나 권고하여 신간회의 활동을 탄압하였다.

예컨대 경주경찰서 고등계는 1928년 신간회 경주지회가 창립되어 회원이 바로 150여 명에 달하자 갑자기 긴장해서 회원 개개인을 찾아서 엄중한 조사를 하였다. 지회 일반회원이 불안을 느끼고 있는 가운데, 일제 경주경찰서 산내주재소는 관내 신간회 회원들을 호출해다가 '탈퇴'함이 좋다고 권고하면서 입회의 동기를 조사하고, 결국 회원 김모에게는 '구타'까지 자행하였다. 그러므로 그곳 10여 명의 회원들은 불안과 공포에 쌓여 '탈퇴원서'를 낸 사람까지 나오게 되었다.[147]

예컨대 군산경찰서는 1929년 2월 하순 신간회 군산지회 간부에게 군산에서의 '퇴거(退去) 명령'을 내려 탄압하였다.[148]

또한 경북 봉화경찰서 일제 경찰들은 1929년 5월 신간회 지회원들을 차례로 방문하면서 신간회는 '온당치 못한 사상단체이니 퇴회(退會)하라'고 '권고'하여 신간회 활동을 탄압하였다.[149]

---

145) 《조선일보》 1929년 11월 7일자, 〈원산서에서 신간지회관 수색〉 참조.
146) 《조선일보》 1929년 10월 24일자, 〈영주서 又復 긴장, 신간지회관 수색, 서기장의 가택도 수색〉 참조.
147) 《조선일보》 1928년 3월 6일자, 〈경주경찰의 몰상식, 신간입회를 방해〉 참조.
148) 《조선일보》 1929년 2월 28일자, 〈신간지부 간부에게 퇴거를 명령〉 참조.
149) 《조선일보》 1929년 5월 29일자, 〈일 없는 봉화순사, 신간회원 탈회 권고〉 참조.

10) 대회 참석 저지

일제는 신간회 간부들의 대회나 집회참석을 경찰을 동원하여 인치해서 저지하는 탄압을 자행하기도 하였다.

예컨대 신간회 중앙집행위원이며 현 정읍지회장인 임재순(林載淳)은 1929년 11월 23일 개최되는 중앙위원회에 참석하기 위해 11월 22일 정읍역발 열차로 상경 도중 열차가 신태인역에 도착하자 정읍경찰서에서 온 일제 경찰이 인치하며 '이번 중앙위원회에 출석을 금지한다'고 하였다. 위원 임이 그 이유를 물은즉 '상부의 명령이다'라고 막연한 대답을 하며 그를 인치하여 상경 참석을 도중에 저지해 버렸다.150)

11) 문서·공문·연하장 압수

일제 경찰은 신간회의 각종 문서와 왕복 공문을 기습적으로 수색 압수하여 신간회의 활동을 방해 탄압하였다.

예컨대 신간회 익산지회의 설립일인 1927년 6월 22일을 하루 앞두고 준비위원들이 '선전문'을 작성하여 6월 28일 시내에 배부하자, 일제 이리경찰서는 문구가 불온하다는 이유를 내세워 문건을 '압수'해서 설립대회를 저지하려는 탄압을 자행하였다.151)

또한 신간회 중앙본부에서 보낸 1929년 '8월 말 사업보고'의 공문이 신간회 창원지회에 도착하자, 1929년 9월 29일 창원지회에 임석한 일제 경찰은 그 공문을 초록하겠다는 구실로 주재소로 가져가려 하였다. 창원지회가 이를 거절하자 일제 경찰은 돌연히 아무런 이유도 없이

---

150) 《조선일보》 1929년 11월 28일자, 〈신간중앙위원회 참석 상경을 저지〉 참조.
151) 《조선일보》 1927년 6월 30일자, 〈신간지회의 선전문 압수〉 참조.

"그 공문을 압수한다"고 선언하고 즉시 '압수'해 갔다.[152]

또한 일제 경찰은 1930년 1월 1일의 신간회 '연하장'까지도 "조선의 신간운동과 민족주의를 고조하는 의미의 불온문구가 있다"는 이유를 내세워, 신간회 당진지회와 함양지회에 수송되는 '연하장'들을 압수하였다.[153] 일제의 신간회 '연하장' 압수는 사천지회와 안주지회에 대해서도 자행되었고,[154] 김천지회에 대해서도 자행되었다.[155]

12) 영업허가 취소

일제는 신간회 회원들이 경영하는 업소의 영업허가까지 취소하는 탄압을 가하였다.

예컨대 경기도 양주 퇴계원에는 약 30명의 신간회 회원이 있어서 1930년 4월경 신간회 지회를 설립하려고 백방으로 노력하였으나, 일제 경찰이 여러 가지로 이들을 위협하여 지회 설립운동을 중단하게 되었다. 뿐만 아니라 일제 경찰은 전기 신간회원들에게 '탈회'하라고 엄명하고 이에 복종하지 않는 수명의 회원에 대해서는 매약상(賣藥商)·음식점 등의 '영업허가'를 취소하였다. 뿐만 아니라 일제 경찰은 회원들이 경영하는 '야학'까지 돌연히 폐쇄시켰다.[156]

13) 회원의 학교·여자야학 설립 불허와 교사 사임

일제는 신간회원에게는 학교 설립을 절대로 허가해주지 않고 탄압

---

152) 《조선일보》 1929년 10월 3일자, 〈신간회 공문을 경찰이 압수〉 참조.
153) 《조선일보》 1930년 1월 4일자, 〈강진.함양신간회, 연하장도 압수〉 참조.
154) 《조선일보》 1930년 1월 7일자, 〈연하장 압수, 안주에서도〉 참조.
155) 《조선일보》 1930년 1월 15일자, 〈연하장이 불온하다고〉 참조.
156) 《조선일보》 1930년 11월 1일자, 〈신간회원의 영업허가 취소〉 참조.

을 가하였다.

예컨대, 신간회 광주지회 회원이 광주군 지하면이 극빈하여 학교나 개량서당도 없으므로 '사립학교'를 설립하려고 1930년 4월 5일 광주군수에게 허가수속을 제출했는데, '신간회 회원이라는 이유'로 5개월이 지나도 허가를 해주지 않았다. 그러므로 그 회원은 사립학교 설립허가를 받기 위해 신간회 광주지회에 '탈회 증명서'를 신청하게 되었다.157)

또한 신간회 김해지회가 1928년 4월 여자야학회를 설립하고 인가를 출원했으나, 일제는 대표자와 관계자의 생각이 불온하다고 1928년 7월 불인가를 결정하여 탄압하였다.158)

일제는 신간회 회원은 학교 교사는 물론이오, 야학당의 강사까지도 사임하도록 압력을 가하였다. 예컨대 경북 달성군 화원면 본리동에는 유지들이 세운 '능인(能人)야학당'이 이미 6년간 농민교육을 실시하여 큰 성과를 내고 있었는데, 일제는 강사 이재희(李在熙)가 신간회 회원이란 이유로 신간회를 탈퇴하거나, 야학당 강사를 사임하거나 하나를 선택하도록 강요하였다.159)

14) 신간회 회원에 대한 음해

일제는 신간회 간부나 회원에 대한 음해공작도 자행하였다.

예컨대 일제 영천경찰서 북안주재소장 길전(吉田)은 1927년 10월 신간회 영천지회 회원 서모를 여러 사람들에게 '음해'하여 신간회 가입 방지수단으로 사용하였다.160)

---

157) 《조선일보》 1930년 9월 10일자, 〈신간회원이라고 학교 설립 불허〉 참조.
158) 《조선일보》 1928년 11월 26일자, 〈김해신간지회 경영의 여자야학 불허가〉 참조.
159) 《동아일보》 1928년 4월 28일자, 〈신간회원이라고 야학강사 勸辭〉 참조.
160) 《조선일보》 1927년 10월 12일자, 〈영천순사의 망동, 신간회를 음해해〉 참조.

서울에서는 '내외전선 정리동맹'이라는 있지도 않는 유령단체의 이름으로 신간회 간부들을 허무맹랑하게 중상 모함하는 문구와 내용으로 된 삐라를 배포하여 신간회를 음해하였다.[161]

15) 동정자 해고

일제는 자기 영향력 아래에 있는 기업체의 사원들에게는 신간회에 가입하지 않은 '동정자'의 경우에도 '파면', '해고'시키도록 압력을 넣는 탄압을 가하였다.

예컨대 1930년 1월 경성전기회사의 전차차장인 한국인 석씨는 신간회 경동(京東)지회 총회를 방청한 일이 있는데, 일제의 압력을 받은 회사는 신간회에 가입하지도 않은 석씨를 '방청했다'는 이유로 파면 해고하는 탄압을 가하였다.[162]

---

161) 《조선일보》 1928년 4월 23일자, 〈신간회 간부를 허무 중상〉 참조.
162) 《조선일보》 1930년 1월 5일자, 〈신간회 방청으로 운전수를 해고〉 참조.

제11장
신간회의 해소

1. 신간회의 해소의 일반적 요인

한국민족이 1920~30년대 처한 여건에서 신간회가 전개한 민족운동의 성과는 결코 작은 것이 아니었다. 이 사실에 대해서는 민족주의 독립운동 세력은 말할 것도 없고 당시의 사회주의자들도 이를 명확히 인정하였다. 예컨대 조선공산당까지도 1928년 3월 제3대회 직후 당 중앙위원에서 채택한 〈민족해방운동에 관한 논강〉에서 "신간회의 조직 후 제 국민 혁명세력이 용기를 진작함에 이르러 민족해방운동은 재흥의 계기를 맞았다"고 신간회의 민족운동을 긍정적으로 평가하였다.[1]

이러한 신간회가 왜 해소되었을까. 종래 그 요인으로 들어온 것은 ① 신간회 내부의 좌우 대립의 재대두, ② 신간회 본부와 서울지회 등 지회와의 불협화음, ③ 신간회 본부의 무능, ④ 자치론자의 신간회 침투, ⑤ 일본 경찰의 교묘한 분열공작, ⑥ 코민테른의 영향 등이었다. 여기서 먼저 지적해 두어야 할 것은 신간회의 '약화'요인과 '해소'요인을 준별해야 하며, ①~④의 요인은 신간회 '약화'요인은 될지언정 직접적 '해소'요인은 아니라는 사실이다.

신간회 해소의 직접적 요인은 ㉠ 코민테른 및 프로핀테른의 지시와 영향 ㉡ 신간회 일부 지방지회들의 해소활동 ㉢ 일제의 신간회 해체 공작 등이었다.

여기서는 이 세 가지 직접적 해소 요인을 좀 더 구체적으로 고찰하기로 한다.

---

1) 《現代史資料》 29, 〈民族解放運動に關スル論綱(テーゼ-)〉, p.123 참조.

2. 코민테른 및 프로핀테른의 정책과 지시

　신간회의 창립은 한국민족 내부의 절실한 필요에 응하여 순전히 민족자주적, 민족주체적으로 이룩된 것이었다.

　비타협적 민족주의자들은 국제조직의 간섭을 받음이 없이 민족운동을 전개하고 있었으므로 민족 내부의 민족협동전선 창립을 민족자주적으로 주도하였다.

　또한 신간회 창립에 주도적으로 참가한 사회주의자들도 대부분 공산당 당원이 아닌 사회주의자들이었을 뿐 아니라, 민족내부의 절실한 요청으로 좌·우합작에 의한 민족협동전선을 창립하는 것이 일본제국주의 타도를 위한 민족혁명운동의 고양이라고 보아 민족자주적으로 이에 호응 주도적으로 참가하였다. 이때 코민테른의 정책도 레닌의 민족문제이론에 따라 식민지에서의 공산주의자들은 부르주아 민족주의자들과 연합·통일전선을 펴서 반제국주의 운동을 선행시킬 것을 채택하고 있었으므로, 사회주의자들의 자주적 결정이 코민테른의 정책과 하등 충돌될 이유가 없었다.[2]

　그런데 1928년 후반기부터 코민테른의 정책노선이 바뀌기 시작하였다. 1928년 11월에 개최된 코민테른 제6회 대회에서 〈식민지 및 반식민지 국가들에서의 혁명운동에 대하여〉라는 테제가 채택되었는데, 이 테제는 조선공산주의자들의 임무에 대해서 "개인적 입당을 기초로 하여 일반적 민족혁명당의 조직을 의도하는 대신 합동위원회의 원조에 의하여 각종의 민족혁명단체의 활동을 종합·통일하고 소부르주아 민

---

[2] 陳德奎, 〈한국민족운동에서의 코민테른의 영향에 대한 고찰〉,《한국독립운동사연구》제2집, 1988 참조.

족개량주의의 불철저성과 동요성을 비판하여 항상 대중의 면전에서
그들의 가면을 벗기고 프롤레타리아의 공산주의 지도 아래 혁명적 활
동가의 실제적 동맹을 조직하도록 힘쓰지 않으면 안 된다"고 지시하
였다.

다음 달인 1928년 12월 코민테른 동양부는 일본공산당의 좌야학(佐
野學, 사노 마나부)을 수석으로 하는 '조선위원회'를 개최하고, 코민테
른 제6차 대회에서의 결정서〈식민지 및 반식민지 국가들에서의 혁명
운동에 대하여〉에 기초하여〈조선혁명농민 및 노동자의 임무에 관한
테제〉(통칭 12월 테제)라는 결정서를 작성해서 채택했는데, 여기서는
신간회 부분에 대하여 다음과 같이 지시하였다.

> 조선공산주의자는 노동자·농민의 단체 안으로 부지런히 공작을 하고
> 신·구 민족해방단체(어떤 경우에는 반(半) 종교적인 것도 있으나), 예컨
> 대 신간회·천도교·형평사 안에서도 공작을 부지런히 해야 한다. 이들 단
> 체 안에서 많은 투사의 획득에 노력하면서 당은 민족주의자·기회주의자
> 의 우유부단성을 폭로해야 할 것이다.[3]

> 조선의 공산주의자는 자기의 전 공작, 전 임무에서 명확하게 소부르주
> 아당파와 분리하여 혁명적 노동운동의 완전한 독자성을 엄격히 지녀야
> 한다. 그러나 '혁명투쟁의 편의상 일시적 제휴가 필요하다면 그것은 허
> 용된다. 그리고 어떤 사정 아래서는 공산당과 민족혁명운동과의 일시적
> 동맹은 허용된다'(코민테른 제6차대회의 식민지테제). 이 경우는 물론
> 혁명적이나 그 공동행동은 '공산주의운동과 부르주아 혁명운동의 합류'
> 여서는 안 된다.[4]

---

[3] 金正明編,《朝鮮獨立運動》第5卷(東京: 原書房, 1967),〈朝鮮農民および勞動者の
任務に關するテーゼ〉, p.744 참조.
[4]〈Resolution of the E.C.C.I. on the Korean Question〉, Dae-Sook Suh(ed.)

이 코민테른 6차대회와 12월테제의 지시사항은 신간회를 '개인적 입당을 기초로 한 일반적 민족혁명당'이라고 보고, 이보다는 혁명적 활동가들의 실제적 동맹을 조직해야 하며, 공산주의자들의 일반적 민족혁명당과의 일시적 동맹은 허용되지만 공산주의자들은 신간회 안에서 투사의 획득에 노력하는 한편 명확하게 소부르주아당파와 분리하여 공산주의자들의 완전한 독립성을 엄격히 지닐 것을 요구한 것이었다. 코민테른은 공산주의자들에게 신간회의 존속을 인정하면서도 분리를 전제로 한 준비와 민족주의자들에 대한 폭로·비판운동을 강화할 것을 지시한 것이었다. 이것은 민족주의 진영과 공산주의 진영의 한편만 철수해도 붕괴하게 되는 구조를 가진 좌·우합작의 민족협동전선인 신간회의 앞날에 어두운 그림자를 드리운 것이었다.5)

뒤이어 1930년 9월에 발표된 프로핀테른(赤色勞動組合 인터내셔날)의 〈조선의 혁명적 노동조합운동의 임무에 관한 테제〉(통칭 9월테제)는 한국의 공산주의자들에게 신간회와 관련하여 다음과 같이 지시하였다.

일본제국주의는 개량주의적 부르주아지에게 자치를 약속함에 의해서 그들을 매수하여, 그들의 도움을 얻어 혁명의 방파제를 쌓으려 하고 있다. 조선에 있어서 혁명적 파도의 증대, 중국 및 인도에서의 혁명, 그리고 소비에트 동맹에서의 사회주의건설의 성과 앞에 두려움을 느끼는 민족개량주의적 부르주아와 그 단체 - '조선일보' '동아일보' 및 '천도교'의 일부 - 등등은 장개석과 중국의 반혁명(反革命)을 모방할 가치가 있는 선례로 생각하고 있다. 그들은 일본 제국주의와의 협력을 구하고 반(反)

《Documents of Korean Communism, 1918–1948》, Princeton University Press, pp.243~256 참조.
5) 和田春樹·水野植樹·劉孝鍾, 〈コミンテルンと朝鮮〉, 《青丘學術論集》 제18집, 2001 참조.

쏘비에트 사주(使嗾)를 하고 있다. '신간회'도 똑같은 민족개량주의 단체
이다. 그들은 학생스트라이크 및 노동자 시위운동 때 그들의 사보타지
정책에 의해 그것을 증명하고 있다.[6]

즉 신간회는 코민테른의 12월테제에서는 '일반적 민족혁명당'으로
규정되었다가 프로핀테른의 9월테제에서는 일제의 '자치' 약속에 매수
당한 반소비에트적 '민족개량주의적 단체'로 규정되었다. 그 증거로서
학생운동과 노동운동이 일어났을 때 사보타지 정책을 했다는 것이다.
물론 이것은 사실이 아니었다. 신간회는 광주학생독립운동 때 사보타
지하기는 커녕 이를 전국에 확대시키려고 '민중대회'까지 개최하려 하
면서 진력했으며, 원산총파업 때 많은 지원을 보내었다. 자치론에 가
담했던 송진우가 신간회 서울지회에 회원으로 입회했으나, 이것은 신
간회에 의해 '완전독립' '절대독립'의 노선이 확고히 된 후 고독하게
된 이전의 자치론자가 뒤늦게 회오하여 신간회에 가입한 것에 불과하
였다. 프로핀테른의 〈9월테제〉와 신간회에 대한 해소투쟁의 지시는 그
근거가 완전히 부당한 것이었다.[7]

그러면 왜 코민테른과 프로핀테른은 이러한 정책노선전환을 극좌적
으로 단행하고 한국공산주의자들에게 신간회 해소투쟁을 하도록 시사
하는 지시를 내렸는가?

주목할 것은, 1929년 하반기부터의 세계경제 대공황을 전제로 하고,
코민테른(및 프로핀테른: 프로핀테른은 코민테른의 지시를 받는 외곽
단체임)의 권력구조가 변화했다는 사실이다. 레닌이 1924년 사망한 후,

---

6) 〈The Task of the Revolutionary Trade Union Movement in Korea〉, Dae-Sook
   Suh(ed.) 《Documents of Korean Communism, 1918-1948》, p.248 참조.
7) ① 金亨國, 〈신간회 창립이후 사회주의자들의 민족협동전선론〉, 《한국근현대
   사연구》 제7집, 1997.
   ② 최규진, 〈1920년대 말 30년대 초 공산주의자들의 신간회 정책〉, 《대동문
   화연구》 제32집, 1997 참조.

소련에서는 7대 지도자로 불리던 트로츠키(Leon Trotskij), 스탈린(Josef V. Stalin), 지노비에프(Gregory Evseevich Zinoviev), 카메네프(Lev Borisovich Kamenev), 부하린(Nicolai Ivanovich Bukharin), 루이코프(Alexei Ivanovich Rykov), 톰스키(Mikhail Ravlovich Tomskii)의 집단지도제가 실시되었다. 그러나 내부에서 권력을 장악하려는 권력투쟁은 극렬하여 편안한 날이 없었다. 스탈린은 처음은 강자가 아니었고 트로츠키가 강자였으나, 스탈린은 지노비에프·카메네프와 동맹(통칭 트로이카)하여 1925년에 레닌과 어깨를 나란히 했던 트로츠키를 패배시켰다. 다음에 스탈린은 지노비에프·카메네프의 좌파를 버리고 부하린·루이코프·톰스키의 우파에 가담해서 1927년에 지노비에프·카메네프 등의 좌파를 타도하여 당에서 제명하였다. 이어 스탈린은 다시 잔존한 좌파의 수령으로 변신하여 1929년에 부하린 등 우파지도자들을 당에서 추방하였다. 그리하여 1930년에는 스탈린의 1인독재체제가 소련당과 코민테른에 확립된 것이다.

스탈린의 정책(스탈린주의)의 큰 특징의 하나는 레닌과는 달리 사회민주주의와 부르주아민족주의를 '주적(主敵)'으로 간주하는 것이었다. 그리하여 스탈린의 독재체제가 확립된 1930년부터는 소련 내부만이 아니라 코민테른에서 레닌주의는 소멸하고 스탈린주의가 지배하여 극좌모험주의노선과 정책이 결정되고 채택되어 전 세계 공산주의자들에게 지시된 것이었다.

당시 코민테른의 조직은 각국 공산당을 공식적으로도 코민테른의 '지부'로 규정하여 오직 코민테른의 지도와 지시에 절대 복종하도록 하고 각국 공산당의 독자성과 독자노선을 인정하지 않았으며, 코민테른의 지시에 불복하는 공산당과 공산주의자는 가혹하게 숙청하는 철의 규율을 가지고 있었다. 스탈린의 1인 독재체제가 확립된 뒤에는 이러한 철의 규율은 잔혹하리만큼 더욱 강화되어 전 세계 공산주의운동이 스탈린의 명령과 지시에 따르도록 더욱 강력하게 조직화되었다.

그리하여 스탈린의 극좌모험주의노선과 정책이 코민테른 12월테제와 프로핀테른의 9월테제를 통하여 아시아 전 지역에 지시된 결과 한국에서는 공산주의자들의 신간회로부터의 분리와 신간회 해소투쟁으로 나타난 것이었다.

그리고 일본에서는 1930년부터 노동운동·농민운동 활동가들의 중요한 합법단체로 조직된 일본노농당(日本勞農黨) 해소론과 해소투쟁으로 나타났고, 중국에서는 1930년 6월 이립삼노선(李立三路線) 채택과 그 뒤의 도시 무장폭동·간도 5.30폭동 등으로 나타났다.

3. 신간회 내부의 해소운동의 대두와 논쟁

한국의 신간회 해소투쟁은 ML당계가 코민테른 및 프로핀테른 테제를 해설하여 국내에 보급시킴으로써 전개되었으며, 그 대표적 이론가로서는 동경에 근거지를 두고 고경흠(高景欽, 김민우) 등이 활동하였다. 그 결과 국내에서는 신간회의 존속론과 해소론의 논쟁이 치열하게 전개되었다.[8]

민족주의자들은 다수가 존속론을 주장했고, 사회주의자들 가운데 노장층은 존속론이 다수였다. 그러나 신진 청년 사회주의자·공산주의자들 가운데는 코민테른·프로핀테른의 테제를 수용하여 해소론을 주장하는 청년들이 다수 있었다.

신간회 해소파들은 당시에 '해소'와 '해체'를 구분하였다. 그들에 따르면 '해체'는 한 단체나 조직을 그냥 해산시켜 버리고 마는 것이지만, '해소'는 변증법적으로 보다 발전된 상태로 지양되어 해체된다는

---

8) 金森襄作,〈論爭을 통해서 본 新幹會〉,《朝鮮學報》제93집, 1979;《新幹會硏究》, 동녘, 1983 참조.

뜻으로서, 신간회가 합법단체로부터 비합법의 혁명적 적색 노동조합·
농민조합으로 방향전환과 지양을 하는 것이므로 '해소'가 된다고 주장
하였다. 그러나 이것은 코민테른의 지시에 대한 추종자의 입장이고,
'신간회' 그 자체의 입장에서는 '해소'는 곧 '해체'였다.

신간회조직 내부에서 최초의 신간회 해소의 제의는 1930년 12월 6
일 신간회 부산지회 제5회 정기대회에서 김봉한(金鳳翰)에 의해 정식
으로 표면화되었다. 그는 해소제안의 이유로 "현재의 신간회는 소부르
주아적 정치운동의 집단으로서 하등의 적극적 투쟁이 없을 뿐만 아니
라 전민족적 총역량을 집중한 민족적 단일당이라는 미명 밑에서 도리
어 노농대중의 투쟁의욕을 말살시키는 폐해를 끼치고 있다"[9]고 주장
하였다. 부산지회 대회에서는 이 제안으로 갑자기 긴장하여 의론이 분
분했으나, 결국 내년 전국대회 때까지 이 문제를 충분히 연구해서 내
년 전국대회 석상에서 맹렬히 '해소운동'을 일으키기로 결정하였다. 그
러나 이를 계기로 신간회 해소론은 각 지회로 퍼져 나가기 시작했다.

다음으로 해소문제는 1930년 12월 14~15일 개최된 함남 이원(利原)
지회 제2회 정기대회에서 제기되었다. 12월 14일 대회에서 이원지회
지도이론으로서의 해소론과 존속론(이원지회의 표현은 '분화론')이 갑
론을박의 대논쟁을 하다가 투표한 결과, 81대 43으로 '해소론'이 결의
되었다.[10]

그러나 이튿날 회의에서 존속파는 신입회원의 입회는 상무위원회의
인준결의를 거쳐야 하며 첫해에는 의결권이 없다는 규약을 해소파가
위반하여 정기대회 1개월 전에 40여 명의 신입회원을 상무위원회의
의결 없이 입회시켜서 의결권을 주었고 방청객까지 의결권을 주었다
고 지적하고, 제2회 정기대회의 의결은 모두 '무효'임을 선언하면서

---

9) 《동아일보》 1930년 12월 18일자, 〈부산신간대회에서 신간해소를 제창〉 참조.
10) 《조선일보》 1930년 12월 19일자, 〈신간해체결의, 利原지회 대회서, 81대 43
  표로〉 참조.

퇴장해 버렸다.[11]

그 결과 이원지회는 분열되었다.[12] 해체반대파는 신간회 이원지회 간판을 따로 걸고, 서울 중앙본부에 사태를 보고하면서 새 간부진을 구성하였다.[13] 한편 해소파 측에서는 내년 2월 전국전체대회에서 해체안을 상정시켜 신간회 해소통과운동을 하기로 하고, 복대표만을 선출한 후 다른 의안 토론은 하지 않고 서울 중앙본부의 지정(指定)도 받지 않기로 하였다.[14]

이어서 해주지회에서도 1930년 12월 20일 개최된 정기대회에서 부산지회와 이원지회에서 제기한 해소문제가 토론되었다. 해주지회에서는 해소론과 존속론이 분열되어 논쟁하다가 투표에는 붙이지 않고 중앙본부와 각 지회의 태도를 더 본 후 다음 '임시대회'에서 의결하여 그 결과를 내년 2월의 전국전체대회에 제출하기로 하였다.[15]

뒤이어 12월 27일 평양지회 대회에서는 〈신간회 해소운동 비판의 건〉이 상정되었는데, 해소파의 '신간회는 조직 이래 행동강령을 세우지 못하고 대중의 계급의식을 말살할 뿐 아니라 도리어 계급투쟁을 방해하는 폐해가 있으며, 앞으로 신간회운동을 새로운 운동방향 방침에 의하여 개혁할 수도 없으니 해소함이 마땅하다'는 주장을 표결에 붙인 결과, 찬성 18표 반대 13표로 결국 해소가 가결되고 말았다.[16] 그리고 해소의 구체적 방법은 신임집행위원회에 일임하기로 하였다. 그러나 신임집행위원들은 해소를 반대하는 편이 대부분이어서 사임할 형세에

---

11) 《조선일보》 1930년 12월 19일자, 〈불법대회라고 결의 전부 부인〉 및 《동아일보》 1931년 1월 12일자, 〈전번대회는 불법이라고 재소집〉 참조.

12) 《동아일보》 1931년 1월 20일자, 〈해소파는 퇴장, 반대파만 대회〉 참조.

13) 《동아일보》 1930년 12월 24일자, 〈해체반대파들은 신간판을 게양〉 참조.

14) 《조선일보》 1930년 12월 23일자, 〈해체반대론측, 간판 걸고 집무〉 및 〈해체 측에서는 해체사무 진행〉 참조.

15) 《조선일보》 1930년 12월 25일자, 〈해주신간대회서도 해소문제 대두〉 참조.

16) 《동아일보》 1930년 12월 29일자, 〈신간회 평양지회도 해소주장파 득세〉 참조.

있었다.[17]

신간회 중앙본부에서 중견지도자로서는 민중대회사건으로 체포되었다가 석방된 신간회 창립주역의 하나인 안재홍이 《조선일보》에 〈사설〉을 발표하면서 신간회 '해소론'의 부당성을 지적하여 알리고 신간회 존속을 강력하게 주창하였다. 안재홍은 '해소론'을 주장하는 좌익 청년회원들에게 ① 코민테른·프로핀테른 등 '국제조직'의 민족단일당이 "노농대중의 투쟁욕"을 말살시킨다는 이론은 조선에 적용될 수 없는 관념론에 불과한 것이고, ② 신간회는 도리어 노농대중의 투쟁을 성원하고 보호해 왔으며, ③ 일본·중국과는 달리 조선은 정치적으로 전혀 무권력한 특수정세(식민지)에 있기 때문에 합법적 민족단일당을 해산하여 비합법적 '노동조합·농민조합의 확대·강화'와 '전투화'를 추진할지라도, 오히려 '3총해금'(三總解禁)도 못하는 현실에서 민족단일당의 과도체를 해체하여 결여한 상황에서의 노농운동의 전투화는 노농대중의 강화가 아니라 오히려 노농대중의 희생만 내고 약화될 것이니, ④ 조선인은 조선현실을 모르는 국제조직의 관념론을 직역(直譯)하거나 국제연장적 관념론(國際延長的 觀念論)을 청산하여, 전 민족적 민족자주적 협동과 단결을 하자는 요지의 간절한 호소를 하였다.[18]

신간회 해소문제가 제기된 상태에서, 1930년 12월 22일 신간회 경성지회가 중앙집행위원회에서 박문희(朴文熺) 등 중앙본부 간부를 부인하는 '동의문'을 전국 각 지회에 발송하였다.[19] 경성지회는 중앙간부는 부인하고 신간회 해소 결의에는 반대하였다.[20] 그러나 경성지회의 중앙간부의 '부인'은 중앙간부가 '자치운동파'라는 인상을 주어 '해

---

17) 《조선일보》 1930년 12월 29일자, 〈신임위원은 사직할 형세, 해소반대가 대부분〉 참조.

18) 安在鴻, 〈解消論 冷眼觀─非國際延長主義〉, 《조선일보》 1930년 12월 26일자 〈사설〉; 《민세안재홍선집》 제1권, pp.369~371 참조.

19) 《조선일보》 1930년 12월 27일자, 〈전조선 신간지회에 통의문을 발송〉 참조.

20) 《조선일보》 1930년 12월 22일자, 〈중앙간부를 부인, 해소결의엔 반대〉 참조.

소론'을 확산시키는 작용을 한 것이 사실이었다.[21]

이어서 원산지회는 1930년 12월 26일 확대집행위원회를 열고, 중앙 본부 간부는 반대하되 '관념적 해소론'도 반대하고 민족협동전선에 적 극 참가할 것을 결의하였다.[22]

경성(서울)지회는 1930년 12월 30일 임시상무집행위원회를 열고,'신 간회 해소론이 몇 개 지회를 중심으로 야기되는 바 이는 이론 및 실 제에 있어 착오'[23]인 것으로 인정하여 〈관념적 해소운동 반대〉의 성 명서를 발표하기로 결의하였다.[24]

1931년에 들어서자, 신간회 해소문제는 대개 ① 해소론 ② 비해소 론(존속론) ③ 해소연구론 등 3파로 나뉘어 논쟁이 격화되었다.

안주지회는 1931년 1월 4일 맨 먼저 집행위원회를 열고 해소문제를 갑론을박하다가 '해소연구부'를 두어 깊이 검토해서 신중하게 결의하 기로 하였다.[25]

당진지회에서도 1931년 1월 20일 정기대회를 열고 신간회 해소문제

---

21) 朴明煥, 〈新幹會回顧記〉 등 기타에 따르면, 해소파가 신간회 본부를 소위 〈자 치운동〉과 관련해서 공격한 초점은 ① 김병로 위원장의 온건 합법노선 ② 중앙집행위원 박문희의 '시중회(時中會)' 일시 가담 ③ 송진우의 서울 지회 가입 등이었다. 그러나 ① 김병로 위원장의 온건 합법노선은 창립 때의 이상 재·권동진 회장 시기의 제1단계와 동일한 성격의 것이고 신간회가 처음부터 합법단체로 출발한 민족협동전선이었기 때문에 문제될 것이 없었고, ②의 박 문희 중앙위원의 건은 당시 사회주의 일파와 최린 일파가 합작하여 조직한 '시중회'가 시중에서 자치운동파 단체로 알려졌는데 중앙 상무집행위원 박문 희가 처음 그들의 권고로 일시 가담했다가 탈퇴했고 본부의 요구로 공중석상 에서 사과하여 그 과오를 청산한 것이었으며, ③의 서울 지회에의 송진우 가 입은 개별적인 것으로서 서울지회는 신간회 역량강화를 위해 그를 포섭하려 했고 송은 고립되어 지내다가 대세에 합류한 것에 불과했으므로, 이 시기 자 치운동파가 신간회 본부에 침투하여 세력을 이루거나 신간회 간부가 자치운 동쪽으로 변절한 것은 전혀 아니었다.
22) 《조선일보》 1930년 12월 31일자, 〈중앙간부절대반대, 관념적 해소도 반대〉 참조.
23) 《동아일보》 1931년 1월 7일자, 〈해소운동에 반대성명〉 참조.
24) 《조선일보》 1931년 1월 5일자, 〈관념적 해소에 반대성명 결의〉 참조.
25) 《조선일보》 1931년 1월 8일자, 〈해소문제, 연구부만 설치〉 참조.

를 장시간 토의하다가 '해소연구부'를 두어 더 신중히 연구하기로 하고, 복대표만을 선출하였다.[26]

함흥지회는 1931년 1월 20일 정기대회에서 해소론이 제기되었으나 충분히 조사 연구한 후 결정하자고 연구위원만 선임하고 보류하였다.[27]

밀양지회는 1931년 1월 24일 정기대회에서 많은 토의가 있은 뒤에 '해소반대'를 결의하였다.[28]

마산지회는 1931년 1월 28일 집행위원회와 3월 29일 집행위원회에서 '신간회해소 반대'를 결의하였다.[29]

함안지회는 1931년 2월 1일 집행위원회에서 '즉시해소'는 배격하고 해소운동을 준비하기로 하였다.[30]

길주지회는 중앙본부 간부를 부인하고, 신간회 해소를 결의하였다.[31]

강릉지회는 1931년 1월 26일 집행위원회에서 '해소연구'를 하여 신중히 의결하기로 하였다.[32]

인천지회는 1931년 2월 10일 정기대회에서 갑론을박 끝에 '신간회 해소'를 결의하였다.[33]

이러한 신간회 '해소론'과 '비해소론'의 갈등 속에서도 비해소파가 중심이 되어 1931년 2월 15일 신간회 창립 4주년 기념식이 3백여 명 회원의 참석 속에 성대히 거행되었다.[34]

성진지회는 그러나 1931년 3월 13일 간사회에서 '신간회 해소'를 가

---

26) 《조선일보》 1931년 1월 26일자, 〈해소문제연구부 설치, 당진신간지회〉 참조.
27) 《동아일보》 1931년 1월 23일자, 〈함흥신간대회 해소론은 보류〉 참조.
28) 《동아일보》 1931년 1월 27일자, 〈밀양은 해소반대〉 참조.
29) 《동아일보》 1931년 4월 1일자, 〈마산新支는 해소를 반대〉 및 《조선일보》 1931년 2월 1일자, 〈신간해소반대 마산신간지회 결의〉 참조.
30) 《조선일보》 1931년 2월 5일자, 〈즉시해소 배격코 해소동맹 조직〉 참조.
31) 《조선일보》 1931년 2월 7일자, 〈중앙간부 부인코 해소키로 결정〉 참조.
32) 《조선일보》 1931년 2월 12일자, 〈신간해소연구, 강능신간지회〉 참조.
33) 《조선일보》 1931년 2월 14일자, 〈신간조직체를 해소키로 遂가결〉 참조.
34) 《동아일보》 1931년 2월 17일자, 〈신간회본부 四주년기념식〉 및 《조선일보》 1931년 2월 17일자, 〈신간회창립四주년기념식 성대〉 참조.

<사진 62> 신간회 해소를 결의한 1931년 경성지회 대회광경(조선일보 1931년 4월 16일자)

결시켰다.35)

　마산지회는 반대로 1931년 3월 29일 정기대회에서 다시 해소문제를 장시간 충분히 토의한 결과 만장일치로 '해소반대'를 결의하였다.36)

　부산대회는 그러나 같은 날인 1931년 3월 29일 임시대회를 열어 신간회를 해소키로 결정하고 전체대회에 건의키로 하였다.37)

　경성(서울)지회는 1931년 4월 14일 임시대회를 개최하여 긴급동의로 해소문제를 투표에 붙이니 94대 36의 다수로 해소론이 가결되었다38)고 《조선일보》는 보도하였다. 그러나 《동아일보》는 65대 37로 해소론이 가결되었다고 보도하였다.39) 일제 경찰의 자료는 경성지회의 해소안이 62

35) 《조선일보》1931년 3월 17일자, 〈성진신간회, 해소가결〉참조.
36) 《조선일보》1931년 4월 2일자, 〈마산신간지회 해소반대결의〉참조.
37) 《조선일보》1931년 4월 2일자, 〈부산신간지회 해소키로 결정〉참조.
38) 《조선일보》1931년 4월 16일자, 〈무언의 축사로 개회, 절대다수로 해소가결〉
　　참조.

대 37로 통과되었다고 다르게 기록하였다.[40] 종래 중앙본부를 비판하면서도 해소론은 반대해오던 경성지회가 해소론 찬성으로 전환한 것은 충격적인 것으로 생각되었다. 경성지회는 1931년 4월 19일 해소위원회를 조직하여 열고 해소추진 조직까지 만들었다.[41]

신간회 창립의 주역의 하나인 안재홍은 ① 신간회가 '전 민족적 지지합작'(全民族的 支持合作)의 형태로 창립되어 급속한 양적 성장을 본 것은 미래의 큰 목적도 있는 것이고, ② 계급운동자적 의식과 계급진영 본위로 일체를 진행하여 해소론(解消論)이 된 것은 한 면만 짧게 본 것이며, ③ 신간회 '해소' 문제를 충분히 시간을 갖고 심사숙고하면서 충분히 '토의'하지 않고 즉시 가부(可否)의 결의를 묻는 의결사항으로 처리하여 '해소'로 직행하도록 주장하는 것은 과오이고, ④ '민족소자산층 배척의 공식적 태도와 계급투사적 자기만족에 도취된' 해소론자들의 오류와 비해소론자들의 무기력은 참으로 통탄하지 않을 수 없는 것이라고 지적하였다.[42] 그러나 좌익 청년회원들에게 안재홍은 우익 애국자일 뿐으로만 보였으며, 약간이라도 좌익청년회원들에게 영향력이 있는 홍명희 등은 일제에 의해 정략적으로 아직도 투옥되어 있었다. 당시 코민테른·프로핀테른의 지시에 맹종하는 미숙한 좌익청년회원들의 해소론을 통제하고 설득할 집단세력은 존재하지 않았다.

양산(梁山)지회는 1931년 4월 16일 정기대회에서 장시간 토의 뒤에 현하 조선의 모든 정세에 비추어 신간회 해소는 '시기상조'이며 불리하다고 해소론을 부결하였다.[43]

39) 《동아일보》 1931년 4월 16일자, 〈신간京支대회 해소를 결의〉 참조.
40) 京畿道警察部, 《治安槪況》, 1931, pp.125~147 참조.
41) 《동아일보》 1931년 4월 18일자, 〈신간회경성지회 해소위원회개최〉 및 4월 21일자, 〈신간경성지회 해소위원 결의〉 참조.
42) 安在鴻, ① 〈解消 非解消〉, 《조선일보》 1931년 4월 14일 〈사설〉; 《민세안재홍선집》 제1권, pp.394~396; ② 〈解消論과 誤謬〉, 《조선일보》 1931년 4월 17일자 〈논설〉; 《민세안재홍선집》 제1권, pp.397~399 참조.
43) 《동아일보》 1931년 4월 25일자, 〈해소는 시기상조, 양산신간대회 결의〉 참

그리하여 1931년 5월 초까지 신간회 중앙본부에 '해소'와 '비해소 (존속)'를 놓고 건의안을 제출한 지회는, '해소' 건의가 부산지회 등 5개 지회였고, '비해소' 건의가 마산지회 등 9개 지회였다.[44]

4. 일제의 신간회 해소 공작

일제는 신간회를 합법적 사회단체로 허가한 후 몇 개월 뒤에 이를 크게 후회하고 신간회 해체를 위한 여러 가지 압박공작을 시행하였다. 서울본부와 전국 각 지방지회들의 활동을 저지하기 위해 근거도 없는 혐의로 간부들을 수시 검속하고 수색하며 집회를 엄중하게 금지한 것도 사실은 신간회 해체를 촉진하기 위한 것이기도 하였다.

그러나 신간회 운동이 고양된 시기에는 일제의 신간회 해체공작은 탄압만 가중시켰을 뿐 신간회 회원들의 운동 열의에 밀려 효과를 낼 수 없었다.

그러나 뜻밖에 모스크바에서 코민테른과 프로핀테른의 테제들이 신간회 해소를 지시하자, 일제 경찰은 공산주의 청년들의 이 해소 지시 호응에 기대를 걸게 되었다. 1930년 12월 초 부산지회부터 해소론이 제기되어 공산주의 계열 청년회원 일부에서 호응이 나오기 시작하자, 일제 고등경찰은 겉으로는 국제공산당의 과격한 해소파 청년공산주의자들을 견제하는 척 하면서 실제로는 본격적인 일제의 신간회 해체공작을 시작 강화하였다.

일제는 우선 신간회 해소론이 충분히 전파 확산되도록 신간회 전체

조.
44) 《동아일보》 1931년 5월 18일자, 〈五년간 민족단일당, 신간회해소 가결〉 참
조.

대회 개최일자를 5월로 연기시키는 공작을 추진하였다. 원래 신간회 전국 전체대회는 창립기념일인 매년 2월 15일 전후에 실행하도록 되어 있었다. 일제는 신간회 창립 후 4년간 한 번도 전국전체대회의 집회허가를 내어주지 않고 전국대회를 '금지'시켜왔다. 그러므로 일제가 전국전체대회의 집회허가를 내어주겠다고 통보나 시사만 주어도 신간회가 전국대회의 연기된 시기를 받아들일 것은 거의 확실한 것이었다.

신간회 중앙본부는 1931년에도 전국대회를 창립기념일이 있는 2월로 집회계를 내었다. 물론 일제의 집회허가는 나오지 않았다.

일제는 1930년 12월 초부터 신간회 해소론이 지방지회들에서 제기되자 이 해소론이 번져나가도록 공작하였다. 그 하나는 해소론 주장이 활발한 지회 간부들은 검속하거나 집회금지 시키지 않고 견제하는 외양을 띄우면서 방임하거나 은근히 해소론을 선동하는 것이었다. 1930년 12월 초부터 1931년 5월 초까지 신문에 보도된 신간회 지방지회 간부 검속이나 집회금지는 현저히 격감하였다.

다음은 일제가 신간회 전체대회의 일자를 충분히 연기하여 늦게 집회허가를 내주는 것이었다. 일제는 경성지회가 '해소론'을 압도적 다수로 가결한 뒤에야 신간회 본부 간부들에게 '5월 개최 경우의 집회허가'의 뜻을 전달하였다.

일제는 코민테른과 프로핀테른의 지시사항을 잘 알고 있었고, 신간회 지방지회의 해소운동을 잘 파악하면서 은근히 선동하고 있었으므로 이번에는 5월 중의 전국전체대회를 허가하여 주기로 결정하였다. 왜냐하면 일제의 예측대로 해소파가 승리하면 일제의 4년 동안의 목표인 신간회 해체가 달성되는 것이고, 존속파가 승리하는 경우에도 치안상의 문제는 없으므로, 무엇인가 얻을 것이 있다고 판단했기 때문이었다. 일제 관헌자료는 다음과 같이 기록하였다.

작년 이래 본부의 합법운동 전향과 각 지회의 (해소에 대한) 찬부(贊否)

양론의 대립은 점점 내부적 통제를 잃어 본 대회를 용인하더라도 치안상
큰 지장이 없다고 인정될 뿐 아니라, 오히려 본회를 조종하는 의미에서 대
회를 개최시킴에 의해 무엇인가 얻을 수 있다고 사료되는 것으로써 이를
용인하는 것이다.[45]

 신간회 본부 중앙집행위원회는 1931년의 전국전체대회 기일을 5월
15~16일의 양일로 결정하였다.[46] 일제는 신간회 창립 후 항상 '금지'
해 오던 이 기일의 전국전체대회를 처음으로 허가하였다.[47]
 신간회 중앙본부는 해마다 전국전체대회를 2월에 개최하기로 되어
있었는데 일제의 집회허가가 나오지 않아 변칙적 약식회의를 하고 있
었으므로, 1931년 5월에라도 전체대회의 집회허가가 나오면 지회들에
서 번져나가고 있는 해소운동을 비판하여 저지하고 해소파들의 불만
을 대폭 수용하여 조직과 운동방침의 대개혁을 단행하려고 한 것이었
다.[48] 또 전체대회 기일에 관해서는 선택의 여지도 없었다.
 신간회 중앙본부는 5월 15·16일 전국전체대회를 열기로 하고, 그
의안으로서 ① 해소문제 비판의 건 ② 행동강령 확립의 건 ③ 조직
및 연락방침의 건 ④ 재정방침 확립의 건 ⑤ 회관 건축의 건 ⑥ 침체
지부 부흥의 건 등을 설정하였다.[49]
 일제는 신간회 해소파 청년들의 활동을 구조적으로 방임 지원하기
위해 '민중대회사건'으로 구속되어 있는 신간회 존속파인 허헌(許憲),
홍명희(洪命憙), 조병옥(趙炳玉), 이관용(李灌鎔), 이원혁(李源赫), 김무

---

45) 京畿道警察部, 《治安槪況》, 1931, pp.146~147.
46) 《동아일보》 1931년 4월 16일자, 〈신간회본부 전체대회 소집, 來 十五·六 양
  일에〉 및 《조선일보》 1931년 4월 16일자, 〈신간회본부 전체대회소집, 五월
  十五·十六양일간〉 참조.
47) 《동아일보》 1931년 4월 30일자, 〈신간전체대회 당국도 허가〉 참조.
48) 《동아일보》 1931년 4월 22일자, 〈신간회 전체대회, 중요의안 결정〉 참조.
49) 《동아일보》 1931년 5월 16일자, 〈신간대회 금일 개회, 토의초점은 해소문제〉
  참조.

삼(金武森) 등을 집행유예로 내보지 않고 검사구형대로 가혹한 실형을 언도하여 감옥에 묶어두었다. 특히 허헌, 홍명희, 이관용 등은 해소파 공산주의 청년들의 해소운동을 대폭 약화시키거나 통제할 가능성이 있는 인물로 본 때문이었다.

5. 신간회 '1931년 5월 전국 전체대회'의 신간회 해소 결의

신간회 전국전체대회는 1931년 5월 15·16일 이틀 동안, 창립대회 후 4년 만에 처음으로 집회허가를 얻어 서울 종로 기독교청년회관에 서 개최되었다. 지회를 다수 장악하고 있던 사회주의·공산주의 청년들 중심의 해소파는 이 대회에서 기필코 신간회를 해소시키려고 은밀하 지만 맹렬히 '해소투쟁'을 사전에 조직적으로 공작하고 전개하여 준비 해 두었다.[50]

대회 제1일에는 임원개선의 규모를 중앙집행위원장 1인, 중앙집행위 원 30인, 중앙집행후보위원 3인, 중앙검사위원 5인을 선거키로 해서 그 선출방법절차를 9인 전형위원에 위임하여 다음 날 대회에서 선출 하기로 합의하였다. 그러나 대의원의 자격심사문제로 해소파와 존속파 사이에 격론이 벌이지게 되었다. 결국 56명의 대의원들이 규정한 자격 심사를 통과하였다.[51]

대회 제2일인 5월 16일에는 대의원 자격심사문제를 해소파에 유리 하게 끝내고, 해소파는 우선 임시집행부의 선거에 들어가 의장에 이황 (李晃), 서기장에 윤기정(尹基鼎)을 선출해서 대회운영권부터 장악하였 다[52] 이어 중앙집행부 선거에 들어가서 위원장에 강기덕, 위원에 정

---

50) 《조선일보》 1931년 5월 15일자, 〈해소와 격문, 상호연락조종?〉 참조.
51) 《조선일보》 1931년 5월 17일자, 〈해소파투사로 집행부를 선거〉 참조.

<사진 63> 1931년 신간회 해소를 결의 한 신간회본부 전체대회 광경

칠성·김혁·홍기문 등 39인을 선출했는데, '해소파'가 다수를 차지하게 되었다.

이때 선출된 중앙집행부 위원을 모두 들어보면, 중앙집행위원장에 강기덕(康基德), 중앙집행위원에 정칠성(丁七星)·김혁·홍기문(洪起文)·조열(趙悅)·박승만(朴勝萬)·권충일(權忠一)·박승극(朴勝極)·공석정(孔錫政)·민홍식(閔洪植)·유인목(俞仁穆)·홍재식(洪宰植)·김국진(金國鎭)·황덕윤(黃德允)·정규찬(丁奎燦)·최천(崔天)·임수길(任守吉)·박공근(朴恭根)·안철수(安喆洙)·안덕근(安德根)·현익겸(玄益謙)·김정옥(金貞玉)·방규성(方奎星)·김동기(金東起)·정윤시(鄭允時)·김재수(金在水)·황태성(黃泰成)·정기환(鄭基桓)·김기환(金基煥)·방치규(方致規)·권영규(權榮奎), 중앙집행 후보위원에 김호(金湖)·김정련(金精鍊)·정학원(鄭鶴源), 중앙검사위원에 은재기(殷在基)·곽상훈(郭尙勳)·이황(李晃)·이우(李雨)·이동

수(李東壽) 등이었다.53)

　이어서 '해소문제 비판의 건'이 상정되었다. 해소파 김혁은 해소문제에 관한 찬반토론은 이미 숙고한 뒤이니 생략해 버리고 바로 투표결에 들어가자고 '해소안'을 동의하였고, 임화(林和)의 재청과 설명이 있었다. 그 직후 바로 김혁의 '해소안'을 표결에 부친 결과, 찬성 43표, 반대 3표(기타 기권)로 해소안이 가결되었다.

　해소파는 개선된 중앙집행위원을 해소위원으로 하고 금후의 활동방침을 결정하기 위한 중앙집행위원회를 열려고 했으나, 임석했던 일제경찰이 신간회는 이미 해소되었으니 다른 의안의 토의는 모두 '금지'한다고 통고하고, 해산을 명령하였다.

　다수의 대의원들이 회의장을 빠져 나가기 시작하였다. 전열에 앉아서 '해소'를 맹렬히 주장하던 해소파들도 당황하여 금후 활동방침을 제기하지 못한 상태에서, 이어 의장이 폐회를 선언하였다. 신간회 창립대회 이후 처음 열린 1931년 5월 16일 전국전체대회는 '해소대회'가 되어버리고 말았다.54)

　당시 허헌·홍명희·조병옥·이관용 등이 '민중대회' 운동으로 아직도 감옥에서 복역 중이었으므로 해소파의 '해소투쟁'을 저지할 힘은 더욱 약화되어 있었다.55)

　감옥 밖에 있던 안재홍·한용운 등 각 분야 유지 20여 명이 '민중대

---

53) 《동아일보》 1931년 5월 18일자, 〈신간회해소 가결, 신임간부로 三十九인 선거〉 참조.
54) 《동아일보》 1931년 5월 18일자, 〈五년간 민족단일당, 신간회해소가결〉; 《治安槪況》, 1931, pp.147~156 참조.
55) 홍명희·허헌·조병옥 등이 출옥하여 이 대회에 참석했다고 가정하더라도, 외국의 경우에서 유추해보면, 그들이 해소파의 '해소투쟁'을 저지시킬 수 있었을 가능성은 크지 않았다고 생각된다. 코민테른의 지시로 일본에서 결국 해소파외 해소투쟁이 승리하여 합법정당인 일본노농당이 해소된 것이나, 중국에서 이립삼의 극좌노선이 채택되고, 이를 반대하던 모택동·주덕 등이 민족주의자로 비판되어 중앙을 떠나서 정강산(井崗山)으로 피신한 것으로도 이를 미루어 추론할 수 있다.

회'를 열어 '신간회 해소론'을 비판하고 신간회를 지키려고 했으나 집회허가 문제로 뜻대로 되지 않았다.[56]

1936년 5월 16일 전체대회에서 선출된 중앙집행위원들이 대회 직후 중앙집행위원회를 개최하려 했으나, 일제는 '해소'는 '해체'와 동일하므로 신간회는 해체되었으니 중앙집행위원회는 열 수 없다고 금지하여 유회되었다. 일제는 도리어 잔무처리를 독촉하였다.[57]

1927년 2월 15일 창립되어 민족운동사 위에 큰 성과를 낸 신간회는 1931년 5월 16일 이렇게 어이없이 해소되어 버리고 말았다.

6. 신간회 해소에 대한 반성

신간회가 전격적으로 어이없이 해소된 직후 해소파에 가담했던 한 간부는 다음과 같이 신간회 '해소'를 후회하였다고 한다.

> 당국이 본 대회를 용인한 것은 깊은 내막이 있는 것으로서 우리들은 이 당국의 책전(策戰)에 완전히 말려든 셈이다. 즉 당국은 신간회를 언젠가는 해산시키려 했으나 결국 그 기회를 잡지 못한 채 금일에 이른 것인데, 본 대회를 이용하여 우리들이 해소시키는 것으로 하게 되어 확실히 당국의 성공이라고 말할 만한 일면이 있고, 해소파의 금후의 행동에 관해서는 반드시 탄압정책으로 나올 것이며, 이리하여 우리들은 여러 해 쌓아온 신간회를 하루 아침에 잃어버림과 동시에 장래 전개될 해소파의 운동도 매우 지난할 것이므로, 완전히 분쇄되는 결과를 자초하였다.[58]

---

56) 《동아일보》 1931년 1월 20일자, 〈사회운동이론 정리차 민중대회를 소집〉 참조.
57) 《동아일보》 1931년 5월 24일자, 〈신간在京위원 위원회 개최〉 참조.
58) 京鐵道警察部, 《治安槪況》, 1931, p.152.

전 중앙집행위원장 허헌(許憲)은 신간회 해소 뒤 출옥한 직후, "신간회의 해소는 우리들의 입옥(入獄) 중에 일부 좌익분자들의 음모에 의해 실현된 것으로서 참으로 유감스럽지 않을 수 없다. 우리들이 민족적인 소기의 목적을 달성하려면 어떠한 표현기관이 있어야 한다. 그러므로 제2의 신간회 결성은 초미의 급무이다"59)라고 말하고 김병로 등과 함께 제2의 신간회 결성운동을 시작했으나 뜻대로 되지 않았다.

신간회 해소 후 한국인의 민족운동뿐만 아니라 비합법적 노동운동과 농민운동도 일제의 가혹한 탄압을 받고 희생은 막심한 반면에 성과가 약화되자, 신간회 해소와 비합법적 노농운동만을 지시 강조했던 코민테른은 그들의 착오를 깨달았다. 그러나 코민테른은 이번에는 비열하게 자기의 잘못을 자기 지시를 추종한 조선 사회주의·공산주의 청년들에게 뒤집어 씌워 떠넘겼다.

코민테른은 1932년 1월 국제공산청년동맹(國際共産靑年同盟)의 서한을 통해서 한국의 공산주의 추종 청년들을 다음과 같이 비판하였다.

　　　신간회 및 청년총동맹의 해소는 조선공산주의 제단체들로 하여금 발붙일 곳을 불리하게 하였고, 또 중대한 정치적 오류를 범하였다. 공산주의 청년 동맹원 제군은 신간회와 청총 내부에 있는 청년대중을 전취하기 위한 공작을 전개하지 못하였다. 그 결과 신간회와 청총의 해소는 의심할 여지없이 일본제국주의와 그 민족개량주의적 주구배들에게 이익을 주었다.60)

신간회 해소 직후 《조선일보》는 각계에 〈신간회 해소결정과 협동전망〉에 대한 의견을 물었다. 대표적 시인 한용운(韓龍雲)은 다음과 같이 말하였다.

─────────
59) 朝鮮總督府警務局편,《最近に於ける朝鮮治安狀況》, 1936, p.93 참조.
60) 李錫台,《社會科學大辭典》, 1948, p.615.

해소 결의 소식을 듣고 너무나 상상 이외였는데 놀랐습니다. 조선과 같은 특수사정을 가진 곳에서는 어떤 형식으로든지 신간회와 같은 표현단체의 운동이 있어야 할 것이므로 해소는 비법적이 아니라 할 수 없습니다. 만약에 현재의 신간운동이 활발치 아니하고 투쟁력이 결여하였다면 간부의 인물을 갈고 운동방침을 달리 규정할 것이겠지요. 요컨대 신간운동의 목적 달성은 즉 계급운동의 전제일 것입니다. 그러므로 해소론은 일종의 착각, 즉 소아병(小兒病)에 빠진 것입니다.

그러므로 이번 해소가결은 대중적 의사 반영이 아니고 어떤 책동의 성공일 것입니다. 따라서 신간회는 결국 앞으로 다른 형식으로 존속할 것입니다. 그리고 신간회 진영 내의 분화(分化)는 면치 못할 것입니다. 만약에 해소파의 주장과 같이 앞으로 잠정적 협동기관(協同機關)이 생긴다 하여도 그것은 아무 생명과 힘이 없는 것 밖에 아니되겠지요.[61]

한용운은 ① 신간회운동이 투쟁력이 약했다면 간부 인물을 바꾸고 투쟁방침을 고쳐야지 신간회 해소 결의를 한 것은 큰 과오라고 통탄하고, ② 해소론은 대중의 의사를 반영한 것이 아니라 소아병에 빠진 사람들의 착각의 결과이며, ③ 조선과 같은 식민지의 특수사정을 가진 곳에서는 앞으로 다른 형식으로도 신간회와 같은 협동전선기관이 반드시 재조직되어야 한다고 강조한 것이었다.

그러나 일제 총독부 경기도 고등경찰 책임자는 같은 날 같은 질문에 다음과 같이 말하였다.

신간회가 해소 결의를 한 것은 일본서 하는 것과 같이 해소위원장이 있고 각 지방에 해소위원을 두는 것 같은 방법으로 분해하여 다른 '회'를 조직한다는 것 같으나, 그와 같이 할 수 없는 일일 줄로 생각합니다.

---

61) 《조선일보》 1931년 5월 19일자, 〈다른형식으로 신간회는 존속〉 참조.

경찰당국자의 해석으로는 '해소'는 그 결과가 '해체'와 같은 것으로 생각
합니다.

즉 지금까지 있던 신간회라는 것은 해소를 결의했으므로 없어진 것이
오, 그 단체를 가지고 다시 종래의 신간회와 다른 의미의 단체를 조직한
다는 것은 인정할 수 없는 일이외다. 그러므로 해소위원을 둔다는 것부
터 당국자로서는 인정할 수 없으며, 따라서 그 회합을 인정할 수 없소이
다. 그러나 소극적 회합 즉 신간회의 잔무 정리로 인한 회합은 인정할
것입니다.[62]

즉 일제는 '해소'는 '해체'로서 영구해체된 것이며, 신간회와 유사한
협동전선체는 어떠한 형식으로도 인정하지 않고 회합도 금지시키겠다
고 단호하게 밝힌 것이었다. 일제는 그 후 1945년 8.15 해방 때까지
신간회와 같은 어떠한 민족협동전선기관도 인정해 주지 않았고, 국내
에서는 따라서 조직할 수도 없었다.

신간회 해소 후 한국사회에서는 민족협동전선기관을 잃어버린 회한
과 반성이 휩쓸고 지나갔다. '조선은 어디로 가는가?' 이 문제의 구명을
위해 《조선일보》가 신간회 해소에 대한 의견과 범민족적 표현기관 재
건설 가부를 질문했을 때 서정희(徐廷禧)는 다음과 같이 응답하면서 신
간회 같은 민족협동전선기관이 반드시 재건되어야 한다고 강조하였다.

나는 1931년을 회고할 때 신간회 해소를 가장 유감으로 생각합니다.
신간회를 조직할 당시에는 조선이라는 특수성을 가진 지대에서 이같은
전민족적 결성체인 단체조직의 필요를 느낀 까닭이라 합니다. 그런데 조
선이 이러한 중대한 필요에서 해탈되어 이른바 특수성이 소멸된 형적이
없다는 점으로 보아서나 해소를 주장하는 이유의 준비된 역량이 불완전

---

62) 《조선일보》 1931년 5월 19일자, 〈해체와 동일, 도경찰당국담〉 참조.

한 점에서 이러한 초조무지한 해소는 조선운동선에 있어서 많은 중대한
과오를 범하였다고 단언합니다.[63]

한 신문기자가 1932년 12월 하순 신간회 사무소를 찾아갔을 때에는
일제의 '금지'로 말미암아 해소위원 30명의 회합을 한 번도 갖지 못하
고, 사무소도 간판만 경운동 23번지로 옮긴 채, 서류들은 〈사회실정조
사소〉에 맡겨 보관하고 있었다.[64]

63) 《조선일보》 1932년 1월 3일자, 〈신간회 해소부당, 재건은 불기피, 협의회 徐
廷禧씨 談〉 참조.
64) 《조선일보》 1932년 12월 3일자, 〈해소후의 신간회〉 및 12월 25일자, 〈신간
회 사무소 경운동으로 이전〉 참조.

제12장
신간회 창립과 민족운동의 역사적 의의

1. 신간회 해소의 통탄

신간회는 일본 제국주의 식민지통치의 잔혹한 탄압 속에서 1927년 2월 15일 창립되어 1931년 5월 16일 해소될 때까지 4년 3개월 동안 한국민족의 좌우합작에 의한 국내 민족협동전선의 최고기관으로 활동하였다. 더 존속했었으면 민족운동에 더 큰 성과를 냈을 수 있었을 중요하고 획기적인 민족협동통일 기관을 해소시켜 버린 것은 참으로 큰 민족사적 손실이었으며, 애석하고 통탄할 일이었다고 할 것이다.

신간회 민족운동에는 물론 성공과 실패의 양 측면이 모두 있었다. 가장 큰 실패의 측면은 신간회 '해소' 그 자체라고 말할 수 있다. 따라서 신간회 민족운동의 실패 측면의 요인은 '해소'의 요인과 거의 모두 중첩되어 있는 것이라고 볼 수 있다.

앞 장 '신간회의 해소'에서 이미 지적한 바와 같이, 일제의 잔혹한 식민지통치 아래서는 창립해내기조차 지난한 한국 민족주의 독립운동과 사회주의 독립운동의 좌우합작 민족협동전선 기관을 한국 실정을 전혀 모르는 국제공산당 코민테른과 프로핀테른의 스탈린주의자들이 해체시키도록 한국내 공산주의 청년들에게 지시한 것은, 그들이 약소민족 해방운동을 지도할 능력은 커녕 파괴하기 십상인 얼마나 소아병적인 관념적 교조주의자·모험주의자들이었으며 낮은 수준의 맹목적 폭동주의자들·파괴주의자들이었는가를 잘 나타내 준 것이라고 볼 수 있다.

또한 코민테른과 프로핀테른의 부당한 지시를 당시 한국의 공산주의 청년들이 민족적 자주성을 발휘하여 당당하게 거부하지 못하고, 도리어 맹종하여 신간회 해소공작을 내부에서 실행한 것은 당시 한국

공산주의자 좌익청년들의 소아병적 맹목성, 관념성과 비자주성을 드러낸 것이라고 볼 수 있다.

또한 일본 제국주의자들이 코민테른의 정책 변화를 교묘하게 이용하여 한국의 민족주의자들과 사회주의자들을 번갈아 잔혹하게 탄압 투옥하면서 상호 이간과 불신을 증폭시키고, 아무런 죄가 없는 민족적 지도자들을 구속하여 활동 불능케 만들면서 신간회 해체공작을 집요하게 강행한 것은 일제의 간사한 교활성과 야만성·폭력성을 잘 드러낸 것이었다.

2. 신간회 창립과 민족운동의 역사적 의의

신간회는 해소되고 말았지만, 신간회가 존속기간에 이룩한 성공의 측면도 매우 컸다. 신간회 민족운동의 역사적 의의로서는 특히 다음의 몇 가지 사실을 주목할 필요가 있을 것이다.

첫째, 신간회는 국내의 민족독립운동 노선에 혼란과 교란을 가져오던 각종의 자치론, 내정 참정권론과 각종 자치운동을 철저히 분쇄하고, 한국민족의 '완전독립' '절대독립'의 민족독립운동노선을 확고부동하게 정립하였다.

신간회의 존속기간과 그 이후에는 한국민족의 완전독립을 단념하고 현실적 노선이라는 변명으로 일본제국 내의 '자치'를 추구하자는 '자치운동'은 영구히 소멸되었으며, 일본제국주의 타도에 의한 '완전독립' 쟁취가 모든 민족운동의 궁극적 목표가 되었다.

당시 일본제국주의 세력이 팽창 일로에 있었고 일제의 식민지통치는 더욱 잔혹해지는 속에서, 한국민족이 '완전독립'을 포기하고 '대일본제국' 내의 한반도 '자치'지역이라도 만들어 안주하자는 생각은 당장의 현실이 너무 가혹하기 때문에 귀가 솔깃할 수 있는 입론의 여지가 조성될 수도 있었다. 일제강점기에 만일 한국민족이 '완전독립'을 단념하고 '내정자치' 노선을 택했었더라면 한국은 일제가 패망하는 경우에도 형태는 어떠하든지 일본의 일부가 되는 구도를 선택하게 되는 것이었다.

일본 제국주의가 1945년 8월 항복 직전 연합국측에게 항복한 후에도 '한국에 대한 미군의 행정은 한국을 잘 아는 일본'에게의 위탁 군정관리를 허용해 달라고 일본측이 미국측에 교섭했다가 거절당한 사실에서도 '자치론'의 위험성을 재확인할 수 있다.

신간회는 국내에서 대두하는 각종 '자치론'을 박멸하고, 한국민족은 아무리 현실이 어렵고 어두워도 반드시 '완전독립'을 광복하여 일본과 대등한 '완전독립국가'를 다시 세워서 전 세계 속에 '완전독립국가 한국의 국민'으로 살아가야 한다는 민족운동 노선을 확고하게 정립하여 지도해 주었다.

신간회의 민족운동은 독립운동 노선의 분열을 막고 통일된 '완전독립' '절대독립' 노선을 지키고 확립하여 발전시킨 매우 큰 역사적 의의를 가지고 있다고 할 것이다.

둘째, 신간회는 국내의 비타협적 민족주의자들과 사회주의자들이 사상과 이념의 차이에도 불구하고 더 큰 목표를 위해 대동단결해서 좌우합작에 의한 전 민족적 최고기관으로서의 단일 민족협동전선을 수립하는데 성공한 것이었다.

1920년부터 그 이후의 한국의 민족운동에는 민족주의 독립운동노선 이외에 사회주의 독립운동노선(및 무정부주의 독립운동노선)이 분화 성립하여 정력적으로 급속히 발전하고 있었다. 만일 이념과 계급적 기반을 달리하는 민족주의 독립운동노선과 사회주의 독립운동노선이 상호 대립하고 갈등한다면, 일본 제국주의 침략과 강점이라는 적 앞에서 한국민족은 크게 분열하여 민족독립운동의 힘이 크게 약화될 것이 명백하였다. 반면에 두 노선의 운동세력이 합작하고 협동하면 한국민족 독립운동은 새 정력이 보완되어 크게 고양될 것이 명백하였다.

그러므로 1920년 이후 한국의 민족독립운동에서는 민족주의 독립운 동세력과 사회주의 독립운동세력의 좌우협동과 합작에 의한 민족협동전 선 또는 민족단일당의 결성과 운동이 매우 중요한 필수적 과제의 하나 가 되었다. 신간회의 창립과 민족운동은 이 중요한 과제를 전 민족적 전국적 민족협동전선체로 성공시킨 큰 역사적 의의를 가진 것이었다.

셋째, 신간회는 극악한 일본제국주의의 식민지통치 탄압 아래서 합 법단체로 창립되어 구조적으로 한국인과 한국민족을 스스로 보호하고 국내 모든 민족운동과 사회운동을 구조적으로 수호한 기둥과 병풍의 중요한 역할을 수행하였다.

일제의 한국에 대한 식민지통치는 ① 직접통치 ② 무단통치 ③ 수 탈정책 ④ 한국민족 말살정책이었기 때문에 매우 잔인하고 극악하였 다. 일제는 한국인에 대해 생명과 신체의 자유권, 언론·집회·출판·결 사의 자유권, 저항권, 국민주권·참정권의 어떠한 기본권도 승인하지 않았고, 한국인을 완전히 무권리한 상태에 두어 잔혹하게 탄압하였다. 이 속에서 신간회는 간신히 공개적 합법단체로 일제의 허가를 얻어 창립되었기 때문에, 신간회 자체가 전투적 항일독립운동을 스스로 전 개한다는 것은 처음부터 어려운 일이었다. 그러나 합법단체로서의 신 간회는 전국적 민족협동전선체로 우뚝 서서 각종의 전투적 항일민족 운동을 지켜주고 보살펴 주며, 일제의 극악한 탄압의 살인적 찬바람을 막아주는 구조적 병풍과 방풍림의 역할은 수행할 수 있는 것이었다. 그리고 신간회는 존속기간에 이러한 역할을 훌륭하게 수행해 내었다.

코민테른 및 프로핀테른과 일부 한국 소수 관념적 맹목적 공산주의 좌익청년들이 일제 식민지통치의 본질과 신간회의 이러한 성격을 이해 하지 못하고, 국제공산당의 지령에 소아병적으로 부화뇌동하여 신간회 '해소'를 주장한 것은 참으로 단견이었으며 큰 과오였다고 할 것이다.

신간회는 존속기간에 무권리한 상태에 떨어진 한국민족과 민족운동을 수호하는 구조적 역할을 훌륭하게 수행해 낸, 큰 역사적 의의를 가진 민족협동전선체였다.

넷째, 신간회는 국내의 민족운동을 고취하고 크게 고양시켰다. 신간회의 중앙본부와 지방지회들이 전개한 민족운동은 물론이오, 신간회가 직접 참가하지 않은 부문의 민족운동과 비합법적 민족운동도 국내에서 한국민족의 민족협동전선의 최고기관이 존재해 활동한다는 사실이 온 민족성원들에게 큰 고무와 용기와 성원을 주어 신간회 존속기간에 국내 민족운동은 크게 고양된 것이었다.

예컨대 1926년의 6.10만세운동 때와는 달리, 1929년의 광주학생운동 때에는 신간회의 전국 조직이 이미 형성되어 있었기 때문에 광주학생독립운동이 대규모의 전국적 학생독립운동으로 크게 확대 발전될 수 있었다. 광주학생독립운동이 전국학생 독립운동으로의 발전하고 3.1운동 후 최대규모 독립운동이 될 수 있었던 배후에는 학교 조직뿐만 아니라 무엇보다도 신간회 중앙본부와 전국지회들의 매우 적극적인 지원과 성원이 있었다는 사실을 반드시 주목할 필요가 있을 것이다.

다섯째, 신간회는 국내의 노동운동·농민운동·여성운동 등을 비롯한 새로운 사회운동을 보호하고 크게 발전시켰다.

신간회 창립 이전에는 합법적 노동운동과 농민운동은 일제의 탄압으로 사실상 활동이 불가능한 상태에 있었다. 노동운동과 농민운동에 대한 다른 단체의 연대와 일반사회의 성원도 일제의 엄중한 탄압 대상이었다. 그러나 신간회 창립과 그 존속기간에는 신간회의 보호와 성원을 받으면서 합법적 또는 비합법적 노동운동과 농민운동 등 사회운동이 크게 고양되고 발전하였다.

예컨대 1929년의 원산총파업이나 1930년의 장풍탄광총파업은, 물론 내부의 요인과 동력에 의해 일어난 사회운동이었지만, 그에 대한 일반사회와 여러 사회단체의 지원은 신간회의 성원에 큰 도움을 받은 것이었다.

또한 예컨대 이 시기의 소작쟁의와 농민운동의 고양은 특히 신간회 전국 지방지회들의 적극적 성원에 큰 도움을 받은 것이었다.

이 시기의 근우회운동과 각종 여성운동은 또한 신간회 중앙본부와 전국 지방지회들의 적극적 성원과 고무에 큰 도움을 받은 것이었다.

여섯째, 신간회는 이재민, 화전민, 실업자와 빈민 등 불우한 처지에 떨어진 동포들을 구제하고 보호하는데 앞장서는 큰 역할을 수행하였다.

당시 거의 해마다 발생하는 수재민과 한재민(旱災民) 등 이재민, 만성적인 실업자와 빈민, 일제에게 박해받는 화전민들에 대해서는 노동단체, 농민단체 등의 구제활동과 관심도 빈약할 수밖에 없었다. 신간회는 계급성을 넘어 동포애를 강조하고, 이러한 불우한 동포에 대해 깊고 큰 관심을 두고 구제활동을 활발히 전개하여 큰 성과를 내었다.

신간회의 민족협동전선으로서의 성격은 '민족애'를 크게 고양시키고, 국내 불우한 동포에 대한 깊은 관심과 적극적 구제사업을 전개케 하여, 일제 식민지 강점기의 지극히 어려웠던 수난기에 한국 민족공동체와 민족의식·동포애의 보존 발전에 매우 큰 역할을 수행하였다.

일곱째, 신간회는 만주군벌과 중국 관료의 핍박을 받는 '재만주 동포'를 보호하고 구제하는 일에도 큰 성과를 내었다.

일제는 만주군벌과 결탁하여 1925년 소위 '삼시(三矢)협정'을 맺어 한국인과 한국민족 독립운동을 더욱 본격적으로 탄압한 위에, 1927년 12월 초 만주 길림성(吉林省) 성장은 중국에 입적하지 아니한 한국인들을 15일 이내에 중국 관헌들이 추방시키도록 훈령하였다. 이에 식민지 수탈정책과 빈곤을 견디지 못해서 만주에 유이입된 수십만 재만(在滿) 동포들이 1927년 12월부터 만주관헌에 쫓기어 눈보라 속에서 만주벌판을 헤매게 되었다.

신간회는 분기하여 전민족에게 '재만동포옹호동맹' 조직과 활동을 호소하고 앞장서서 맹렬히 활동하여 결국 만주이민들을 만주에 정착케 하는데 매우 큰 성과를 쟁취하였다.

물론 '재만동포 옹호운동'으로 재만동포의 문제들이 모두 해결된 것
은 아니었다. 그러나 당시 만주군벌과 일제가 결탁하여 재만 한국인
이주민을 거리낌 없이 무자비하게 탄압하는데도 아무도 돌보아 주지
않는 나라 없는 유랑민 상태에서, 박해당하는 나라 잃은 재만동포를
신간회가 앞장서서 전민족적 '재만동포 옹호운동'을 전개하여 돌보았
다는 사실은 큰 민족사적 의의를 갖는 것이었다.

여덟째, 신간회는 각종 민족운동과 특히 조선인 본위 교육운동을
통하여 한국인의 민족의식을 높이고 민족문화운동을 활성화시키는데
큰 역할을 하였다.

신간회 운동이 모든 학교교육에서 '한국역사'를 가르치고 교육용어
를 모두 '한국어'로 하며, '조선인본위'로 교육할 것을 강력히 요구하
자, 이 운동은 당시 모든 운동들에 확산되어 발전되었다. 또한 신간회
는 민중도서관이나 도서열람소 설치운동을 전개했으며, 거의 모든 지
회들이 각종 야학들을 설치하여 문맹을 타파하고 민족의식을 크게 고
양시켰다.

또한 신간회는 식민지 상태에서 '한국어'와 '한국문자'인 '한글'을 보
급하고 지키며 발전시키는 것은 민족의 자주독립 정신을 배양하고 독
립의 기초를 공고히 하는 일임을 계몽하고 전국적 한글보급운동을 적
극 지원하였다.

일제가 식민지 정책의 골간의 하나로 '동화정책'의 이름 아래 한국
민족 소멸·말살정책을 자행하는 속에서, 신간회 운동이 조선인 본위
육, 한글보급, 민족의식 고양에 크게 기여한 것은 민족보존과 민족문
화 보전발전 측면에서 큰 역사적 의의를 가진 것이었다.

아홉째, 신간회의 민족운동은 일제의 식민지정책에 실제로 큰 타격
을 주었다.

일제는 신간회 운동 자체는 전투적이지 않으면서도 신간회가 선창

하는 모든 운동사항들이 다수의 사회단체들에서 산울림이 되어, 거대한 사회운동과 사회적 압력을 만들어서 일제 식민지정책을 후퇴하도록 작용하는 것을 경험하고, 온갖 교활한 방법으로 '신간회 해체공작'을 적극 전개하게 된 것이었다.

신간회 운동으로 말미암아 일제는 동양척식주식회사 등 일제 국책회사들의 한반도로의 일본인 이민정책을 중단하지 않을 수 없었다. 또한 재일본 한국인 노동자들의 송환도 중지하지 않을 수 없게 되었다. 일제의 한국 농민·노동자에 대한 수탈정책도 신간회의 옹호와 성원을 받는 무수한 농민운동과 노동운동, 그리고 청년운동의 벽에 부딪혔다. 일제가 한국민족 독립운동을 분열 좌초시키려고 노린 원대한 목적의 '자치운동'도 신간회로 인하여 완전히 박멸되어 실패하였다.

일제는 구조적으로 볼 때 신간회가 일제 식민지정책에 큰 타격을 가하고 있음을 인지하고 각종 '사건'을 날조해 가면서 신간회 해체 공작에 적극 나선 것이었다.

열째, 신간회의 창립과 민족운동은 국외의 민족협동전선인 국외 '민족유일당' 또는 '민족단일당' 성립운동에 큰 자극을 주고 이를 고취하였다.

해외에서의 민족유일당·민족단일당 촉성운동은 국내 신간회의 민족협동전선, 민족단일당 창립 성공에 큰 영향을 받은 것이었다. 해외의 민족유일당운동은 국내 신간회처럼 성공하지는 못하였다. 그러나 수많은 독립운동 단체들의 민족유일당 촉성과정에서, 다수 민족주의 정당들과 단체들은 하나의 민족주의 대당(大黨)으로 통합되었고, 다수의 사회주의 독립운동 단체들은 하나의 사회주의 대당 또는 대단체로 통합하는 성과를 가져왔다.

예컨대 참의부(參議府)·정의부(正義府)·신민부(新民府)의 통합과 합동에 의한 국민부(國民府)의 성립과, 여러 차례 형성되었던 크고 작은 좌·우 민족협동전선 수립 추진은 국내 신간회 창립에 영향과 고무를 받은 바 컸음이 사실이었다.

신간회는 1927년 2월 15일 창립되어 1931년 5월 16일 해소되었지만, 민족협동전선 창립 성공 자체와 4년 3개월 존속기간의 민족운동의 성과와 영향에서 볼 때, 한국근대사와 한국민족운동사에서 일제가 조종하는 일본 제국 내의 조선자치 운동노선을 박멸하고 한국민족의 완전독립, 절대독립 민족운동 노선을 확립하면서 민족의 보전과 발전 쟁취에 매우 크고 중요한 성과를 낸 거대한 역사적 의의를 가진 위대한 민족운동이라고 말할 수 있을 것이다.

주요 참고문헌

■ 저서·편서

趙炳玉, 《나의 回顧錄》, 민음사, 1959.

金俊燁·金昌順, 《韓國共産主義運動史》I~V. 高大亞細亞問題研究所版 , 1967~1973, 청계연구소 신판, 1986.

安在鴻選集刊行委員會, 《民世安在鴻選集》, 지식산업사, 제1~7권, 1981~2005.

스칼라피노.이정식 외 6인 지음, 《新幹會研究》, 동녘, 1983.

조선일보사편, 《한국민족운동과 新幹會》, 신간회창립60주년 기념학술회의 논문집, 1987.

金學俊, 《街人金炳魯評傳》, 민음사, 1988.

李均永, 《신간회연구》, 역사비평사, 1993.

한국근현대사연구회편, 《신간회와 민족통일전선운동》, 신간회창립70주년 기념논문집, 1997.

慎鏞廈, 《3.1운동과 독립운동의 사회사》, 서울대학교 출판부, 2001.

鄭允在, 《다사리 공동체를 향하여 : 民世安在鴻評傳》, 한울, 2003.

慎鏞廈, 《신간회의 민족운동》, 한국독립운동사연구소, 2007.

성남문화원, 《일제하 성남(광주)지역 신간회 연구: 제15회 학술회의 발표 논문집》, 성남문화원, 2010.

한국동양정치사상사학회, 《신간회의 정치사상적 재고찰: 신간회 창립 83 주년 기념 및 한국·동양정치사상사학회 연례학술회의》, 한국동양정 치사상사학회, 2010.

민세안재홍선생기념사업회, 《안재홍과 신간회의 민족운동》, 선인, 2012.

■ 논문

洪命憙, 〈新幹會의 사명〉, 《現代評論》 창간호, 1927년 1월호.

白南雲, 〈朝鮮社會運動에 대한 社會學的 고찰〉, 《現代評論》 창간호, 1927
      년 1월호.

安在鴻, 〈敎養的 實力養成운동〉, 《朝鮮之光》, 1929년 9월호.

安在鴻, 〈1930년의 전망〉, 《朝鮮之光》, 1930년 1월호.

明濟世, 〈新幹會解消論에 대한 의견〉, 《三千里》 1931년 2월호.

金起林, 〈解消可決 전후의 新幹會〉, 《三千里》 1931년 6월호.

朴明煥, 〈新幹會回顧記〉, 《新東亞》 1936년 4월호.

李錫台, 〈解消運動의 회고〉, 《新天地》 제4권 제6호.

李曾馥, 〈新幹會小史〉, 《한국일보》 1958. 8. 7~8.13.

金龍德, 〈新幹會에 대하여〉, 《師大學報》 제3권 제1호, 1957.

李源赫, 〈新幹會의 조직과 투쟁〉, 《思想界》 1960년 8월호.

趙芝薰, 〈한국민족운동사〉, 《韓國文化史大系》I, 고려대 민족문화연구소, 1964.

梶村秀樹, 〈新幹會研究おためのノート〉, 《勞動運動史研究》 제49호, 1969.

朴東雲, 〈新幹會運動의 사상과 국제적 환경〉, 《韓國思想》 제8집, 1968.

李炳憲, 〈新幹會運動〉, 《신동아》 1969년 8월호.

李炫熙, 〈新幹會의 조직과 항쟁〉, 《史叢》 제15.16합집, 1971.

宋建鎬, 〈新幹會運動〉, 《韓國近代史論》II, 지식산업사, 1977.

水野直樹, 〈新幹會運動に關するの若干問題〉, 《朝鮮史研究會論文集》 제14집,
        1977.

徐元龍, 〈1920년대의 민족운동 - 新幹會를 중심으로〉, 《季刊三千里》 제
       11.12집, 1977년 8월호 및 11월호.

水野直樹, 〈新幹會東京支會について〉, 《朝鮮史叢》 창간호, 1979.

金錫俊, 《新幹會운동에 대한 社會學的 일고찰》, 프린트, 1980.

鄭大澈, 〈新幹會와 民間紙의 관계에 대한 고찰〉, 《言論學報》(한양대), 1981.

水野直樹, 〈新幹會の創立おめぐって〉, 《近代朝鮮の社會と思想》, 1981.

金喜坤, 〈1920년대의 좌.우합작운동〉, 《밀양농잠전문학교논문집》 제16집, 1982.

李均永, 〈新幹會의 創立에 대하여〉, 《韓國史硏究》 제37집, 1982.

並木眞人, 〈新幹會運動に關するスケッチ〉, 《流動》 1982년 7월호.

朴慶植, 〈조선민족해방운동과 民族統一戰線〉, 東京大學社會科學硏究所編 《ファ シズム期の國家と社會》(8), 1980 및 《新幹會硏究》, 동녘, 1983.

車基壁, 〈協同戰線의 시각에서 본 新幹會운동〉, 《일제의 한국식민통치》, 정 음사, 1985.

愼鏞廈, 〈安在鴻과 新幹會〉, 《근대한국과 한국인》, 한길사, 1985.

俞炳勇, 〈新幹會運動의 이데올로기적 경향〉, 한국정치외교학회, 《한국독립 운동과 열강관계》, 평민사, 1985.

愼鏞廈, 〈1920년대 한국민족운동의 특징 - 新幹會 성립의 전제〉, 조선일보 사 주최, 신간회창립60주년 기념학술회의 논문집, 《한국민족운동과 新幹會》, 1987.

李均永, 〈新幹會 창립과 支會 설립〉, 《한국민족운동과 신간회》, 1987.

李文遠, 〈新幹會의 活動〉, 《한국민족운동과 新幹會》, 1987.

劉載天, 〈新幹會와 언론〉, 《한국민족운동과 신간회》, 1987.

姜萬吉, 〈新幹會運動의 민족사적 의의〉, 《한국민족운동과 신간회》, 1987.

李均永, 〈朝鮮民興會와 新幹會를 둘러싼 諸 논의의 검토〉, 역사학회편, 《한 국근대민족주의운동 연구》, 일조각, 1987.

陳德奎, 〈한국民族運動에서의 코민테른의 영향에 대한 고찰〉, 《한국독립운 동사연구》 제2집, 1988.

李賢周, 〈新幹會에 참여한 사회주의자들의 운동론〉, 《한국민족운동사연구》 제4집, 1989.

李均永, 〈'지회'설립에 따른 新幹會의 '조직형태' 검토〉, 《한국학논집》(한양 대) 제11집, 1987.

愼鏞廈, 〈新幹會의 창립과 민족운동과 해소〉, 《한국민족독립운동사》(국사편 찬위원회) 제8권, 1990.

李均永, 〈新幹支會의 설립과 활동〉, 《윤병석교수 화갑기념 韓國近代史論叢》, 지식산업사, 1990.

李均永, 〈新幹會의 複代表大會와 민중대회사건〉, 《독립운동사연구》 제4집, 1990.

李均永, 〈신간지회의 解消運動과 조선공산당 재건운동조직〉, 《국사관논총》 제40집, 1992.

禹東秀, 〈1920년대말 1930년대 한국사회주의자들의 신국가건설론에 관한 연구〉, 《韓國史研究》 제72집, 1991.

李均永, 〈新幹支會의 해소운동과 조선공산당 재건운동 조직〉, 《국사관논총》 제40집, 1992.

이균영, 〈신간회 평양지회의 조직과 활동〉, 《박영석박사화갑기념 한국민족운동사논총》, 1992.

李賢周, 〈신간회운동 연구의 성과와 과제〉, 《한국근현대사연구》 제2집, 1995.

曹圭泰, 〈천도교구파와 新幹會〉, 《한국근현대사연구》 제7집, 1997.

李賢周, 〈'서울파'의 민족통일운동과 신간회〉, 《신간회와 민족통일전선운동》 신간회창립70주년 기념학술회의 논문집, 1977.

金仁德, 〈新幹會 東京支會와 在日朝鮮人運動〉, 《한국근현대사연구》 제7집, 1997.

金亨國, 〈新幹會 창립 이후 사회주의자들의 民族協同戰線論〉, 《한국근현대사연구》 제7집, 1997.

최규진, 〈1920년대말 30년대초 조선공산주의자들의 新幹會 정책〉, 《大東文化研究》 제32집, 1997.

조규태, 〈신간회 경성지회의 조직과 활동〉, 《국사관논총》 제89집, 2000.

김인덕, 〈정우회 선언과 신간회 창립〉, 《국사관논총》 제89집, 2000.

金亨國, 〈1929~1931년 사회운동론의 변화와 민족협동전선론〉, 《국사관논총》 제89집, 2000.

김권정, 〈기독교 세력의 新幹會 참여와 활동〉, 《한국민족운동사연구》 제25집, 2000.

장석흥, 〈6.10만세운동과 통일전선운동〉, 《국사관논총》 제90집, 2000.

조성운, 〈일제하 수원지역의 신간회운동〉, 《역사와실학》 제15·16집, 2000.

황의서, 〈민족연합전선으로서 신간회(1927-1931)의 민족사적 의의 연구〉,

《윤리연구》 제43집 1호, 2000.

和田春樹.水野直樹.劉孝鍾, 〈コミンテルンと朝鮮〉, 《靑丘學術論集》 제18집, 2001.

장규식, 〈신간회운동기 '기독주의' 사회운동론의 대두와 기독신우회〉, 《한국근현대사연구》 제16집, 2001.

金明久, 〈1920년대 국내 부르주아 민족운동 우파계열의 민족운동론〉, 《한국근현대사연구》 제20집, 2002.

金明久, 〈1920년대 국내 부르주아 민족운동 좌파계열의 민족운동론 – 安在鴻을 중심으로〉, 《韓國史學報》 제12집, 2002.

朴贊勝, 〈1930년대 安在鴻의 民世主義論〉, 《한국근현대사연구》 제20집, 2002.

이현정, 〈신간회 안동지회의 성립과 활동〉, 《안동사학》 제7집, 2002.

이현주, 〈일제하 (수양)동우회의 민족운동론과 신간회〉, 《정신문화연구》 제26집 3호, 2003.

김인식, 〈신간회운동기 ML계의 민족협동전선론과 신간회 성격규정의 변화〉, 《백산학보》 제68집, 2004.

이윤갑, 〈일제하 경상북도 지역의 신간회 지회운동〉, 《동방학지》 제123집, 2004.

최동일, 〈신간회 괴산지회의 조직과 활동〉, 《충북사학》 제15집, 2005.

성주현, 〈1920년대 천도교의 협동전선론과 신간회 참여와 활동〉, 《동학학보》 제10집, 2005.

남정원, 〈1920년대 후반 신간회 대구지회의 성립과 활동〉, 《계명사학》 제17집, 2006.

김인식, 〈안재홍의 신간회 운동〉, 《예산학보》 제33집, 2007.

Kim Kweon-jeong(김권정), "The Role of Christian Nationalists in the Sin ganhoe Movement," *International Journal of Korean History*, Vol 11, 2007.

윤효정, 〈신간회 지회 연구의 성과와 과제〉, 《역사문제연구》 제18집, 2007.

김권정, 〈신간회와 조만식〉, 《애산학보》 제33집, 2007.

김인식, 〈신간회의 창립과 민족단일당의 이론〉, 《백산학보》 제78집, 2007.

이문원, 〈평주 이승복과 신간회 운동〉, 《애산학보》 제33집, 2007.

성주현, 〈이종린과 신간회 운동〉, 《애산학보》 제33집, 2007

장세윤, 〈벽초 홍명희의 생애와 신간회 민족운동〉, 《애산학보》 제33집, 2007.

김인식, 〈이승복과 신간회 창립기의 조직화 과정〉, 《한국민족운동사연구》, 제58집, 2009.

윤효정, 〈민중대회 사건 이후 신간회 중앙본부 주도인물들의 결집과 활동〉, 《한국근현대사연구》 제51집, 2009.

조성운, 〈일제하 광주지역의 신간회운동〉, 《사학연구》 제100집, 2010.

이치만, 〈신간회운동과 기독교계의 대응〉, 《장신논단》 제39집, 2010.

윤덕영, 〈신간회 창립과 합법적 정치운동론〉, 《한국민족운동사연구》 제65집, 2010.

정윤재, 〈신간회운동의 정치적 성격에 관한 일고〉, 《동양정치사상사》 제9집 2호, 2010.

김인식, 〈이승복과 신간회 강령의 이념·노선: 민족주의 좌익전선의 선언·명문화〉, 《한국민족운동사연구》 제62집, 2010.

윤덕영, 〈신간회 창립 주도세력과 민족주의세력의 정치 지형〉, 《한국민족운동사연구》 제68집, 2011.

성주현, 〈양양지역 신간회 조직과 활동〉, 《한국민족운동사연구》 제73집, 2012.

이병화, 〈신간회의 좌우합작과 민족통합〉, 《민족사상연구》 제21집, 2012.

김남석, 〈신간회 당진지회의 조직과 활동〉, 《충청문화연구》 제11집, 2013.

장승순, 〈충북지역 신간회 괴산지회 활동의 성격〉, 《중원문화연구》 제22집, 2014.

조성운, 〈해방 이후 고등학교 한국사 교과서의 신간회 서술 변천〉, 《역사와실학》 제57집, 2015.

김경집, 〈신간회 경성지회장 만해의 독립운동〉, 《선문화연구》 제18집, 2015.

정윤재, 〈한국근대사, 민주공화주의 그리고 신간회운동〉, 《신간회 제90주

년 기념학술대회 논문집》, 2017

유지아, 〈1910~20년대 일본의 다이쇼데모크라시와 제국주의 변용〉, 《신간회 제90주년 기념학술대회 논문집》, 2017

조규태, 〈1920년대 식민지 조선의 자치운동 전개 양상〉, 《신간회 제90주년 기념학술대회 논문집》, 2017

김인식, 〈창립기 신간회의 성격 재검토〉, 《신간회 제90주년 기념학술대회 논문집》, 2017

윤덕영, 〈1920년대 후반 민족언론세력의 정세인식과 신간회 주도세력의 변화〉, 《신간회 제90주년 기념학술대회 논문집》, 2017

김기승, 〈신간회 해체론 재검토〉, 《신간회 제90주년 기념학술대회 논문집》, 2017

조맹기, 〈신간회와 조선일보: 정당부터 문화산업 육성 기능까지〉, 《신간회 제90주년 기념학술대회 논문집》, 2017

찾아보기

ㄱ

ㅅ